Mark Niederhagen

Ein Kind lernt sprechen

*Empirische Studien
zur Bedeutung sprachlicher Interaktionen
für den kindlichen Spracherwerb*

Mit einem Geleitwort von Prof. Dr. Wolfgang Boettcher

Mark Niederhagen

EIN KIND LERNT SPRECHEN

Empirische Studien zur Bedeutung sprachlicher Interaktionen

für den kindlichen Spracherwerb

ibidem-Verlag

Stuttgart

Die Deutsche Bibliothek - CIP-Einheitsaufnahme:

Ein Titeldatensatz für diese Publikation ist bei
Der Deutschen Bibliothek erhältlich

∞

Gedruckt auf alterungsbeständigem, säurefreien Papier
Printed on acid-free paper

ISBN: 3-89821-142-8

© *ibidem*-Verlag
Stuttgart 2001
Alle Rechte vorbehalten

Printed in Germany

Geleitwort

Mark Niederhagen untersucht in dieser Studie die Entwicklung der sprachlichen Kommunikationsfähigkeit seines Cousins über fünf Jahre hinweg. Auf diese Weise ist ein liebevoll gezeichnetes deutliches Bild entstanden, wie das Kind – in der Auseinandersetzung mit den Äußerungs- und Verstehensangeboten seiner Bezugspersonen – in einer *individuellen* Erfahrungsspur *typische* sprachliche Entwicklungsschritte macht.

Der Autor bietet uns ein reichhaltiges Anschauungsmaterial in Form verschriftlichter Tonbandaufzeichnungen der Äußerungen des Kindes in seiner Interaktion mit den Personen seiner Umgebung. Er analysiert die Entwicklungsschritte und ihre vielfachen Bedingungen in behutsamer, detaillierter Weise und bezieht dabei seine Analysen auf den Kontext vieler der bereits vorliegenden Studien zum kindlichen Spracherwerb.

Ich finde es erstaunlich und schön, wie der Autor *empirisches* Arbeiten und wissenschaftliches *Wissen*, interessierte *Zugewandtheit* gegenüber der Person und analytische *Distanz* verbindet: „Seele und Genauigkeit".

Die vorliegende Studie ist entstanden auf der Grundlage der Staatsexamensarbeit, die Mark Niederhagen 1999 - am Ende seines Lehramtsstudiums - an der Ruhr-Universität Bochum - geschrieben hat.

Die Ruhr-Universität hat diese Arbeit 2000 als beste Staatsexamensarbeit prämiert.

Diese Arbeit habe ich – als ihr Gutachter – in ihrer Entstehung von ferne begleitet und mit Gewinn und mit Vergnügen gelesen.

Bochum, im August 2001   Prof. Dr. Wolfgang Boettcher

Inhalt

Vorwort

Nachdem Maximilian am 22. Februar 1994 das Licht der Welt erblickt hatte, legte ihn der Arzt für einen Moment in den Arm seiner Mutter. Sofort fühlte er sich geborgen, denn er vernahm wieder das, was ihm bereits aus dem Mutterleib vertraut vorkam:

die Stimme seiner Mutter.

Ob Max diesen Vorgang tatsächlich derart erlebt hat, bleibt bloße Spekulation, da er sich als erwachsener Mensch nicht mehr an seine Geburt erinnern wird.

Tatsache ist jedoch, daß er sich seit diesem Moment in einer Gemeinschaft befindet, die sich hauptsächlich mit dem Mittel *Sprache* verständigt und die sich von seiner Geburt an auch verbal an das Kind richtet - in der Annahme gegenseitigen Verstehens. Wenn dem noch nicht unbedingt so ist, findet doch schon früh eine sprachliche Interaktion mit dem Kind statt, die es im Laufe seiner weiteren Entwicklung ständig begleiten und erheblich beeinflussen wird. Will es in der Sprachgemeinschaft bestehen und mit anderen Individuen konkurrieren können, so ist das Kind gezwungen, die Sprache zu erlernen - die Sprache, mit deren Hilfe es Wünsche ausdrücken kann, Gefühle mitteilen, auffordern, hinweisen, kurz: *handeln* kann. Sieht man Sprache vornehmlich unter diesem pragmatischen Aspekt, so muß der Sprachbegriff zwangsläufig erweitert werden. Mit Lauten handeln kann das Kind bereits, bevor es die ersten Wörter äußert und es kann dies, weil es von seinen Bezugspersonen in der Regel verstanden wird.

Sprachliche Interaktionen zwischen Kind und Erwachsenen bilden meines Erachtens einen die Sprachentwicklung umschließenden Rahmen. In diesem Rahmen reift das Kind innerhalb kürzester Zeit zu einem kompetenten Gesprächspartner heran und erwirbt auf diese Weise scheinbar „ganz nebenbei" Lautsystem, Lexikon und Syntax seiner Muttersprache.

Ziel dieser Studie ist es, die Bedeutung sprachlicher Interaktionen für den kindlichen Spracherwerb, insbesondere der grammatikalischen Entwicklung, an dem erhobenen Korpus aufzuzeigen und fachwissenschaftlich zu diskutieren. Bestätigen oder widerlegen die empirischen Studien diese Hypothese bzw. lassen sich überhaupt allgemeingültige Aussagen aus dem Korpus ableiten und inwieweit finden sich Indizien für die Gültigkeit etablierter Spracherwerbstheorien?

In einem theoretischen, **ersten Teil** werden daher sowohl wesentliche Aspekte des kindlichen Spracherwerbs als auch sprachlicher Interaktionen zu betrachten sein:

das *erste Kapitel* verdeutlicht die Besonderheiten des menschlichen Stimmapparates sowie der menschlichen Sprache im allgemeinen. Es schließt sich eine Darstellung der etablierten Spracherwerbstheorien an, um dann

im *zweiten Kapitel* dialogische und kommunikative Aspekte sprachlicher Interaktionen zwischen Erwachsenen und Kindern mit Hinblick auf die Korpus-Untersuchung eigehender zu betrachten und zu diskutieren.

Im **zweiten Teil** stehen empirische Studien im Mittelpunkt:

hier werden im *dritten Kapitel* zunächst gängige Methoden empirischer Sprachdatenerhebungen vorgestellt und einen Blick auf die damit verbundenen Probleme geworfen, um dann

im *vierten Kapitel* Methode, Probleme und andere wesentliche Aspekte des erhobenen Korpus „Max" darzustellen.

Im *fünften Kapitel* werden vorsprachliche Interaktionen als Vorläufer sprachlicher Interaktionen der folgenden Jahre betrachtet.

Schließlich folgt im *sechsten Kapitel* die Untersuchung des Korpus „Max" (siehe Anhang), die chronologisch nach Lebensjahren erfolgt und ausgehend von detaillierter Betrachtung der Entwicklung sprachlicher Interaktionen zwischen Kind und Bezugspersonen deren Bedeutung für den kindlichen Spracherwerb, insbesondere der syntaktischen und morphosyntaktischen Entwicklung, fachwissenschaftlich erarbeiten wird.

12

Im *siebten Kapitel* bildet eine Rekonstruktion des Spracherwerbs von Max den Ausgangspunkt für Schlußfolgerungen, inwieweit sich die etablierten Spracherwerbstheorien in den Überlegungen und Beobachtungen bestätigt oder widerlegt finden und wo sie gegebenenfalls ergänzt werden könnten. Dem folgt eine kritische Reflexion der angewandten Untersuchungsmethode, um schließlich

im *achten Kapitel* mittels des „Filtrats" der Studie die These eines „idealen Inputs" zu formulieren: wie sollten Bezugspersonen mit Kindern sprechen, um diesen möglichst schnell und effektiv ihre Muttersprache zu erschließen?

Diese Studie entsteht aus einem langjährigen Interesse an dem Phänomen des kindlichen Spracherwerbs und seinen Determinanten, aber auch in dem Bewußtsein, daß eine Untersuchung empirischen Materials den im Laufe des Studiums gefestigten, eigenen theoretischen Annahmen vehement widersprechen kann bzw. unter Umständen nur sehr schwer mit diesen in Einklang zu bringen sein wird.

Vor diesem sprachwissenschaftlichen „Abenteuer" will ich nicht versäumen, meinen Eltern Christa und Rainer Niederhagen, die mir während meines gesamten Studiums viel Unterstützung und Zuspruch haben zuteil werden lassen, ganz herzlichen Dank zu sagen. Zudem meiner Martina wegen ihrer unermüdlichen beratenden und lektorierenden Tätigkeit, allen meinen Freunden, für die ich oft zu wenig Zeit hatte, Herrn Prof. Dr. Wolfgang Boettcher und Frau Dr. Dorothee Meer, ohne die es das Buch in seiner jetzigen Form nicht geben würde und nicht zuletzt natürlich Maximilian selbst sowie seiner gesamten Familie für ihre Geduld und wertvolle Unterstützung bei meinen Studien.

Solingen, im August 2001   Mark Niederhagen

TEIL I: THEORIE

1. Aspekte des kindlichen Spracherwerbs

Seit über 200 Jahren befaßt sich die wissenschaftliche Forschung damit, wie Kinder ihre Muttersprache sprechen und verstehen lernen. Es grenzt faßt an ein Wunder, daß sie ein so komplexes System wie die Sprache innerhalb der ersten fünf Lebensjahre nahezu perfekt beherrschen lernen und sie in die Lage versetzt, von „endlichen Mitteln unendlichen Gebrauch" zu machen (vgl. CHOMSKY 1973). Dieses „Wunder" war Triebfeder vielfältigster Spracherwerbstheorien, die zur Beschreibung und Erklärung dieses einzigartigen Phänomens sehr unterschiedliche Akzente gesetzt haben.

Es folgt daher ein Überblick der etabliertesten Denkrichtungen, dem die Besonderheiten des menschlichen Stimmapparates und der menschlichen Sprache vorangestellt werden, um vor theoretischer Beantwortung der Frage des *wie* zu verdeutlichen, *womit* ein Kind innerhalb einer sehr kurzen Zeitspanne zur Sprache gelangt.

1.1 Besonderheiten des menschlichen Stimmapparates

Um etwas so differenziertes und komplexes wie die menschliche Sprache hervorzubringen, bedarf es einiger anatomischer Besonderheiten:

Zunächst einmal sitzt der Kehlkopf (*Larynx*) als „zentrales Sprachorgan" des Menschen im Gegensatz zu dem der Affen ungewöhnlich tief. Dadurch verschafft er dem Menschen oberhalb des Kehlkopfes ein besonders großes *Ansatzrohr*. Dieser aus der Blasinstrumentenkunde stammende Terminus bezeichnet die oberen Kehlkopfräume sowie Rachen-, Nasen- und Mundhöhle. Mit seinen vier Resonanzräumen, die durch die Stimmbänder zum Körperinneren und durch Nasen- und Mundöffnung nach außen hin begrenzt werden, bildet es in seiner Gesamtheit einen anatomischen Bereich, in dem die Sprachlaute artikuliert werden (BUSSMANN 1990, 85).

Beim Ausatmen passiert die Atemluft die Stimmritze (*Glottis*), ein v-förmiger, auf- und zuklappbarer Verschluß im Kehlkopf, welcher seitlich von den Stimmbändern (oder zutreffender: *Stimmlippen*) begrenzt wird. Diese werden beim Ausatmen der Luft in Schwingung versetzt und erzeugen dadurch - ähnlich einer Lautsprechermembran - Töne. Die „ausgeatmeten Töne" können nun durch die Form des Ansatzrohres moduliert werden:

- *Vokale* entstehen durch verschiedene Zungen- und Lippenpositionen, wobei ihre Unterschiedlichkeit darauf beruht, daß die Formen des Ansatzrohres ihren Vibrationen einige weitere charakteristische Frequenzgipfel - die *Formanten* - hinzufügen. Ob ein Laut nun als „a", „e" oder „o" wahrgenommen wird, hängt davon ab, bei welchen Frequenzen die beiden untersten Formanten liegen.

- *Konsonanten* hingegen stellen Geräusche dar, die der Luftstrom erzeugt, wenn ihm der Weg erst ganz versperrt und dann plötzlich freigegeben wird („p", „t", „k"), wenn er an verschiedenen Stellen der Mundhöhle stark eingeengt ist („ch", „s", „f") oder wenn er auf einen tremolierenden Widerstand stößt („r") (vgl. ZIMMER 1997, 171).

Die genannten anatomischen Besonderheiten und mit ihnen die Entwicklung der Lautsprache brachten den Menschen wahrscheinlich an die Spitze der Evolution.

1.2 Besonderheiten der menschlichen Sprache

Das charakteristischste Merkmal des Menschen ist seine Fähigkeit, zu sprechen. Die Einzigartigkeit der menschlichen Sprache gründet in einer Vielzahl spezifischer Eigenschaften, die sich ein Kind erst aneignen muß. Der amerikanische Anthropologe Charles HOCKETT (1966) nennt im Vergleich mit Tiersprachen dreizehn wesentliche Merkmale:

1. den *vokal-auditorischen Kanal*
2. *sich ausbreitende Übertragung und gerichteter Empfang* (als Folge der Verwendung des vokal-auditorischen Kanals)
3. *Schnelles Schwinden* (Signal ist nur vorübergehend)
4. *Austauschbarkeit* (der Sprecher kann jede gesprochene Mitteilung, die er versteht, reproduzieren)
5. *Totales Feedback* (Sprecher kann seine eigene Äußerung hören)
6. *Spezialisierung* (die Mittel für die Kommunikation dienen ausschließlich dazu)
7. *Semantizität* (die Äußerung eines Wortes ist nicht notwendig mit der Anwesenheit des Bezeichneten verbunden)
8. *Willkürlichkeit/Arbitrarität* (die Verbindung zwischen einer Äußerung und dem, was sie bezeichnet, ist zufällig)

16

9. *Diskretheit* (einzelne Töne besitzen für den Hörer eine Identität)
10. *Ersetzbarkeit* (man kann über räumlich oder zeitlich entfernte Dinge sprechen)
11. *Produktivität* (Äußerungen sind möglich, die noch nie geäußert wurden)
12. *Traditionelle Überlieferung* (von einer Generation zur nächsten)
13. *Dualität der Muster* (eine kleine Menge bedeutungsloser Elemente kann durch willkürliche Regeln zu einer sehr viel größeren Menge von übergeordneten Elementen kombiniert werden)

Die Sprachsysteme aller Lebewesen außer dem Menschen (und auch der Biene!) besitzen keine *Ersetzbarkeit*: sie sind alle in Raum und Zeit an bestimmte Stimuli gebunden. Menschen scheinen auch die einzige Gattung zu sein, deren Kommunikation *Dualität der Muster*, *Überlieferung durch Tradition* und *Produktivität* kennzeichnen. Vor allem aber das Kriterium der Metasprache (sprechen über Sprache) konnte bis jetzt noch bei keiner Tierart beobachtet werden und scheint ein Privileg des Menschen zu sein.

Die anatomisch nötigen Voraussetzungen für den Erwerb von Sprache bringt das Kind also von Geburt an mit. Nur der Kehlkopf des Neugeborenen muß sich innerhalb des ersten Lebensjahres noch zu seiner sprachspezifischen Position hin absenken.

Welche Voraussetzungen neben den anatomischen erfüllt sein müssen und wie sich der Spracherwerb im Einzelnen vollzieht, dies ist Inhalt zahlreicher Spracherwerbstheorien. Jede von ihnen muß erklären können, „in welcher Weise es dem Kind zu einem sehr frühen Zeitpunkt in seiner kognitiven Entwicklung gelingt, abstrakte Spracheinheiten und komplexe formale Regularitäten zwischen diesen auf der Basis konkreter Sprachbeispiele zu induzieren" (GRIMM 1995, 734). Die etabliertesten von ihnen werden im Folgenden kurz vorgestellt.

1.3 Die Spracherwerbstheorien

1.3.1 Die behavioristische Theorie

Die von SKINNER in seinem Buch „Verbal behavior" (1957) beschriebene behavioristische Spracherwerbstheorie führt sprachliche Lernprozesse auf „Erfahrung", „Imitation" und „selektive Verstärkung" zurück - allesamt Begrifflichkeiten aus der Lernpsychologie. Nach SKINNER ist der Spracherwerb wie alle anderen menschlichen Leistungen auch ein universeller, genetisch vererbter Lernvorgang: eine Sprache lernen Kinder, weil sie die Sprache der Erwachsenen imitieren. Richtige Imitationen werden belohnt und damit verstärkt, oder sie belohnen und verstärken sich selber durch den größeren Erfolg, den sie bescheren (vgl. ZIMMER 1997, 63).

1.3.2 Die nativistische Theorie

Initiiert durch CHOMSKYS kritische Rezension von SKINNERS Buch entstand 1959 eine Theorie, die Spracherwerb als mehr oder minder autonomen Reifungsprozeß versteht, der aus der Idee eines angeborenen Spracherwerbsmechanismus, dem „language acquisition device" (LAD) entsprang. „Eine menschliche Sprache zu erlernen", so CHOMSKY (1993, 12), „wäre für ein Wesen, das nicht eigens für diese Aufgabe geschaffen ist, eine außerordentliche geistige Leistung. Von einem normalen Kind dagegen wird diese Aufgabe bereits bei relativ geringem Sprachkontakt auch ohne besonderen Unterricht gemeistert." Auf der Grundlage seiner *Generativen Transformationsgrammatik* liegt der Schwerpunkt dieser Theorie in der Entwicklung „sprachlicher Kompetenz", womit die Beherrschung des grammatikalischen Systems der Muttersprache gemeint ist. In der Tat erkannte bereits der 1712 in Genf geborene Philosoph und Schriftsteller Jean-Jacques ROUSSEAU: „Was man auch macht, sie [die Kinder, Anmerk. d. Autors] lernen immer auf die gleiche Weise sprechen, [...]" (ROUSSEAU 1991, 48).

Dieses Phänomen deutet tatsächlich auf so etwas wie das LAD - angeborene, grundlegende Prinzipien oder *sprachliche Universalien* zur Entdeckung oder Strukturierung von Sprache, die dann zu wirken beginnen, wenn das Kind mit sprachlichem *Input* in Berührung kommt. Mit Hilfe des LAD verleiht das Kind gehörten Äußerungen einen Sinn, wobei es aus diesen „sprachlichen Primärdaten" (CRYSTAL 1995, 234) Hypothesen über die Grammatik der Sprache ableitet, d. h. darüber, was Sätze sind und wie sie konstruiert werden. Es gelangt also über die Bildung diverser Zwischengrammatiken zur eigentlichen Grammatik seiner Muttersprache und erlangt so nach und nach den Status eines kompetenten Sprechers.

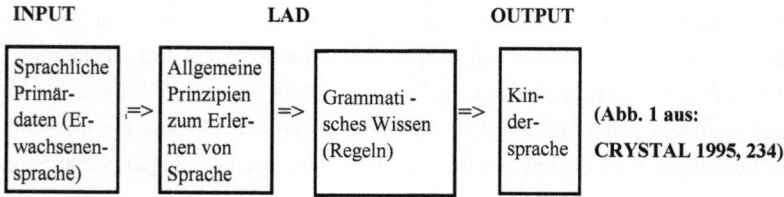

INPUT	LAD		OUTPUT	
Sprachliche Primär-daten (Erwachsenen-sprache) =>	Allgemeine Prinzipien zum Erlernen von Sprache =>	Grammati - sches Wissen (Regeln) =>	Kin-der-sprache	**(Abb. 1 aus: CRYSTAL 1995, 234)**

„Lernen" bedeutet hier im Gegensatz zu den Behavioristen „Verlernen", d. h. Ausschließen ursprünglich gegebener Möglichkeiten (WEISSENBORN 1990, 39). Dieses Wissen wird anschließend zur Erzeugung (*Generierung*) von Sätzen genutzt, die nach einigen Versuchen denen der Erwachsenen entsprechen. Aus einer zugrundeliegenden, abstrakten Tiefenstruktur können nun beliebig viele Oberflächenstrukturen in Form von Sätzen mit Hilfe der erlernten *Transformationsregeln* generiert werden. Angeeignet hat sich das Kind diese Regeln bzw. Grammatik, indem es zuvor den umgekehrten Weg beschritten und von den Oberflächstrukturen im Input Hypothesen über die zugrundeliegende Tiefenstruktur und den zugehörigen Transformationsregeln gebildet hat. Das Kind entpuppt sich als ein „Analysator" und kreativer „Schöpfer" (GRIMM 1995, 734) und nicht als „defizienter Erwachsener".

Belege für diese Theorie sah CHOMSKY in der kurzen Zeitspanne des Spracherwerbs (die unmöglich Spracherwerb durch Imitation rechtfertigen konnte), der Tatsache, daß der Output regelmäßig größer sei als der notwendige, aber defizitäre Input, und darin, daß ein Kind nie gehörte Äußerungen realisiert und auch versteht (vgl. IMHASLY u. a. 1986, 54). Lange Zeit galt die nativistische und somit rein syntaktische Sicht als Dogma im Bereich der Sprachwissenschaft mit zahlreichen Befürwortern.

Ein weiterer Vertreter der nativistischen Theorie ist der Biologe LENNEBERG, welcher den Ursprung der wichtigsten Unterschiede zwischen vorsprachlicher und nachsprachlicher Phase der Entwicklung ebenfalls im wachsenden Individuum und nicht in der äußeren Welt oder in neuen Reizen sieht (vgl. LENNEBERG 1986, 157). Dennoch rief die eigenwillige Vorstellung, daß das Kind ganze grammatische Regelsysteme ansetzt und dann ein Regelsystem auswählt Unbehagen hervor - zumal sich diese Vorstellung nur sehr schwer mit empirischen Untersuchungen vereinbaren ließ. Studien zum Verlauf der Entwicklung (vgl. CLAHSEN 1982) zeigen, daß der Erwerb der Sprachstruktur nicht so sehr ein Prozeß des Auswählens, sondern eher des „Konstruierens" einer Grammatik ist. Außerdem ist bei der Vorstellung des Testens von Hypothesen unklar, wie das Kind aus der Menge der möglichen Regelsysteme genau das eine, richtige System findet (vgl. CLAHSEN 1990, 13). In den letzten sieben oder acht Jahren wurde daher die generative Sprachtheorie in wesentlichen Punkten verändert, wobei Grundvorstellungen allerdings beibehalten wurden (vgl. CLAHSEN 1990). In Folge bleibender Ungereimtheiten entstanden konkurrierende Ansätze zur Erklärung des Spracherwerbs.

1.3.3 Die kognitive Theorie

Die wichtigste dieser alternativen Erklärungen besagt, daß der Spracherwerb im Kontext der intellektuellen Reifung des Kindes gesehen werden muß. Demzufolge entwickeln sich sprachliche Strukturen nur dann, wenn auf eine bereits vorhandene kognitive Grundlage zurückgegriffen werden kann (vgl. CRYSTAL 1995, 234). Der einflußreichste Ansatz geht auf PIAGETS *Modell der kognitiven Entwicklung* zurück, worin er vier aufeinander aufbauende Entwicklungsstadien unterscheidet (vgl. PIAGET 1982):

1. *Das Stadium der sensomotorischen Intelligenz,*
   das sich bis zum 18. Lebensmonat erstreckt und eine Auseinandersetzung mit der Umwelt darstellt, ohne daß das eigentliche Denken (im Sinne von Symboloperationen) vorhanden ist. Auf dieser Stufe kommt es zur Differenzierung und Koordination globaler Handlungsschemata. Das Kind ist noch nicht in der Lage, wahrgenommene Gegenstände konzeptuell als permanente Objekte zu erfassen: ein Gegenstand, der aus dem Blickfeld des Kindes verschwindet, hört auf, zu existieren.

2. *Das Stadium des präoperationalen Denkens*
   zwischen dem 2. und 6. Lebensjahr. Hier erwirbt das Kind mentale Struktureinheiten (= konzeptuelle Schemata), mit denen es seine Erfahrungen langfristig repräsentieren kann. Sein Denken orientiert sich dabei eng an den konkreten Gegebenheiten der Umwelt. Die geistigen Schemata sind konkreter Natur und stellen häufig Generalisierungen dar, die sich auf einige perzeptuelle Merkmale des jeweiligen Gegenstandes konzentrieren. Das Kind verfügt in diesem Stadium noch nicht über das Konzept der „Invarianz", das ihm ermöglicht, das Gleichbleiben einer quantitativen Größe trotz realer Veränderungen (z. B. in der räumlichen Anordnung) zu erkennen. Kennzeichnend für dieses Stadium ist auch die „Egozentriertheit" der kognitiven Prozesse. Kinder vermögen hier nämlich noch nicht, die Perspektive eines anderen einzunehmen.

3. *Das Stadium der konkreten Operationen*
   zwischen dem 7. und 11. Lebensjahr, in dem das Kind Erfahrungseinheiten systematisch zu kategorisieren und mentale Repräsentationen zu verändern vermag.

Zwar erwirbt es hier die Konzepte der „Invarianz", der „Seriation" usw., bleibt aber in seinem Denken noch stark der konkreten Anschauung verhaftet.

4. *Das Stadium der formalen Operationen*

zwischen dem 11. und 15. Lebensjahr. Hier löst sich das Denken des Kindes von seiner Gebundenheit an die konkrete Erfahrungswelt. Es verfügt nun über die Fähigkeit, von konkreten Manifestationen zu abstrahieren und es lernt, logische Relationen zwischen mentalen Struktureinheiten zu berechnen und den Wahrheitsgehalt seiner eigenen Denkoperationen zu überprüfen.

Die kognitive Entwicklung vollzieht sich in einem komplexen Wechselspiel mit der Umwelt, in dem sich der Organismus zwischen zwei fundamentalen und komplementär arbeitenden Prozessen befindet: der Anwendung bereits vorhandener schematischer Konzepte auf neue Reize (*Assimilation*) und der Veränderung und Differenzierung von Konzepten aufgrund nicht assimilierter Umweltreize (*Akkomodation*). So sieht PIAGET - etwas überspitzt formuliert - die Fähigkeit, Objekt und Handlung zu unterscheiden, als Vorläufer der basalen sprachlichen Unterscheidung von Objekt und Prädikat (vgl. GRIMM 1995, 739).

Obgleich er die Rolle der Umwelterfahrungen für die mentale Ontogenese hervorhebt, ist PIAGET kein Verfechter eines rigiden Empirismus wie dies bei der behavioristischen Theorie der Fall war: Er leugnet nicht die Existenz angeborener Fähigkeiten - dennoch grenzt er sich gegenüber CHOMSKYS Theorie dadurch ab, indem er „eine strikte Vorprogrammierung ablehnt und der Sprache keinen autonomen Status einräumt" (SCHWARZ 1996, 117). Allerdings kann dieser kognitive Aspekt nicht ausreichend sein, um den Erwerb von Sprache hinreichend zu erklären. Es muß vielmehr das hinzutreten, was GRIMM als „pragmatische Kompetenz" (1995, 707) bezeichnet.

1.3.4 Die interaktionistische Theorie

Daß die Bereitschaft zum sprachlichen Ausdruck sich nur im *handelnden Umgang* der Kinder mit anderen Menschen entwickeln kann, hat insbesondere der Psychologe BRUNER betont. Seiner Meinung nach läßt sich das Wesen der Sprache nicht ohne Einbezug ihrer kulturellen Einbettung verstehen, wobei er die Auffassung vertritt, „daß gerade die Aufgabe, Kultur als notwendige Form der Weltbewältigung zu *benützen*, den Menschen zur Sprache zwingt" (BRUNER 1997, 17).

Den zentralen Begriff stellt bei ihm das „Format" dar, welches ein eingespieltes, standardisiertes Ablaufmuster von Handlungs- und Redeaktivitäten zwischen Kind und Erwachsenem bezeichnet. Häufig handelt es sich dabei um kleine Spiele oder um das Betrachten von Bilderbüchern, in denen die Rollenzuteilung an Kind und Erwachsenen im Laufe der Entwicklung variabel wird (was gerade durch die Standardisierung der Rollenstruktur an sich erleichtert wird). Das „Language Acquisition Support System" (LASS), als Gesamtheit aller der von einem Erwachsenen mit einem Kind inszenierten Formate, bildet nun in Form eines Transaktionsrahmens eine Art „Hilfssystem" zum Spracherwerb: es strukturiert die Art und Weise, wie Sprache und Interaktion auf ein LAD (vgl. Kap. 1.3.3, 20) des Kindes treffen und durch den Input dieses „angeborene System der Sprachlernfähigkeiten" in Gang bringt. Durch die Interaktion von LASS und LAD sieht BRUNER den Eintritt des Kindes in die jeweilige Sprachgemeinschaft und damit zugleich in die entsprechende Kultur und Gesellschaft gewährleistet. Dabei betont er, daß die drei zu meisternden Aspekte der Sprache - ihre Syntax, ihre Semantik und ihre Pragmatik - nicht unabhängig voneinander sind, so daß sie auch nicht isoliert erlernt werden .

Unter dem Einfluß der nativistischen Hypothese wurde der Sprache, die Erwachsene gegenüber Kindern verwenden (*Ammensprache, baby-talk* oder *motherese*), lange Zeit kaum Bedeutung beigemessen. Diesbezügliche Untersuchungen erbrachten, daß der sprachliche Einfluß der Mutter keineswegs so „widersprüchlich und fragmentarisch" (CRYSTAL 1995, 235) ist, wie die Befürworter des Nativismus immer behauptet hatten. Im Gegenteil, sie ist in ihrem Komplexitätsgrad stets auf das Niveau des Kindes abgestimmt - sie ist einfach, redundant und grammatisch richtig, aber immer noch komplexer als die Kindersprache (denn sonst könnte das Kind ja nichts lernen). Eine der ersten und wichtigsten Untersuchungen zur Sprache von Müttern ist die von Catherine SNOW (1972).

Die Darstellung der etabliertesten Spracherwerbstheorien verdeutlicht, daß sprachliche Interaktionen in allen Theorien grundlegende Bedeutung besitzen - sei es als *Vorbild* (Behaviorismus; Kognitivismus), als *Initiator* (Nativismus) oder als *Hilfssystem* (Interaktionismus) des kindlichen Spracherwerbs. Auf jeden Fall Anlaß genug, um im folgenden Kapitel Aspekte sprachlicher Interaktionen genauer zu beleuchten.

2. Aspekte sprachlicher Interaktionen

Von Geburt des Kindes an gleich von „echten" Dialogen zwischen ihm und seinen Bezugspersonen zu sprechen, wie beispielsweise REIMANN [1] (1993) dies macht, scheint dem Autor wenig sinnvoll, da Dialoge sehr rigiden gesellschaftlichen Konventionen unterliegen. Diese muß ein Kind erst lernen. BOUEKE (1983, 7) bezeichnet als „Dialogfähigkeit" [2] die „aus kognitiven, verbalen und sozial-interaktiven Komponenten aufgebaute Kompetenz von Sprechern einer Sprache", zu der ein Kind gelangt, wenn es in der Lage ist, mit ihr Sprechhandlungen innerhalb eines Interaktionskontextes auszuführen und zu interpretieren. Dazu gehört z. B. die Fähigkeit, die Perspektive des Gesprächspartners einzunehmen, sich über die eigene Intention klarzuwerden und sie in eine partnerbezogene sprachliche Form zu bringen, bestimmte Interaktionsmuster auf bestimmte Situationen zu beziehen und entsprechend anzuwenden. Hierzu gehören aber auch solche „organisatorischen" Fähigkeiten, wie die Eröffnung eines Gesprächs, die Regelung des Sprecherwechsels (*turn-taking*), die Aufrechterhaltung des Gesprächs (*back-channel-behavior* und auch durch die Beachtung von *Konversationsmaximen*), die Einführung eines Themas, die Herstellung des Einverständnisses darüber und schließlich auch die Gesprächsbeendigung.

HELLSPONG (1988, 23) spricht von „Dialogizität", wenn zwei Partner jeweils Aufmerksamkeit für den anderen bezeugen, partnerbezogene kommunikative Akte [3] realisieren und darauf reagieren, einen gemeinsamen Fokus für den Inhalt des Gesprächs haben und nach bestimmten Regeln miteinander kommunizieren (z. B. nicht gleichzeitig sprechen).

Grundlegend für die Entwicklung der sprachlichen Dialogfähigkeit ist demnach die Erkenntnis der partnerbezogenen *Intentionalität* des Sprechens überhaupt und die Erfassung des Prinzips der *Reziprozität*, der wechselseitigen Sprecherrollenzuweisung. Treffender ließen sich sprachliche Interaktionen mit dem Terminus der

---

[1] REIMANN (1993) erweitert den Dialogbegriff im Vorwort allerdings explizit.

[2] Die Termini Gespräch, Diskurs und Konversation werden synonym zu „Dialog" verwendet, wobei *Diskurs* enger gefaßt meist speziell auf argumentative Gespräche wie in der Philosophie angewandt wird und *Konversation* in Deutschland meist in Verbindung mit belanglosen Gesprächen - also des Redens um des Redens oder der Etikette wegen gebraucht wird (vgl. LINKE u. a. 1991, 259).

[3] Gemeint sind Sprecherwechsel (*turns*).

Kommunikation [4] im Sinne einer „zwischenmenschlichen Verständigung mittels sprachlicher und nichtsprachlicher Mittel wie Gestik, Mimik, Stimme, u. a." (BUSS-MANN 1990, 392) charakterisieren. BRUNER (1997) weist in Folge seiner empirischen Untersuchungen darauf hin, „daß Erwachsene Äußerungen von Babys, seien dies nun Lautäußerungen, Gesten, Schreien, bewußt oder unbewußt *kommunikative Absichten* unterstellen." WATZLAWICK u. a. (1996, 50) sprechen sogar von einer Unmöglichkeit, „nicht zu kommunizieren" und spielen darauf an, daß selbst Schweigen oder Regungslosigkeit Formen von (nonverbaler) Kommunikation darstellen. Dies würde bedeuten, daß alle sprachlichen Interaktionen zwischen Erwachsenen und Kindern kommunikativen Charakter hätten.

Dieses Dogma sollte man nicht allzu unkritisch hinnehmen. Wie im Laufe der Korpus-Untersuchung deutlich wird, „modellieren" Erwachsene innerhalb ihrer sprachlichen Interaktionen mit dem Kind Form, Funktion und Gebrauch diverser Spracherwerbsdimensionen vor, worauf dieses nicht immer kommunikativ im eigentlichen Sinne reagiert. Wenn es beispielsweise eine Äußerung des Erwachsenen imitiert, d. h. diese ohne „kommunikative Absicht" wiederholt (um sich etwa die Lautstruktur oder den Bedeutungsgehalt des Wortes zu vergegenwärtigen), so würde das kaum als „zwischenmenschliche Verständigung" im Sinne von BUSSMANN (s. o.) zu bezeichnen sein. Einen weiteren Aspekt gegen das WATZLAWICK'sche Dogma gibt FLAVELL (in: GRIMM 1977, 47), welcher als notwendige Voraussetzung für eine adäquate interpersonale Kommunikation wie BOUEKE (s. o.) bezüglich des Dialoges die Fähigkeit zur Rollenübernahme ansetzt. Diese definiert er mit PIAGET als Fähigkeit, „die Welt und sich selbst von der Perspektive des anderen zu betrachten. Dies setzt voraus, daß die Fähigkeiten, Attribute, Gefühle, Informationsbedürfnisse und möglichen Reaktionen des anderen antizipiert werden." Bis das Kind dazu in der Lage ist (nach PIAGET ca. bis zum 7. Lebensjahr!), spricht es „egozentrisch" (vgl. PIAGET 1982). Er unterscheidet daher zwischen der egozentrischen und der „sozialisierten" Sprache, wobei erstere durch Nachahmungen, Monologe und Kollektivmonologe [5] gekennzeichnet ist.

Aus einer anderen Perspektive betrachtet könnte man hingegen sagen, daß auch das *egozentrische Sprechen* einen kommunikativen Mitteilungscharakter besitzt, und zwar in Form eines indirekten Sprechaktes: „Siehe, ich eigne mir gerade Deine

---

[4] Dialoge sind nur *eine* mögliche Form sprachlicher Kommunikation.

[5] Wechselreden ohne gemeinsamen Gegenstand.

Sprache an". Auch andere Autoren, wie WYGOTSKY (in: GRIMM 1977) verstehen die Sprache des Kindes als von vornherein sozial.

Die Kontroversen der Anwendbarkeit des Dialog- oder des Kommunikationsbegriffes auf sprachliche Interaktionen sind offensichtlich. Dennoch kristallisiert sich als ein Hauptmerkmal heraus, daß alle Erscheinungsformen sprachlicher Interaktionen *ungleichgewichtig* sind.

Diesbezüglich unterscheiden WATZLAWICK u. a. (1996, 68) zwischen „symmetrischer" und „komplementärer" Interaktion. Bei der symmetrischen Interaktion, die vornehmlich Interaktionen zwischen Erwachsenen kennzeichnet, ist das Verhalten der beiden Partner spiegelbildlich und ihre Interaktion daher symmetrisch. Im zweiten Fall dagegen ergänzt das Verhalten eines Partners das des anderen und ist somit komplementär. Symmetrische Beziehungen sind also durch Streben nach Gleichheit und Verminderung von Unterschieden zwischen Partnern gekennzeichnet, während komplementäre Interaktionen auf sich gegenseitig ergänzenden Unterschiedlichkeiten beruhen. In der hier interessierenden komplementären Beziehung - wie sie ja zweifellos im gesellschaftlich-kulturellen Kontext „Erwachsener-Kind" zu finden ist, nimmt der Erwachsene die sogenannte „superiore, primäre" Stellung ein und das Kind die entsprechende „inferiore, sekundäre" (vgl. a. a. O., 68). Diese entwicklungsbedingte Ungleichgewichtigkeit bewirkt, daß die *respondierenden* (reaktiven; antwortenden) Interaktionsbeiträge des Kindes nicht immer eine Anknüpfung an initiative Äußerungen garantieren.

Die Tatsache, daß egozentrische Beiträge nicht zu einem Interaktionsabbruch führen, liegt daran, daß das Kind in der Gesamtheit seiner Äußerungen von Geburt an als Gesprächspartner ernst genommen wird. Dies bildet die Voraussetzung, um Schritt für Schritt vollwertiges Mitglied der Sprachgemeinschaft zu werden, in die es hineingeboren wurde - daß Erwachsene dem Kind die Befolgung der *Maximen der Qualität* und *der Relevanz* (vgl. LEVINSON 1990, 104) unterstellen, also implizit annehmen, daß das Kind mit seiner Äußerung in der Regel etwas zu sagen hat und das es aufrichtig darin ist.

Nachdem dialogische und kommunikative Aspekte sprachlicher Interaktionen zwischen Erwachsenen und Kindern eingehender betrachtet worden sind, soll im nun folgenden 2. Teil der Studie deren Einfluß auf den kindlichen Spracherwerb empirisch untersucht werden. Bezüglich sprachlicher Interaktionen zwischen Max und seinen Bezugspersonen werden die Termini „Gespräch", „Gesprächsbeitrag" und

„Gesprächszüge" verwendet und ggf. genauer expliziert, ob diese nun dialogischen Charakter haben, kommunikativ sind oder nicht.

Ein Gesprächsbeitrag kann *initiativ* oder *respondierend* sein, wobei respondierende Gesprächsbeiträge dem Vorschlag SCHWITALLAS (1976, 92) folgend von dem Terminus der *Responsivität* unterschieden werden. Dieser erfährt weitere Differenzierung:

• *Responsivität:*	wenn sowohl die Intention als auch der Inhalt des initiierenden Zuges berücksichtigt ist,
• *Teilresponsivität:*	wenn nur ein Teil des Inhalts berücksichtigt wird,
• *Nonresponsivität:*	wenn weder Inhalt noch Intention berücksichtigt werden.

TEIL II: EMPIRISCHE STUDIEN

3. Methoden und Probleme empirischer Sprachdatenerhebungen

Im Bereich der Sprachwissenschaft existieren zahlreiche Hypothesen darüber, wie ein Kind sprechen lernt, und jeder Wissenschaftler sucht diese mit empirischen Daten zu einer fundierten Theorie auszubauen. So ist es nicht verwunderlich, daß die Art der Datenerhebung, die „Elizitierungstechnik" (SCHLOBINSKI 1996, 19), durch hypothetische Überlegungen geprägt wird, d. h. gezielt darauf ausgerichtet ist, diese zu verifizieren. Korpusanalysen gestatten dem Sprachwissenschaftler zudem tiefere Einsichten in die Beschreibung von sprachlichen Phänomenen und bilden eine gute Grundlage dafür, nach Erklärungen zu suchen. Die aus empirischen Untersuchungen gewonnenen Erkenntnisse der deskriptiven Linguistik bieten manchem theoretischen Ansatz die Chance, in der Auseinandersetzung seine Postulate zu überprüfen (vgl. DÜRR u. a. 1990, 255).

3.1 Methoden

Der wissenschaftliche Wert einer Spracherwerbstheorie hängt also vor allem von der Zuverlässigkeit der empirisch gewonnenen Daten ab. Nicht umsonst nennt OSKAAR (1987, 59) die Art der Datenerhebung als einer der „wichtigsten und auch schwierigsten methodischen Schritte" und WODE (1993, 107) sieht Wert und Verläßlichkeit wissenschaftlicher Ergebnisse allein in den Methoden begründet, mit denen sie gewonnen werden und zwar sowohl auf die Datenerhebung wie auch auf das Analyseverfahren bezogen.

Grundlegend für die Durchführung einer empirischen Untersuchung ist die Frage, ob eine *Längsschnittstudie* oder eine *Querschnittstudie* durchgeführt werden soll (vgl. SCHLOBINSKI 1996, 19). Bei einer Längsschnitt- bzw. Longitudinaluntersuchung werden Daten über einen längeren Zeitraum in bestimmten Intervallen erhoben (*Intervallstudie*). Diese Methode eignet sich besonders für Studien im Bereich des Erst- und Zweitspracherwerbs, da sich die dynamischen Prozesse der Spracherwerbs entlang einer Zeitachse sehr gut dokumentieren lassen.

In einer Querschnittuntersuchung hingegen werden Sprachdaten zu einem bestimmten Zeitpunkt nur einmal erhoben. Doch kann auch in diese synchrone Beschreibung eine diachrone Perspektive integriert werden, beispielsweise im Falle des Merkmals „Alter" verschiedene Altersstufen berücksichtigt und aufgrund der zeitlichen Intervalldifferenzen auf Wandelprozesse rückgeschlossen werden (a. a. O., 20).

Die Durchführung einer empirischen Untersuchung läßt sich in vier aufeinanderfolgende Schritte gliedern (a. a. O., 20):

- *Operationalisierung*: Ideen werden konzeptualisiert, allgemeine und spezielle Ziele der Untersuchung festgelegt und der Untersuchungsgegenstand definiert, um dann Hypothesen zu formulieren, die in der empirischen Untersuchung verifiziert oder falsifiziert werden.
- *Planung und Durchführung der Datenerhebung*: Festlegung von Art und Umfang der Stichprobe, ggf. Durchführung von Vortests und schließlich Durchführung der eigentlichen Erhebung (z. B. Führen von Tagebüchern, Anfertigen von Fragebögen oder Ton- bzw. Videoaufzeichnungen).
- *Verarbeitung und Aufbereitung des empirischen Materials*: u. a. Anfertigung der Transkripte bei Tonbandaufnahmen, tabellarische oder graphische Zusammenfassung quantitativer Daten.
- *Analyse der Daten und Schlußfolgerungen*: bei statistischen Verfahren Test der zuvor formulierten Hypothesen. Die Ergebnisse der empirischen Untersuchung sind mit den Ergebnissen anderer Untersuchungen zu vergleichen, und ggf. sind Prognosen und Modelle anhand der vorliegenden Untersuchung zu erstellen.

Die Datenerhebung kann eine *Fremdbeobachtung* sein. Dies ist der Fall, wenn die Beobachter nicht die Eltern der Probanden sind. Die Daten können unter *experimentellen* Bedingungen oder *spontan*, d. h. ohne experimentelle Zwänge und ohne Beobachterbeeinflussung produziert werden.

3.2 Probleme

Die formulierte Hypothese oder Fragestellung bestimmt also die Methode der Korpuserhebung. Wie oben bereits erwähnt, bildet die Longitudinaluntersuchung die für den Erstspracherwerb übliche Methode. Da ein so erhobenes Korpus jedoch nur eine Teilmenge bzw. *Stichprobe* aus einer „Grundgesamtheit" [6] darstellen kann, wirft dies

---

[6] WAGNER (1996, 150) definiert die Grundgesamtheit als „Menge aller Elemente", wobei „Element" hier als Wort verstanden wird.

schnell die Frage nach dessen *Repräsentativität* auf. Repräsentativität heißt, daß das Zurückschließen (Induktionsschluß) auf die Grundgesamtheit zulässig ist und die Stichprobe die Grundgesamtheit widerspiegelt (a. a. O., 26). Bei der Beurteilung der Stichprobe sind zwei Gütekriterien zu beachten, nämlich der *Auswahlbias* (systematischer Fehler oder kurz: Bias) und der *Auswahlfehler* (Zufallsfehler). Je kleiner eine Stichprobe ausfällt, desto wahrscheinlicher und größer ist der Auswahlfehler. Ein Bias liegt hingegen vor, wenn die Stichprobe nach anderen Parametern gezogen wird, als sie in der Grundgesamtheit vorkommen, was die Stichprobe verfälschen würde (a. a. O., 26).

In der Tat ist es nur schwer möglich, alle Äußerungen des untersuchten Kindes in ihrer Gesamtheit zu fixieren, ohne dieses oder die Eltern dabei in ihrer Privatsphäre erheblich einzuschränken. Außerdem erweist sich die Erhebung verbaler Daten als extrem zeit- und geldaufwendig. Es kommt daher nicht von ungefähr, daß die bekanntesten Studien mit relativ hoher Repräsentativität von den Wissenschaftlern an deren eigenen Kindern erhoben wurden, die sie jeden Tag ohne großen Aufwand beobachten konnten.[7] Dies leitet zu einer anderen Schwierigkeit über, die GIPPER (1985) bei der Erfassung feinster Lautnuancierungen sieht, welche seiner Meinung nach nur durch ständig anwesende Eltern geleistet werden kann. WAGNER (1974, 172) nennt diesbezüglich zwei Gruppen von Schwierigkeiten im Bereich von Abhörprozeduren (wie bei Transkriptionen von Tonbandaufnahmen). Bei beiden handelt es sich um Zuordnungsprobleme: „akustische Abhörschwierigkeiten", bei denen es um die Schwierigkeit geht, ein Schallgebilde einem Wort/Satz zuzuordnen und „semantische Bedeutungsschwierigkeiten", bei denen es sich als problematisch erweist, das Gemeinte des Gesagten zu identifizieren.

Auch WUNDT (in: KEGEL 1987, 38) äußert den begründeten Verdacht, „daß die auszuwertenden Daten verzerrt sind, und daß durch ihre besondere Auswahl eine Verschiebung hin zur Erwachsenensprache erfolgt. Diese Verschiebung dürfte abhängig sein vom Grad der Unverständlichkeit, den die kindlichen Äußerungen für den Beobachter aufwerfen." Dahinter verbirgt sich der Gedanke, daß man nur solche Sprachlaute vollkommen richtig hört, die man auch selbst richtig erzeugen kann - doch die Erwachsenensprache kennt viele Laute aus dem anfänglichen Repertoire

---

[7] SCHLOBINSKI (a. a. O., 27) merkt an, daß bei den meisten sprachwissenschaftlichen Untersuchungen nur selten eine repräsentative Datenbasis gegeben ist, weshalb unzureichend verallgemeinert werden muß. Trotzdem nennt er jede noch so schmale Datenbasis gegenüber einer *Introspektion* (Aussagen aufgrund einer Einerstichprobe) ein Gewinn.

des Kindes nicht. Daraus resultieren Ersetzungen, Auslassungen, Verzerrungen und Hinzufügung von Sprechlauten (vgl. a. a. O., 39). Auch das spricht für den Idealfall bei empirischen Untersuchungen zum Erstspracherwerb: daß die Eltern sowohl die Tonbandaufnahmen als auch die nachfolgenden Transkriptionen anfertigen sollten, da sie zum einen ihr Kind besser verstehen und es zum anderen in ihrer Anwesenheit natürlicher reagiert als bei fremden Personen.

Damit ist das Problem des *Beobachterparadoxons* angesprochen, welches die meisten Sprachdatenerhebungen beeinträchtigt: Das Kind wird durch einen anwesenden Beobachter beeinflußt und das nicht nur unmittelbar. Auch die Mutter wird sich und ihr Kind gegenüber den anwesenden Wissenschaftlern von der besten Seite zeigen wollen und ist damit in ihrem Verhalten „unnatürlich", was mittelbar wieder auf das Kind wirkt. Daher sollte man - wenn die Gelegenheit, eigene Kinder zu beobachten, nicht gegeben ist - nach BRUNER (1997, 39) „die Beziehung so offen wie möglich" gestalten, d. h. von Beginn an die Eltern an Absichten und Hypothesen bezüglich der Entwicklung ihrer Kinder teilhaben lassen.

4. Das Korpus „Max"

4.1 Erhebung

4.1.1 Hintergrund

Der Autor der vorliegenden Studie begann mit den ersten Tonbandaufnahmen von Max am 27. Mai 1995. Sein Interesse resultierte aus den Beobachtungen, die er im Laufe des ersten Lebensjahres von Max gemacht hatte. Oft war er während der Stillzeiten von Max zugegen und als Verwandter und direkter Nachbar nicht selten dessen Babysitter. Besonders faszinierend erschien es ihm, daß Max bereits seit seiner Geburt über die Fähigkeit verfügte, sich seinen Menschen ohne die konventionelle Sprache mitzuteilen - „konventionell" deshalb, weil er sehr wohl eine „Sprache" gebrauchte, allerdings eine, die nur Kinder in seinem Alter gebrauchen und die in erster Linie nur Personen verstehen, die mit dem Kind vertraut sind und dessen Umgebung gut kennen.

Der Autor nahm sich vor, Max von diesem Tage an auf dem Weg zur Sprache mittels regelmäßiger Tonbandaufnahmen zu begleiten, um auf diese Weise ein kontinuierliches Dokument seiner Sprachentwicklung zu erhalten. Das so entstandene Korpus ist also entgegen gängiger sprachwissenschaftlicher Arbeitsweisen nicht aufgrund einer zuvor formulierten Hypothese unter Berücksichtigung bestimmter Aspekte erhoben worden, sondern zunächst einmal aus reinem Interesse.[8]

4.1.2 Methode

Dieses Interesse determinierte dann auch die Methode: der Autor wollte Max in seinen sprachlichen Fortschritten im Gespräch mit seinen Mitmenschen möglichst unauffällig dokumentieren. Er hielt es für ausreichend, dies ab jenem Tage alle drei Monate zu tun, wobei sich die Aufnahmedauer danach richtete, ob seiner Meinung nach viele oder eher weniger neue sprachliche Phänomene bei Max auftauchten. Es handelt sich also in diesem Fall um eine Longitudinalstudie mit regelmäßigen Aufnahmeintervallen (Intervallstudie). Die Aufnahmesituation wurde so natürlich wie

---

[8] Allerdings birgt diese Vorgehensweise auch bestimmte Vorteile: so wird das Beobachterparadoxon (vgl. Kap. 3.2, 30) z. B. dahingehend minimiert, daß die erwachsenen Probanden ihre Sprache nicht bewußt bezüglich eines bestimmten Untersuchungskriteriums (wie eben der Syntax) betonen.

möglich belassen, um spontane Äußerungen des Kindes zu erhalten. Im Verlauf der Monate verdichtete sich die Hypothese, daß die sprachlichen Interaktionen zwischen Max und seinen Bezugspersonen maßgeblich an seiner Sprachentwicklung beteiligt sind.

4.1.2.1 Aufnahmetechnik

Für die Aufnahme benutzte der Autor einen tragbaren, batteriebetriebenen Kassetten-rekorder und ein sehr empfindliches Mikrophon, daß irgendwo im Zimmer postiert werden konnte und sehr deutliche Aufnahmen lieferte, selbst wenn Max oder die Bezugsperson flüsterte. Da jedoch davon auszugehen war, daß der Junge in absehbarer Zeit mobiler werden würde, machte er das Mikrophon von Anfang an zum Bestandteil unserer Zusammentreffen - selbst in der Zeit, wo keine Aufnahmen gemacht wurden. Zur Kommentierung der Sprechsituationen, nonverbaler Besonderheiten oder undeutlicher, aber durch den situativen Kontext verständliche Äußerungen benutzte der Autor einen kleinen Notizblock. Im Anschluß an jede Aufnahme wurde diese zusammen mit den Notizen beschriftet und archiviert.

4.1.3 Proband und soziales Umfeld

Max wurde am 22. Februar 1994 geboren und ist zum Zeitpunkt der ersten Aufnahme 1;3 [9] Jahre alt. Neben ihm haben seine Eltern noch drei weitere Kinder: Nina (geb. 21. April 1979), Timo (geb. 27. Dezember 1982) und Lara (geb. 28. April 1989).

Der Vater (geb. 27. Januar 1949) ist selbständiger Einzelhandelskaufmann und die Mutter (geb. 11. Februar 1950) Drogistin - seit der Geburt ihres ersten Kindes jedoch hauptsächlich Hausfrau und Mutter. Die Familie lebt in einem Einfamilienhaus recht ländlich innerhalb einer Hofschaft, die zu einer Großstadt im Bergischen Land gehört. Außer zu seinen Eltern und den drei Geschwistern hatte Max von Anfang an Kontakt zu anderen Bewohnern der Hofschaft, insbesondere zu seiner Tante (Kosename „Titta") und seinem Cousin, dem Autor dieser Studie (Mark). Neben der Mutter als primärer Bezugsperson, spielten für Max sein Vater, die polnische Haushälterin (Eva), seine Tante (Titta) und sein Cousin (Mark) als „sekundäre Bezugspersonen" eine Rolle. Ungefähr im Alter von 3 Jahren litt die Mutter von Max zuneh-

---

[9] 1;3 bedeutet 1 Jahr und 3 Monate. Entsprechend sind folgende Altersangaben zu lesen.

mend unter Depressionen. In der Folge konnte sie sich immer weniger um ihren Sohn kümmern, so daß die zuvor sekundären Bezugspersonen zunehmend wichtiger wurden, v. a. Titta und Mark. In dieser Zeit suchte Max oft die Nähe der genannten Personen. Er fand in seiner Tante zunehmend einen „Mutterersatz". Dieses Verhältnis gipfelte in einem längeren Klinikaufenthalt seiner Mutter Mitte Juli 1998. Max war zu diesem Zeitpunkt 4;5 Jahre alt. Er und seine älteren Geschwister erlebten ihre Mutter als auffallend passiv, führten dies aber auf chronische Müdigkeit zurück.

4.1.4 Transkription

Die zeitaufwendigste Arbeit stellte das Anfertigen der Transkripte von Tonbandaufnahmen mit einer Gesamtlänge von ca. 6 Stunden dar.

Bezüglich der Transkriptionskonventionen entschied sich der Autor aufgrund besserer Lesbarkeit gegen die Partiturschreibweise für die übersichtliche Zeilenschreibweise. Folgendes gilt es dabei zu beachten:

- *Schrift:*
  Mit Ausnahme von direkter Anrede, Akzentmarkierungen (s. u.), Interpretationen (s.u.) sowie kommentierenden Eingriffen (s. u.) gilt generelle Kleinschreibung.
- *Simultane Turns:*
  Simultanes Sprechen wird durch Unterstreichen in beiden Spalten markiert; fällt dabei die Äußerung eines der Sprechenden (teilweise) in die Zeit zwischen zwei Wörtern des anderen Sprechenden, wird der dortige Leerschritt bzw. die Pausenangabe (mit) unterstrichen; wird innerhalb einer Zeile mehrfach simultan gesprochen, werden die Unterstreichungen in beiden Spalten entsprechend oft portioniert.
  - *Pausen:*
  Zahlen in runden Klammern, z. B. „(3)", bedeuten eine entsprechende Pause/Schweigephase in Sekunden.
  - *Sonstige segmentale Konventionen:*
    ✓ Doppelpunkte innerhalb eines Wortes entsprechen einer Dehnung je nach Dauer und zwar pro Doppelpunkt *eine* Sekunde, z. B. „mü::de".

- ✓ Bindestriche stehen zwischen zwei (vollständig oder unvollständig ausgesprochenen) Silben oder Lauten eines Wortes, wenn diese deutlich getrennt ausgesprochen werden, z. B. „sand-kasten" oder „b-weh" (für „bauchweh").
- ✓ werden Wörter ohne Pause artikuliert, so werden sie zusammen geschrieben, z. B. „ichhab hunger".
- ✓ Wortabbrüche [10] werden mit „/" gekennzeichnet, also z. B. „a/ aber".
- *Interpretationen:* ... stehen in eckigen Klammern, z. B.:
  - ✓ „[lachend:] Du dummerchen |" entspricht lachendem Weitersprechen bis zum vertikalen Begrenzungszeichen.
  - ✓ „[lacht]" entspricht der Beschreibung einer Aktivität.
  - ✓ „[lacht:] (2)" entspricht dem Lachen über eine Dauer von zwei oder entsprechend mehr Sekunden.
  - ✓ *Rezeptionssignale:*
  - ✓ „hm"; „ja" entspricht einsilbiger Hörrückmeldung.
  - ✓ „mhm" entspricht zweisilbiger Hörrückmeldung mit Akzent.
  - ✓ „mm" entspricht nicht aspirierter Verneinung.
  - ✓ „hm:"; „m:"; „ja:" entspricht gedehnter Hörrückmeldung mit oder ohne Akzent.
- *Akzentuierungen:*
Akzentuierungen werden nur bei auffälliger Betonung durch Großbuchstaben der entsprechenden Silbe bzw. des gesamten Wortes markiert, z. B. „UNsinn"; „JETZT".
- *Frageintonation:*
„?" entspricht hoch steigend.
- *Sonstige Konventionen:*
  - ✓ Kursives in eckigen Klammern entspricht kommentierenden Eingriffen, z. B. „wo ist tommy? [*die Hauskatze*]".
  - ✓ „(...)" entspricht unverständlichen Textpassagen bis zu einer Dauer von zwei Sekunden; die Länge von unverständlichen Passagen mit

---

[10] Die Frage, ob es sich bei den Äußerungen von Max um Wortabbrüche handelt, oder ob er das Wort entwicklungsbedingt noch nicht artikulieren kann bzw. aufgrund von „Sprachfaulheit" lediglich unvollständig artikuliert, ist oft schwer zu beurteilen. Der Autor hat sich daher entschieden, Wortabbrüche vornehmlich an Stellen zu markieren, wo anaphorisch das gemeinte Wort unmittelbar folgt (Selbstkorrektur).

mehr als zwei Sekunden wird folgendermaßen angegeben: „(...(5)...)"
- dies entspräche z. B. einer Dauer von fünf Sekunden.

    ✓ Äußerungen in runden Klammern geben bei unverständlichen oder verschluckten Lautfolgen, die nur aufgrund des situativen Kontextes zu identifizieren sind, das Gemeinte anstelle der Originaläußerung an, wohingegen die phonetisch „verstümmelten", aber soweit verständlichen Äußerungen ggf. die gemeinte Äußerung zur besseren Verständlichkeit nachstellt, z. B. „au:m (baum)" - ist hingegen nicht sicher, daß eine Äußerung so gemeint ist, steht sie mit Fragezeichen, z. B. „neit (nein?)". Wird die entsprechende Äußerung vom Gesprächspartner unmittelbar und korrekt imitiert, unterbleibt die Angabe.

    ✓ Elidierte (verschluckte) Einzellaute, werden durch „*" transkribiert, z. B. „w*ll" in „will" - meist handelt es sich dabei um Laute, die durch ihre Umgebung deutlich werden.

    ✓ spitze Klammern markieren nicht verbale Parallelaktivitäten einer nicht sprechenden Person oder gesprächsexternen Auffälligkeiten, z. B. <schlägt die Türe zu>.

- *gesonderte Konventionen:*

    ✓ Varianten des gedehnten, umgangssprachlichen „nein" werden wörtlich verschriftlicht, also „nö:", aber „nee".

    ✓ ein scharf gesprochenes „z" wird mit „sz" transkribiert.

    ✓ Der Beginn eines neuen Monats sowie ein Situationswechsel werden mit „=>" zusätzlich optisch hervorgehoben.

Aufgrund einer die gesprochene Sprache lautlich genau abbildenden Verschriftlichung unter Vernachlässigung orthographischer Regeln sei an dieser Stelle explizit darauf hingewiesen, daß es sich bei vielen Äußerungen in den Transkripten um keine Rechtschreibfehler handelt!

4.1.5 Übersicht über die Teilkorpora

Jahr	Alter von Max	Jahr	Alter von Max
1995		**1998**	
		20. Februar	4;0
27. Mai	1;3	02. Mai	4;3
28. August	1;6	15. August	4;6
18. November	1;9	07. November	4;9
1996		**1999**	
17. Februar	2;0	22. Februar	5;0
04. Mai	2;3		
23. August	2;6		
15. November	2;9		
1997			
18. Februar	3;0		
26. Mai	3;3		
13. August	3;6		
29. November	3;9		

4.2 Untersuchung

Im Mittelpunkt der Korpusuntersuchung wird die Beschreibung der Entwicklung sprachlicher Interaktionen stehen, um davon ausgehend syntaktische wie morphosyntaktische Strukturen der Inputsprache (der Sprache, die das Kind zu hören bekommt) bezüglich ihrer Bedeutung für den kindlichen Spracherwerb zu ergründen und qualitativ wie quantitativ (meist graphisch veranschaulicht) zu untersuchen.

Diese Untersuchung erfolgt chronologisch nach den Lebensjahren des Kindes und wird kontinuierlich begleitet durch graphische Darstellungen beider Phänomene:

1. Der Gesprächsentwicklung des Kindes in Form prozentualer Angaben der Gesprächslängen (in Zügen) mit den Anteilen initiativer und respondierender Gesprächsbeiträge.

2. Einer Messung der durchschnittlichen Äußerungslänge [11] sowohl von Max als auch von seinen Gesprächspartnern.

---

[11] Das gängige quantitative Verfahren dafür ist die *MLU* (mean length of utterance). Sie wird berechnet, indem die Gesamtheit der Äußerungen durch die Anzahl der Wörter oder (bei anderen

Die Photographie zu Beginn eines jeden Lebensjahres von Max soll eine Brücke schlagen von der rein sprachwissenschaftlich betrachteten Entwicklung eines „Objektes" zu dem Kind, welches sich dahinter verbirgt.

Die im Korpus untersuchten Gesprächspassagen werden durch entsprechende Angaben in den laufenden Text integriert. Hierzu werden in eckigen Klammern und durch Kommata abgetrennt das Datum der Tonbandaufnahme, die Zeilenangabe/n im Transkript sowie die Seitenangabe/n im Anhang genannt. Mehrere Zeilenangaben werden durch ein Semikolon voneinander getrennt. Beispiel: Die Angabe „[29. Nov., 61-62; 96-101, 179]" würde die Tonbandaufnahme vom 29. November mit den Zeilen 61-62 sowie 96-101 auf Seite 179 des Buches bezeichnen.

Fortsetzung von vorheriger Seite...

Verfahren) durch die Zahl der Morpheme (den kleinsten bedeutungstragenden Einheiten) dividiert werden. Es beruht auf der Annahme, daß sich alles sprachliche Lernen in einer zunehmenden Äußerungslänge niederschlägt (BROWN in: CLAHSEN 1982, 29). In der vorliegenden Untersuchung wird die Zahl der Wörter in Beziehung zur Zahl der Äußerungen gesetzt.

5. Vorsprachliche Interaktionen als Vorläufer sprachlicher Interaktionen: Das erste Lebensjahr (1994)

So alt wie die Spracherwerbsforschung selbst, ist der Streit um die Frage, wann der Prozeß des Erstspracherwerbs überhaupt einsetzt.

Unter dem syntaktischen Dogma CHOMSKYS ist diese Frage nicht schwer zu beantworten: mit der Kombination erster Wörter, d. h. mit Beginn der Zweiwortphase. Wenn der Spracherwerb tatsächlich von angeborenen Universalien wie *LAD* determiniert wird, könnte man dieser Ansicht zustimmen - ist dem aber nicht so, dann müssen seine Wegbereiter schon in einem viel früheren Stadium gesucht werden: in vorsprachlichen Interaktionen zwischen Mutter und Kind.

Offenbar ist der Säugling bereits vor seiner Geburt in der Lage, die Sprache der Mutter wahrzunehmen. Dies zeigt sich in einer postnatalen Vorliebe für die mütterliche Sprache und seiner Fähigkeit, die Muttersprache von einer Fremdsprache zu differenzieren (vgl. MEHLER in: PAPOUSEK 1994, 128). Auch vermag er schon früh, lautliche Gegensätze wie [pa] und [ba] zu unterscheiden (vgl. CRYSTAL 1995, 238), und zwar bevor er selbst imstande ist, sie zu artikulieren. Ob dies tatsächlich Resultat eines pränatalen Lernprozesses oder aber Ausdruck eines reichen Repertoires ihm angeborener Verhaltensweisen ist, „die dem Selbstschutz, der Ernährung, der Kommunikation und anderem mehr" (EIBL-EIBESFELDT 1979, 10) dienen, ist bislang unerforscht.

Auch Max findet nach seiner Geburt einen von der Mutter konstituierten, sozialen Rahmen vor, worin sich sein weiterer Spracherwerb vollziehen kann.[12] Dieser Rahmen hilft ihm, die aus seiner Sicht zunächst chaotische Umwelt zu strukturieren, „Invarianzen" (PIAGET 1982) zu finden. Eine Hilfestellung, um „globale Grundeinheiten in der Sprache aufzuspüren, wahrzunehmen und zu kategorisieren" (PAPOUSEK 1994, 148), gibt ihm die hohe und rhythmisierte Sprache seiner Mutter. Diese wird lernpsychologisch so aufbereitet, daß sie ihm ein „Lernen am Modell"[13] erleichtert. Wenn Max die Bedeutung von Sprache zu diesem Zeitpunkt noch verborgen bleibt, so erfährt er doch schon ihren wechselseitigen Charakter: die Mutter redet mit ihm, wartet seine Reaktion ab und äußert wieder etwas. Auf meist spielerische

---

[12] Insofern ist Spracherwerb immer „Teil einer (allgemeinen) Sozialisationstheorie" (RAMGE 1993, 6).

[13] Lernpsychologischer Begriff von BANDURA (1976).

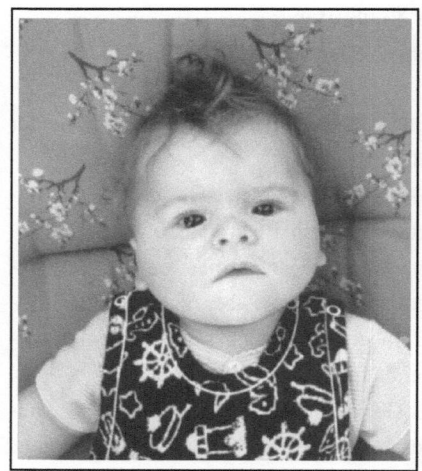

(Abb. 2: Max im Alter von 0;6)

Weise werden ihm bereits hier dialogische Grundzüge vermittelt. Versuche mit Film- und Videoaufzeichnungen zeigen, daß Neugeborene ab dem ersten Lebenstag ihr Verhalten mit den menschlichen Sprachmustern „synchronisieren" (REIMANN 1993, 15), also sehr empfänglich für den dialogisch-rhythmischen Charakter von Sprache sind. Da Max seit seiner Geburt von der Mutter als Kommunikationspartner akzeptiert wird (vgl. BRUNER 1997), erwidert sie Vokalisationen und Mimik, indem sie das Kind nachahmt und ihm so eine Art „biologischen Spiegel" (PAPOUSEK u. a. 1982, 82) vorhält. Max erfährt sich auf diese Weise früh als unmittelbar in den Kommunikationsprozeß involviert.

Er und seine Mutter handeln miteinander, wobei diese Handlungen für ihn erst durch die konsistent gegebenen Interpretationen der Mutter eine Bedeutung erlangen. Dieses mütterliche „Bedeuten" vollzieht sich in Form der gemeinsamen, gewohnheitsmäßigen Handlungsmuster und der sprachlichen Äußerungen durch die Mutter: „Das Kind lernt durch die Mutter, was es meint" (SZAGUN 1996, 178). Erst wenn diesen Handlungsmustern vom Kind Bedeutung gegeben werden können, können diese auch die Basis sprachlicher Strukturen bilden. BRUNER sieht die Anfänge der *sprachlichen Referenz* in drei Arten von Verhaltensweisen (vgl. BRUNER 1979) begründet:

1. den Hinweisen
2. der verhaltensmäßigen Deixis
3. dem Benennen.

Diese drei Verhaltensweisen bilden für das Kind Mittel, um mit der Mutter gemeinsame Bezugnahme auf äußere Ereignisse herzustellen: das *Hinweisen* beginnt in den ersten Lebensmonaten, wo Mutter und Kind ihre Blickrichtungen nach und nach koordinieren und auf diese Weise bereits „nichtsprachliche Sprechakte" vollziehen.[14] So sichern sie sich gegenseitige Aufmerksamkeit auf ein bestimmtes Objekt. Später wird dieser „Augenhinweis" dann von einer greifenden Geste begleitet, die dann zu einer gerichteten Geste und schließlich zum Zeigen führt. Hier finden sich Vorläufer der sprachlichen Deixis.

Die *verhaltensmäßige Deixis* bezeichnet das wechselseitige und umkehrbare Rollenverhalten von Mutter und Kind innerhalb von (Spiel-)*Formaten* (vgl. Kapitel 1.3.4, 21). Auch Max vollzieht mit seiner Mutter Spiele vom Typ des „Guck-Guck-" oder „Geben-Nehmen-Spiels", wo dieses Verhalten einstudiert wird: mal versteckt die Mutter einen Gegenstand oder ihr Gesicht, um dieses/en anschließend wieder erscheinen zu lassen oder sie ist diejenige, die dem Kind etwas gibt und wieder abnimmt, mal ist Max auch selbst der Akteur. Nach BRUNER (1979, 43 ff.) werden solche Spiele gewohnheitsmäßig von Mutter und Kind ausgeführt und ritualisiert.

Schließlich fängt das Kind an zu *benennen*: es artikuliert ein Wort für ein äußeres Ereignis. Einfache Benennung bildet den Vorläufer sprachlicher Referenz in einem komplexeren Sinne.

Mutter und Kind agieren in einem sozial-vorsprachlichen Rahmen, in dem sie „kommunikative Routinen" etablieren. Bei diesen läßt sich folgende Entwicklungssequenz nachzeichnen (vgl. BRUNER 1997):

1. Modus des Verlangens
2. Modus der Aufforderung
3. Modus des Austausches
4. Modus der Ergänzung

Mit seinem ersten Schrei war Max bereits in der Lage, Verlangen auszudrücken. Der Säuglingsschrei als ein erstes, angeborenes und „lebensnotwendiges Kommunikationsmittel" (BISPING 1986) fordert mütterliche Zuwendung. Er lernt, daß mit seinem Schrei, der Ursache, eine Wirkung verbunden ist und er mit Lauten handeln kann. Aus dieser „Erkenntnis" resultiert der 2. Modus: die Schreie werden intensiver und mit Pausen versehen, in denen die Reaktion der Mutter erwartet wird.

---

[14] BRUNER (1997) vertritt die Meinung, daß die Aneignung von Sprechakten dem Spracherwerb vorausgeht und ihn systematisch präfigurieren.

Es entsteht der 3. Modus, in dem Max gestisch oder auch schon lautlich den Wunsch nach einem Gegenstand äußert. Der Austausch dieses Gegenstandes, der z. B. im oben beschriebenen „Geben-Nehmen-Spiel" stattfindet, schult das Kind in seiner Rollenwahrnehmung.

Dadurch gelangt er zum 4. Modus, bei dem die vorsprachlichen Interaktionen an einer konkreten Aufgabe orientiert werden. Mutter und Kind erfüllen jetzt ergänzende Aufgaben (beispielsweise hält Max ein Murmelglas, welches die Mutter mit den Murmeln füllt).

BRUNER sieht diese Sequenz vom Verlangen zum Auffordern, zum Austausch und schließlich zum ergänzenden Handeln sowohl als Vorläufer von Kasuskategorien, wie auch als Vorläufer von Sprechakten. Damit schlägt er eine gewagte Brücke zur Syntax, denn auch ihren Erwerb sieht er in vorsprachlichen Interaktionen von Mutter und Kind verwurzelt. Seiner Meinung nach wird dort neben den grundlegenden Gesprächsmustern auch die Struktur der Beziehungen zwischen dem Handelnden, der Handlung, dem Objekt der Handlung und dem Rezipienten ausgearbeitet. So wird etwa die/der Gebende innerhalb der entsprechenden Interaktion später zum Subjekt im Nominativ und die/der Empfangende zum Objekt im Dativ. In der koordinierten Blickrichtung bzw. dem Augenkontakt vermutet er Vorläufer der Prädikation. Auf dem pragmatischen Wissen vorsprachlicher Interaktionen baut also das syntaktische Wissen in der Weise auf, daß die grundlegenden Wortordnungsmuster genau die handlungsbezogenen Muster reflektieren (vgl. GRIMM 1990, 103).

Zur besseren Übersicht sei an dieser Stelle nochmals ein tabellarischer Überblick über die von BRUNER postulierten gemeinsamen Handlungsmuster und den sich daraus entwickelnden sprachlichen Strukturen gegeben:

vorsprachlich	sprachlich

Hinweise, bestehend aus:
    koordinierte Blickrichtung
    greifende Geste
    gerichtete Geste
    zeigen
	=> Deixis, Referenz

verhaltensmäßige Deixis	=> Deixis, Referenz
Lautfolge für äußeres Ereignis stellen (Benennen)	=> Referenz
wechselseitige, umkehrbare Rollen in Spielritualen	=> Deixis, Kasuskategorien

Modus des Verlangens	
Modus der Aufforderung	=> Sprechakte,
Modus des Austausches	Kasuskategorien
Modus der Ergänzung	
koordinierte Blickrichtung	=> Prädikation

**(Abb. 3: Vorsprachliche gemeinsame Handlungsmuster
und sprachliche Strukturen (nach BRUNER), aus: SZAGUN 1996, 181)**

Dennoch zeigt die Beobachtung vorsprachlicher Interaktionen, daß es offenbar primäres Ziel der Mutter ist, das Kind seinen Absichten zu verstehen und es zu einem ebenbürtigen Interaktionspartner auszubilden, in ständigem Bemühen, ihm seine nähere Umwelt sprachlich zu erklären und ihn auf diese Weise selbst zur Sprache zu bringen.

Wie Max innerhalb dieser sprachlichen Interaktion das grammatikalische System seiner Muttersprache erwirbt und welche Eigenheiten dieser Interaktion dafür verantwortlich sein könnten, steht im Mittelpunkt der folgenden Korpus-Untersuchung.

6. Chronologische Untersuchung des Korpus „Max"
bezüglich der Bedeutung sprachlicher Interaktionen
für den kindlichen Spracherwerb

(Abb. 4: Max im Alter von 1;6)

6.1 Das zweite Lebensjahr (1995)

Es scheint, daß die rhythmischen Muster vorsprachlicher Interaktionen bei Max eine Art „kognitive Kanalisierung" bewirkt haben, d. h., die wechselseitigen Prozesse, die Max bereits im ersten Lebensjahr eine Orientierungsmatrix schufen, leiten nun zunehmend auch die sprachlichen Handlungen bzw. fügen sich paßgenau in die Struktur sprachlicher Interaktionen.

6.1.1 Entwicklung sprachlicher Interaktionen

Die Wechselseitigkeit oder Reziprozität sprachlicher Interaktionen des zweiten Lebensjahres wird nicht nur von alternierenden Gesprächsbeiträgen geprägt, sondern immer noch aufgrund einer sehr spezifischen Erwachsenensprache, die sich vornehmlich durch redundante Wiederholungen auszeichnet [27. Mai, 4; 15; 18-19; 21-22; 25; 40; 44, 136], [28. Aug., 5; 10; 15; 17; 21; 29-33; 35-37; 40; 42; 65; 67; 71, 137-138], [18. Nov., 7; 18; 31; 36; 43; 59, 139-149]. Die Wiederholungen - meist sind es zwei identische - werden Max mit hoher Intonation und deutlichen Segmentierungen in Form von Pausen dargeboten. Gemeinsam mit ausgeprägter gestisch-mimischer Zuwendung kommen sie damit einer Aufforderung gleich, die ihn zum Imitieren anregt und für seinen respondierenden Gesprächsbeitrag eine gut wahrnehmbare Leerstelle anbietet. Die Imitationen erfolgen dabei unmittelbar oder etwas zeitlich versetzt im ersten respondierenden Zug bzw. spätestens im zweiten [27. Mai,

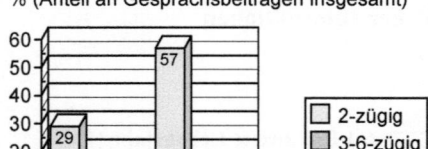

% (Anteil an Gesprächsbeiträgen insgesamt)

2-zügig
3-6-zügig
>6-zügig

initiativ respondierend
(Art der Gesprächsbeiträge)

(Abb. 5: Gesprächsentwicklung: Max, 1995)

9-14; 40-41; 50-51, 136]. Die bereits ritualisierten (Spiel-) Formate (vgl. Kap. 5, 41) sind auch in diesem Lebensabschnitt zu finden und gemeinsam mit sprachlichen Kommentaren verdeutlichen sie Max den Rollencharakter von Gesprächen [28. Aug., 21-22; 29-33, 137]. Neben den Imitationen verwendet das Kind die Äußerung „da". Sie begleitet die Übergabe eines Gegenstandes [27. Mai, 48-51, 136] und bildet damit im Alter von 1;3 eine erste echte „Versprachlichung" des „Geben-Nehmen-Spiels". Unmittelbar darauf wird der Gegenstand zurückgegeben. Max quittiert dies im Beispiel mit der Äußerung „d*nke". Dieses 4-zügige Gespräch wurde ihm kurz zuvor in anderer Rollenverteilung zwischen Erwachsenen vormodelliert [27. Mai, 36-40, 136]. Ein Blick auf die Gesprächsentwicklung (Abb. 5) von Max zeigt, daß es sich vornehmlich um respondierende, überwiegend 2-zügige Gesprächsbeiträge nonresponsiver (vgl. Kap. 2, 26) Art handelt: 3-6-zügige Gesprächsbeiträge sind ausschließlich respondierender Art und auf die Bemühung der Gesprächspartner zurückzuführen, die sprachliche Interaktion mit dem Kind aufrecht zu erhalten bzw. zu etablieren. Sie sind ebenfalls nonresponsiver Art.

Daß die Gesprächspartner seine Äußerungen dennoch beachten, scheint pragmatischer Natur zu sein: Max wird als Gesprächspartner ernst genommen - ihm wird eine Rolle im Gespräch zugewiesen: der Erwachsene macht eine Äußerung meist mit steigender Intonation, das Kind „antwortet" mit einem nonresponsiven Gesprächsbeitrag, worauf der Erwachsene diesen entweder aufgreift oder als für das Gespräch relevant betrachtet, d. h. das Gespräch bereits als „echten" Dialog führt. Durch die Imitationen ist das Kind in der Lage, schnell und effektiv seine ihm zugewiesene Rolle sprachlich auszufüllen.[15]

---

[15] Es drängt sich der Vergleich früher sprachlicher Interaktionen mit einem Rollenspiel auf, in dem die Mitspieler einander die Rollen zuweisen. Diese Rollenzuweisung gehorcht denselben Wechselseitigkeiten, die auch Grundlage vorsprachlicher Interaktionen bildeten (Synchronisation des Verhaltens mit menschlichen Sprachmustern, Koordination des Blickkontaktes, „Guck-Guck-" oder „Geben-Nehmen-Spiele"). Die Rollen selbst sind die jeweiligen Gesprächsbeiträge (*turns*) und die Zuweisungen initiieren den Sprecherwechsel, der natürlich bestimmten Regeln gehorcht. Diese Regeln hat Max bereits in seinem ersten Lebensjahr durch die Mutter gelernt.

Eine weitere interessante Variante früher Gesprächsformen ist, daß auch nonverbale Reaktionen von Max als relevante Gesprächsbeiträge verstanden werden, so daß im Grunde viele 2-zügige „Gespräche" eigentlich mehr-zügig sind. Eine anschauliche Synthese zwischen vorsprachlicher und sprachlicher Interaktion ist ein Beispiel [18. Nov., 76-84, 140], bei dem Max eine sich mehrmals wiederholende Aktion ausführt, die vom Partner mit einer Gegenaktion „beantwortet" wird. Das Kind erfährt sich dabei als „Handelnder", der mit seiner Aktion eine Reaktion auslöst, die mit Sprache gekoppelt ist. Es wird mittels einer Handlung eine Gesprächsstruktur geschaffen, die zunehmend in Sprache eingebunden wird. Später wird es ihm möglich sein, solch gezielte Handlungen ausschließlich mit Sprache zu bewerkstelligen - eben sprachlich zu handeln.

29 % der Äußerungen von Max sind initiativ, d. h. sie werden spontan geäußert und sind nicht imitiert. Es muß sich daher um Worte handeln, die er bereits in sein Lexikon integriert hat. Sie besitzen jedoch keine kommunikative Absicht in der Art, daß Max ein Gespräch initiieren will - vielmehr handelt es sich um Formen *egozentrischer Sprache* (vgl. PIAGET 1982), die von den Erwachsenen als kommunikativ (fehl-)interpretiert werden und ein Gespräch auslösen [18. Nov., 60-65, 140]. Im Beispiel nennt Max das Wort *heia::*, welches der Erwachsene als Wunsch bzw. Aufforderung auffaßt, ins Bett zu gehen oder eben, dorthin gebracht zu werden. Nach PIAGET (1982) bilden Wiederholungen und Monologe zwei wesentliche Aspekte egozentrischer Sprache: Das Kind wiederholt Silben und Wörter aus reinem Vergnügen, wobei es sich um ein Überbleibsel aus dem Lallstadium - also der Phase vorsprachlicher Interaktionen handelt. Oder es denkt laut bei seinem Tun ohne sich an jemanden zu wenden. Die soziale Funktion der Wörter fehlt offenbar, womit ihnen lediglich die Aufgabe zukommt, Handlungen zu begleiten, zu verstärken oder zu ergänzen.[16]

---

[16] Der Vollständigkeit halber sei hier noch der „Kollektive Monolog" genannt, in dem das Kind nur von sich selbst erzählt und keinen Versuch unternimmt, auf den Standpunkt des Zuhörers einzugehen. Sein Gesprächspartner ist der Erstbeste und regt es nur zum Erzählen an (vgl. GRIMM 1977, 45).

6.1.2 Vorläufer der Syntax

6.1.2.1 Einwortsätze

Viele Äußerungen von Max scheinen jedoch nicht egozentrisch im Sinne von PIA-GET sondern eher „soziozentrisch" im Sinne ARGYLES (1972, 67) zu sein. Mit seiner wiederholten Äußerung „a-to" [18. Nov. 11-16, 139] realisiert das Kind durchaus schon den illokutiven Sprechakt einer Aufforderung. Er will das ihm weggenommene und vor ihm verborgen gehaltene Spielzeugauto wiederhaben - verhaltensmäßige Deixis und unmutiger Tonfall verstärken diesen Akt. Allerdings gebraucht er das Wort noch rein „indikativ" und noch nicht - wie in der Erwachsenensprache - „signifikativ" (REIMANN 1995, 179). Sein Gesprächspartner aber versteht die Äußerung und gibt ihm das Auto wieder, worauf Max sein Spiel zufrieden fortführt. Seine Äußerung war also nicht nur handlungsbegleitend (als Merkmal von Egozentrismus) sondern selbst eine Handlung - eine *Sprach-Handlung*.

Die Bezeichnung Einwortsatz oder auch *Holophrase* verdeutlicht den ganzheitlichen Charakter dieser Äußerungen, d. h. sie bündeln eine ganze Reihe von Informationen, die dem Zuhörer bekannt sein müssen, um die Äußerung als Aufforderung zu einer bestimmten Handlung zu verstehen. Die einzelnen Wörter besitzen den Status von ganzen Sätzen, woraus RAMGE (1993, 76) folgt, „daß die Beschreibung der syntaktischen Entwicklung bereits bei den Einwort-Sätzen ansetzen muß". Die engsten Bezugspersonen von Max verstehen seine Worte. Sie kennen den situativen Kontext, in den die entsprechende Äußerung eingebettet ist und berücksichtigen diesen im Zuge ihrer Interpretation. Weiterhin dienen intonatorische und gestisch-mimische Aspekte der Interpretation, wodurch es Max möglich wird, auch Feststellungen und Fragen mit nur einem Wort zu artikulieren [18. Nov., 54; 64, 139-140]. Die Erwachsenen sprechen ebenfalls oft in Einwortsätzen und modellieren dem Jungen damit ihren adäquaten Gebrauch vor. Dies verdeutlicht, daß sich die Erwachsenensprache eng an der kognitiv-sprachlichen Entwicklungsstufe des Kindes orientiert. Abb. 6 (S. 49) zeigt, daß Max bis zum Alter von 1;9 nicht über die Phase der Einwortäußerungen hinaus gelangt und das die Erwachsenensprache sich in ihrer grammatikalischen Komplexität auf einer etwas höheren Stufe an ihm orientiert. Der signifikant hohe MLU-Wert im Alter von 1;3 ist auf eine erhöhte Wiederholungsfrequenz der Wörter pro Äußerung zurückzuführen (redundante Sprache!) und somit nicht Ursache komplexerer Äußerungen. Obwohl Max Sätze mit nur einem Wort zum Ausdruck bringt, ist er doch schon ein recht eigenwilliger Gesprächspartner: Wird er in seiner Absicht nicht verstanden, so verstärkt er seine Äußerungen durch gestisch-mimische und auch vokale Mittel, insbesondere der Intonation [18. Nov., 8-12; 60-65, 139-140].

Mit dem zunächst als Demonstrativpronomen gebrauchten „da" (welches im Rahmen der sprachli-

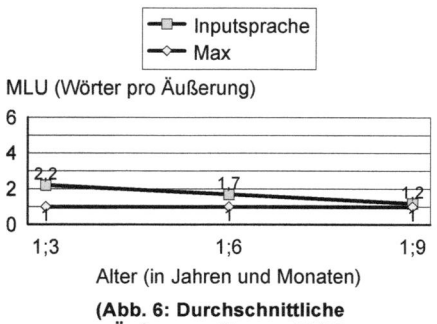

(Abb. 6: Durchschnittliche Äußerungslängen, 1995)

chen Interaktionen bereits oft eine Übergabe sprachlich kommentierte), ist Max in der Lage, die Aufmerksamkeit des Erwachsenen zu lenken. In erster Linie äußert er es beim Anblick einer bekannten Person oder eines bekannten Gegenstandes und teilt seine Beobachtung auf diese Weise sprachlich mit [28. Aug., 9; 11; 14; 41; 48; 50; 54-55; 57; 76, 137-138], [18. Nov., 22-24; 47; 66, 139-140]. Auch die Erwachsenen sind in ihrem Gespräch mit Max bestrebt, neue Objekte einzuführen und zu benennen [27. Mai, 9-10, 136], [28. Aug., 62-72, 138], [18. Nov., 18-46, 139].

Doch Einwortsätze - betrachtet man sie als „syntaktische Isolate" - bezeichnen nicht nur Nomen („a-to", „ga:ck") sondern auch Verben („heia::") und Adjektive („heiß").

Trotz sichtbarer Anfänge sprachlicher Handlungsfähigkeit und der Grammatik, bleibt Max in seinen Äußerungen noch sehr der unmittelbaren Situation verhaftet, auch wenn er im Alter von 1;9 bereits über die kognitive Fähigkeit der „Objektpermanenz" (vgl. PIAGET 1982) verfügt, d. h. in der Lage ist, den wahrgenommenen Gegenstand „Auto" konzeptuell als permanentes Objekt zu erfassen. Mit dem Verschwinden des Autos hinter dem Rücken des Gesprächspartners hört es für das Kind nicht mehr auf zu existieren. Er hat das Stadium der sensomotorischen Intelligenz augenscheinlich überwunden (vgl. Kapitel 1.3.3, 21) und verfügt bereits über den „Objektbegriff" (a. a. O.) - ein wichtiger Meilenstein für seinen weiteren Spracherwerb.

49

6.1.3 Zusammenfassung

Die Betrachtung sprachlicher Interaktionen ergab, daß Max' Äußerungen inhaltlich keinen Bezug auf die Erwachsenenäußerungen nahmen - sie alle zeichneten sich durch ein Höchstmaß an Nonresponsivität aus. Obwohl er gegen Ende dieses Lebensjahres die kognitiven Hürden der Einsicht in die Objektpermanenz und der Entwicklung des Objektbegriffes überwindet, ist er noch nicht in der Lage, die Perspektive seines Gesprächspartners einzunehmen.

Innerhalb der Gesprächsstruktur kann er - teils verbal (meist durch Imitationen), teils nonverbal - zwar „mitspielen", aber nur, weil die hauptsächliche „Gesprächsarbeit" von den Erwachsenen übernommen wird: sie passen sich dem verbalen und kognitiven Entwicklungsstand von Max an und bestätigen ihn innerhalb der ihm zugewiesenen Rolle als Gesprächspartner.

In dieser Rolle äußert Max seine ersten Einwortsätze, mit denen er auffordern, mitteilen und auch fragen kann - aber nur unmittelbar. Dennoch erfährt er sich als *Handelnder* und das scheint eine wichtige Prämisse für den bevorstehenden Syntaxerwerb zu sein:

es gibt einen Handelnden und es gibt einen, den die Handlung betrifft bzw. der die Handlung erleidet - damit ist eine Brücke geschlagen zu syntaktischen Kategorien wie Subjekt und Objekt (vgl. BRUNER 1997).

Das Spielzeugauto, welches im Mittelpunkt von Max' Interesse steht und welches er durch seine Benennung wiederhaben wollte, wird ihm anschließend ausgehändigt - es wird ihm *übergeben* - *von* dem angesprochenen Erwachsenen. Die wichtigste Erkenntnis dabei ist, daß etwas getan, daß *gehandelt* wird.

Prozeduren dieser Art haben in diesem Lebensjahr sehr oft stattgefunden und exerzieren weiterhin die Prozesse des Gebens, Nehmens, und damit der *Tätigkeit* einer Person oder eines Gegenstandes oder von Max selbst - in diesem Sinne kann man sagen, daß auch grammatikalische Kategorien in Rahmen sprachlicher Interaktionen als semantische Rollen zugewiesen oder besser (in Form „syntaktischer Leerstellen") vorbereitet werden, um schließlich im weiteren sprachlich-interaktiven Lernprozeß ausdifferenziert und „versprachlicht" zu werden.

6.2 Das dritte Lebensjahr (1996)

(Abb. 4: Max im Alter von 1;6)

Max ist nun schon drei Jahre alt und hat im Rahmen sprachlicher Interaktionen mit seinen Mitmenschen bereits sehr viel über seine Umwelt herausgefunden - vor allem, daß die Menschen mit sprachlichen Zeichen *handeln* können. Er hat Sprache erfahren als nützliches Instrument, Emotionen, Meinungen, Bedürfnisse u. ä. mitteilen zu können. Aber nicht nur das: er hat auch schon mitbekommen, daß Gegenstände einen Namen haben bzw. daß diesen spezifische Lautfolgen zugeordnet werden können. So verwundert es nicht, daß Max das für ihn interessante (da bewegte) Objekt „Auto" als erstes sprachlich benennen konnte. Doch um das Phänomen Sprache effektiver nutzen zu können, muß er seine Fertigkeit mit diesem Werkzeug noch wesentlich verbessern. Er muß flexibler in seiner Ausdrucksweise werden durch den Erwerb grammatikalischer Strukturen und er muß sich von der Situationsgebundenheit lösen. Beides ist eng mit seiner kognitiven Entwicklung verknüpft. Die Intensivierung der sprachlichen Interaktionen weisen ihm den nächsten Schritt auf diesem Weg: *die Kombination erster Wörter.*

6.2.1 Entwicklung sprachlicher Interaktionen

Einige Merkmale des sprachlichen Rahmens, in den Max involviert ist, sind aus dem zweiten Lebensjahr übernommen worden:

- wechselnde, meist hohe Intonation,
- viele redundante Laute oder Worte,
- klare Segmentierung der Sprache durch Pausen und somit auch eindeutige Rollenzuweisung.

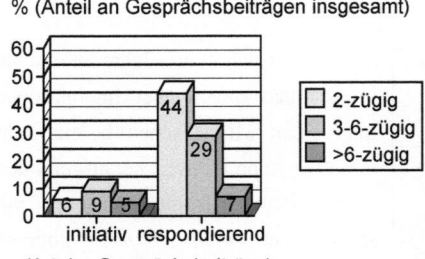

% (Anteil an Gesprächsbeiträgen insgesamt)

☐ 2-zügig
☐ 3-6-zügig
■ >6-zügig

initiativ respondierend
(Art der Gesprächsbeiträge)

(Abb. 8: Gesprächsentwicklung: Max, 1996)

Abb. 8 zeigt, daß Max bezüglich seiner Gesprächsentwicklung deutliche Fortschritte gemacht hat: zum einen werden die Beiträge länger und zum anderen komplexer. Aufgrund seines geringen kognitiven Entwicklungsstandes und mangelnden Vokabulars überwogen im vergangenen Jahr 2-zügige Gesprächsbeiträge. Weder konnte er sich über mehrere Züge hinweg auf den Gesprächsgegenstand konzentrieren noch hätte er hinreichend Worte dafür gehabt. Im dritten Lebensjahr expandieren Kognition und Lexikon weiter und bilden die Grundlage für ausgedehntere Sprachinteraktionen.

Das „Gesprächs-Rollenspiel" wird emsig betrieben und Max scheint zunehmend Freude daran zu gewinnen [schönes Bsp.: 15. Nov., 308-324, 170]. Er wird als gleichgewichtiger Gesprächspartner ernst genommen, auch wenn die Gespräche eher ungleichgewichtig - die Interaktionen im Sinne WATZLAWICKS (vgl. Kap. 2, 25) komplementär - sind. Der Junge wird in dieser Rolle oft dadurch bestätigt, daß die Erwachsenen Äußerungen von ihm aufnehmen und teilweise thematisch erweitern. Ebenso übernehmen sie einige seiner Neologismen und machen sie zum festen Bestandteil zukünftiger Gespräche, z. B. „jei" für Puppe [17. Febr., 99-101, 142] oder „nunu" für Schnuller [17. Febr., 17, 141]. Max hat offensichtlich den kreativen Aspekt von Sprachlauten für sich entdeckt und macht regen Gebrauch davon.

Respondierende Züge besitzen noch immer den größten Anteil im Gespräch, doch sind sie im Gegensatz zum vorigen Lebensjahr ungefähr ab Mitte diesen Jahres zumindest teilresponsiv (vgl. Kap. 2, 26). Auch wenn Max das jeweilige Gesprächsthema nicht explizit in seine Äußerungen mit einbezieht, so befolgt er doch die elementare Gesprächsregel der Reziprozität. Imitationen spielen dabei nach wie vor eine gewichtige Rolle - diesmal nicht nur als Mittel effektiver Gesprächsteilnahme, sondern offensichtlich auch zur Verinnerlichung sprachlicher Strukturen. Diesbezüglich sind seine Gesprächspartner weiterhin sehr bemüht, das Gespräch aufrechtzuerhalten.

Eine besondere Bedeutung kommt dabei den Fragen zu: sie provozieren eine Fortführung des von Max begonnenen Gespräches oder evozieren zumindest *eine* sprachliche Reaktion des Kindes in Form einer „kolloquialen Nötigung" (LINKE u. a. 1991, 279). Jeder Mutter bekannt sind die sogenannten *Ergänzungs-* (*W-* oder *Satzglied-*) *fragen* [17. Febr., 21; 42; 48; 82; 99-103; 124; 136; 153; 187; 189; 196; 225; usw., 141-145]: Fragen nach der Bezeichnung von Objekten, dem Ort von Personen/Objekten oder Fragen nach einer Handlung oder eines Ereignisses. Letzterer Typus tritt in der Mitte des dritten Lebensjahres verstärkt auf. Zur syntaktischen Vereinfachung kann das Fragepronomen auch fehlen und es wird - wie auch in entsprechenden Einwortsätzen - die Intonation zur Unterstützung der Frageintention eingesetzt. Bisweilen steht auch das Fragepronomen alleine.

Bei initiativen Äußerungen von Max rufen *Entscheidungs-* (oder *Satz-*) *fragen* seiner Gesprächspartner [17. Febr., 174; 176; 192; 198, 144], [23. Aug., 40; 131; 176, 253; 309; 317; 402; 408; usw., 157-164] vielfach zum Zwecke einer Bestätigung weitere respondierende Züge hervor. Neben einfacher Bejahung oder Verneinung können die Antworten näher erläutert werden, was wiederum Anlaß weiterer Fragen sein kann [23. Aug., 32-36; 40-46; usw.

157]. Auch hier fehlt zwecks syntaktischer Vereinfachung oft das einleitende Finitum oder die Frage wird als Satzfrage [23. Aug., 44; 70; 81; 145; 272; 292; 331; 336; usw. 157-162] gestellt. Allein 49 % aller Äußerungen der Inputsprache im dritten Lebensjahr von Max sind Fragen, davon 43 % W-Fragen und 57 % Entscheidungsfragen (Abb. 9).

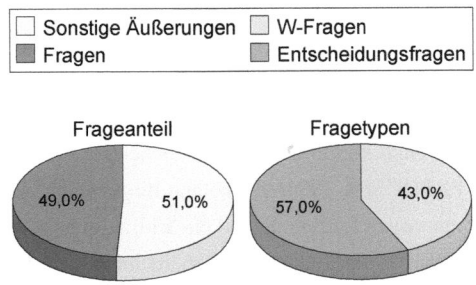

(Abb. 9: Frageanteil und Fragetypen: Inputsprache, 1996)

Vielfach werden auch „turnabouts" (vgl. KAYE in: REIMANN 1996, 168) verwendet: Dialogbeiträge, die den vorausgegangenen Zug reflektieren und auf die Elizitierung [17] eines weiteren kindlichen Beitrages abzielen [23. Aug., 348-355, 163], [15. Nov., 102-108, 166].

---

[17] REIMANN (1996, 65) verwendet den Begriff im Sinne von „Hervorlocken" auf die Absicht bezogen, beim Kommunikationspartner eine Reaktion auf seinen Dialogbeitrag zu erzeugen.

Daß Max dieser „kolloquialen Nötigung" seitens seiner Gesprächspartner aber nicht immer zu entsprechen bereit ist, äußert sich in seiner relativ schnell erworbenen Fähigkeit der Negation. Sie drückt sich in Einwortsätzen in Form der Negationspartikel „nein" und seinen Derivaten aus, die unter Umständen mit einem teilresponsiven Beitrag ergänzt werden [17. Febr., 16; 86; 123; 137; 162; 166; 182; 221; usw., 143-144]. Merkmal dieser frühen Negation ist, daß vorangegangene Sätze bzw. Sachverhalte und nicht die Äußerungen selbst verneint werden. Auffallend ist, daß die Partikel bei dieser „anaphorischen Negation" (vgl. CLAHSEN 1982, 73) vorzugsweise am Anfang der Äußerung steht.

Mit dem Demonstrativpronomen „da" lenkt Max wesentlich intensiver als im vergangenen Lebensjahr die Aufmerksamkeit seiner Gesprächspartner auf für ihn interessante Objekte [17. Febr., 204; 206; 211; 221; 228, 144-145], [04. Mai, 30; 240, 146-150], [23. Aug., 134; 140; 142, 159].

Max' Schwester Lara ist stolz auf ihr umfangreiches Lexikon, so daß sie ihm mit ihren korrekt ausgesprochenen Wörtern häufig imperativisch doziert [04. Mai, 4-77, 146-147]. Abgesehen von diesen expliziten Lehrsituationen werden im Rahmen sprachlicher Interaktionen natürlich implizit auch Lautstrukturen und semantische Merkmalskomponenten der Objektbegriffe vermittelt.

Max leistet in diesem Jahr erstmals einen aktiven kindlichen Beitrag zur Aufrechterhaltung eines koordinierten sprachlichen Austausches. Nach RUTTER und DURKIN (in: PAPOUSEK 1994, 99) kommt die kindliche Dialogfähigkeit erst im 3. Lebensjahr zur vollen Entfaltung und tatsächlich ist Max im Alter von 2;9 in der Lage, seine Rolle im Gespräch adäquat zu übernehmen und die bisherige Asymmetrie zu seinen Gunsten zu verlagern. Zur Fähigkeit des Dialoges fehlt ihm nach BOUEKE (vgl. Kap. 2, 23) noch immer die Fähigkeit der Perspektivenübernahme seines Gesprächspartners.

6.2.2 Beginn der syntaktischen Entwicklung

Unter dem „sozialen Druck", sich in Gesprächen verständigen zu können, um mit seinen Geschwistern umgehen bzw. konkurrieren zu können, ist Max „genötigt", das grammatikalische System der Sprache zu erlernen. Mit diesem Vorhaben wird er nicht alleine gelassen - seine sprachliche Umwelt steht ihm dabei effektiv zur Seite.

6.2.2.1 Einwort-Sequenzen

Die meisten Linguisten verstehen die Zweiwortphase des Kindes als den Beginn der syntaktischen Entwicklung und das aus definitorischem Grund:
Syntax als die Lehre von der Kombination von Wörter zu Sätzen bedingt, daß mindestens zwei Wörter zueinander in Beziehung gebracht werden. Bereits im vergangenen Lebensjahr zeichneten sich Übergänge dergestalt ab, daß Max begann, seine Einwortäußerungen sequenzartig aneinanderzureihen [15. Nov. 1995, 11-12; 74-75, 165-166]. Es fiel auf, daß das Kind die Reihung dazu verwendete, um mit Nachdruck auf etwas hinzuweisen. Auch im folgenden Beispiel [17. Febr., 146-149, 143] wird dieses Phänomen sichtbar: Max verspürt scheinbar Appetit und äußert initiativ sein Wort für Essen „ham". Innerhalb des gegebenen situativen Kontextes und unter Berücksichtigung des recht energischen Tonfalls dürfte es soviel bedeuten wie „Ich habe großen Hunger!" und einer Mitteilung mit impliziter Aufforderung gleichkommen, etwas Eßbares zu reichen. Als Max merkt, daß seine erste Äußerung keine respondierende Reaktion bei seiner Gesprächspartnerin elizitiert, wiederholt er sie mit variabler Intonation. Dabei beobachtet er Titta ganz genau und scheint auszutesten, durch welche vokalen Merkmale er ihre Aufmerksamkeit erregen und sie damit für ein Gespräch gewinnen kann. Interessant ist, daß er selbst durch eine nonresponsive Reaktion der Partnerin sein Gesprächsthema nicht aus den Augen verliert und weiterhin darauf beharrt. Das Wort selbst hat Max aus der Erwachsenensprache übernommen, wo es bereits in seinem ersten Lebensjahr kommentierend mit dem Reichen der Flasche verwendet wurde. Das begründet auch die Bezeichnung von „ham" sowohl für Eß- als auch für Trinkbares [17. Febr., 209-211, 144].

6.2.2.2 Zweiwortsätze

Neben der zusammenhangslosen Wortreihung beginnt Max im Alter von 2;3 häufiger damit, Zweiwortäußerungen (bisweilen auch schon Dreiwortäußerungen) zu gebrauchen. Er entwickelt den sich durch seine Kürze auszeichnenden *Telegrammstil*. Merkmal dieses Stils ist das überwiegende Fehlen von Konjunktionen, Präpositionen, Artikeln, Kasusbezeichnungen sowie Elementen, die Person, Zeit und Modus der Verben bezeichnen. Dennoch macht er Max bereits wesentlich situationsunabhängiger und damit sprachhandlungsfähiger. Zwei Typen von Zweiwortsätzen lassen sich beobachten:

Zum einen solche, die Max direkt aus seiner Umgebungssprache entnommen und somit als unauflösliche Einheit gelernt hat. Es handelt sich dabei um häufig wahrgenommene Standardäußerungen [04. Mai, 352; 354; 356, 151-152], um Äußerungen in oft wahrgenommenen Sätzen mit endständiger Position und einheitlichem Betonungsmuster [04. Mai, 588, 156] oder um unmittelbare Imitationen [04. Mai, 484-485, 154]. Letzteres Phänomen erklärt auch die Fähigkeit, bereits im Alter von 2;3 Sätze mit mehr als zwei Wörtern zu artikulieren [04. Mai, 120; 132, 148]: die Wörter in diesen Wortgruppeneinheiten werden von Max noch nicht als selbständige Einheiten erkannt und sind demzufolge syntaktisch noch nicht variabel kombinierbar. Die Wortgruppen bilden für das Kind zunächst nur Intonationseinheiten, die erst innerhalb weiterer sprachlicher Interaktionspraxis in Einzelwörter aufgelöst werden, da in diesem Rahmen gleiche Wörter dieser Wortgruppen in anderen Kontexten gehört und schrittweise semantisch erfaßt werden können.

Zum anderen gibt es aber auch Zweiwortäußerungen, die keine Einheit bilden, da sie in dieser Form noch nie von Max gehört worden sind, oder aber, was plausibler erscheint, da er sie mit anderen frei kombinieren kann. Er äußerte folgende „Sätze" dieser Art [04. Mai, 525, 155], [23. Aug., 23; 86; 113; 122; 184; 290; 348, 157-163], [15. Nov., 82; 145; 154; 267, 166-169]:

„rara san-kasten" (lara sandkasten)

„fis dra:f" (fisch drauf)   „geh grau:ßen" (draußen)

„mama uhl" (mama stuhl)   „ra:us ma:ki"

„suhe an:sieh:n" (schuhe anziehen)   „gibbe lutscher"

„feuaweh we-zauba" (wegzaubern)   „auto malen"

„käse essen"   „feuawehr kau:fen"

„ni puttmachen?" (nicht kaputtmachen)   „dadi reinkommen"

Es zeigt sich, daß die Zweiwortsätze in ihrer Grundstruktur meist den Sätzen Erwachsener ähneln: auch sie entsprechen dem Muster „Thema-Kommentar" (vgl. BOETTCHER 1983, 151). Die Wortstellung gehorcht offenbar primär den zugrundeliegenden semantischen Relationen (vgl. auch CLAHSEN 1982, 52; BLOOM 1970), da das Thema für das Kind größere Bedeutung besitzen dürfte als der Kommentar. Dementsprechend steht das Wort mit der wichtigsten Bedeutung am Anfang der Äußerung. Der gewichtigste strukturelle Unterschied liegt offenbar lediglich im Komplexitätsgrad zu Nominal- und Verbalphrase einfacher Sätze Erwachsener.

6.2.2.2.1 Pivot-Grammatik

Zur syntaktischen Beschreibung dieser spezifisch kindlichen Äußerungsart formulierte BRAINE (1963) die Pivot-Grammatik. Er unterteilte darin die Wörter in „offene" und „Drehpunkt"-Wörter, die sog. „pivots". Die zahlenmäßig häufiger vorkommenden offenen- bzw. *Inhaltswörter* sind meist Bezeichnungen für Objekte und Personen (also Substantive, aber auch Verben und Adjektive). Die zunächst selteneren Pivots dagegen umfassen erste *Funktionswörter* (Pronomen, Präpositionen, Konjunktionen und Hilfsverben). BRAINES Auffassung, daß den Pivot-Wörtern ein besonderer Status zukomme, wurde zusätzlich durch die Beobachtung erhärtet, daß sämtliche Wörter der offenen Klasse im Gegensatz zu den Pivot-Wörtern auch als Einwortäußerungen auftraten.

Die Pivot-Wörter können ihre Funktion - die semantisch-syntaktische Strukturierung von Äußerungen - selbstverständlich erst im verbalen Kontext ausüben. Im Vergleich zu den offenen Wörtern sind sie als isolierte Äußerungen selten eindeutig interpretierbar. Die Wortschatzzunahme betrifft nach Meinung von BRAINE vor allem die offene Klasse. Die Entwicklung der Satzstruktur hingegen ist auf die Auffächerung der Pivot-Wörter zurückzuführen (vgl. KEGEL 1987, 137). Derartige Kombinationen drücken also eine erste syntaktische Operativität sprachlicher Einheiten aus.

Obgleich nachvollziehbar, bescheinigten einige Sprachwissenschaftler dieser Theorie gewisse Unzulänglichkeiten. Diese zielten darauf ab, daß mit ihr nur ein kleiner Teil der Zweiwortäußerungen erfaßt werden kann - so gibt es nämlich auch Kombinationen von zwei Funktionswörtern oder aber von zwei pivots. Vor allem aber kritisierten sie die unzureichende Berücksichtigung der Bedeutungen [vgl. ZIMMER 1997, 34]. Anfang der siebziger Jahre suchten BLOOM (1970), SCHLESINGER (1971), BROWN (1973) und SLOBIN (1974) die Bedeutungen von Zweiwortsätzen empirisch zu identifizieren. „Bedeutung" meint hier die grammatische Bedeutung [18]

---

[18] Gerade der Terminus „grammatische Bedeutung" besitzt in der Fachliteratur vielfältige Synonyme: gleichbedeutend sprechen verschiedene Autorinnen und Autoren von „syntaktischen Relationen" (BLOOM 1970), „semantischen Relationen" (BROWN 1973), „semantisch-syntaktischen Relationen" (BLOOM, LIGHTBOWN & HOOD 1975), „semantischen Intentionen" und „semantischen Funktionen" (BLOOM 1970; SLOBIN 1970; 1972) oder „semantisch-kognitiven Strukturen" (SLOBIN 1970) (vgl. SZAGUN 1996, 17).

und bezieht sich auf die Funktion, die ein Wort in einem Satz erfüllt - die Art der Beziehung, die das Wort zu anderen Wörtern eingeht.

6.2.2.2.2 Beschreibungsschema nach BROWN

BROWN (1973) legte daraufhin ein Beschreibungsschema für die Bedeutung von Zweiwortäußerungen vor, in dem er BLOOMS Kategorien „Vorhandensein", „Nicht-Vorhandensein", „Wieder-Vorhanden- sein" übernimmt, die für ihn Operationen bilden, mit denen das Kind als erstes sprachlich auf seine Umwelt Bezug nimmt. Neben diesen „Basiskategorien" können die Zweiwortsätze aber auch schon komplexere semantische Relationen „bedeuten".

Genau in diesem Stadium befindet sich Max. Schon gegen Ende des vergangenen Jahres erfuhr er sich selbst und andere als Handelnde/r und bemerkte, daß es Personen oder Objekte gab, welche die Handlung ausführten bzw. denen die Handlung widerfuhr - v. a. aber, daß irgend etwas *getan* wurde (vgl. Kap. 6.1.3, 50). Max ist mit seinen Zweiwortäußerungen nunmehr in der Lage, diese innerhalb bisheriger sprachlicher Interaktionen erkannten semantischen Rollen erstmals syntaktisch auszudrücken - ein Gedanke, der ins Fahrwasser bestimmter Grammatiktheorien (Kasusgrammatiken) führt, die nach Art FILLMORES (1968) von Kasus oder Rollen ausgehen. In diesen Ansätzen werden nicht - wie bei konventionellen Grammatiktheorien - syntaktischen Strukturen semantische Interpretationen zugeordnet, sondern den semantischen Relationen syntaktische Strukturen. Dabei sind die Kasus bzw. Rollen einer semantischen Konstellation zunächst eine ungeordnete Menge (vgl. BUSSMANN 1990, 368): „Agens" (der Initiator einer Handlung); „Instrumental" (etwas, das der Agent benutzt oder etwas, das die Handlung verursacht); „Objektiv" oder später: „Patiens" (Objekt einer Handlung oder Träger eines Zustandes); „Dativ" (Empfänger oder Erlebender einer Handlung); „Lokativ" (Lokalisierung der Handlung); „Faktitiv" (die Entität, die das Resultat einer Handlung darstellt). Erst durch die Zuordnung zu syntaktischen Strukturen (der Transformation der Tiefenkasus in die Oberflächenstruktur) werden diese durch die Valenz des Verbs geforderten „Argumente" nach den syntaktischen Regeln geordnet: das Verb ist also der „Regisseur" und bezeichnet die Situation, innerhalb derer die verschiedenen „Akteure" ihre semantischen Rollen einzunehmen haben. Diesbezüglich identifizierte BROWN (1973) acht semantische Relationen:

1. *Handlungsträger und Handlung*
   Beispiel: „baby weint" [19]
2. *Handlung und Objekt*
   Beispiele: „suhe an:sieh:n" [23. Aug., 348, 163]
   „feuawehr kau:fen" [15. Nov., 119, 167]
   „käse essen" [15. Nov., 82, 166]
   „auto malen" [23. Aug., 290, 162]
3. *Handlungsträger und Objekt*
   Beispiel: „Maxe hose"
4. *Handlung und Lokalisierung*
   Beispiel: „geh grau:ßen" (geh draußen) [23. Aug., 86, 158]
5. *Objekt/Person und Lokalisierung*
   Beispiele: „fis dra:f" (fisch drauf), [23. Aug., 113, 159]
   „rara san-kasten" (lara sandkasten) [23. Aug., 23, 157]
6. *Besitzer und Besitz*
   Beispiel: „mama uhl" (mama stuhl) [04. Mai, 525, 155]
7. *nähere Bestimmung und Objekt/Person*
   Beispiel: „Hexe krank"
8. *Demonstrativ + Objekt/Person*
   Beispiel: „da mami"

Die meisten der aufgeführten Zweiwortsätze lassen endständige und infinite Verben erkennen. Max ist bezüglich dieser Bildungsweise sehr konsequent und ein Blick auf die Inputsprache zeigt, daß sie genau diese Struktur vormodelliert.

6.2.2.3 Verbstellung in der Inputsprache

Erwachsene rücken in zahlreichen Äußerungen die für weitere syntaktische Konstruktionen zentralen Verben unflektiert in eine exponierte und damit für Max gut wahrnehmbare Letztstellung.[20] Dies wird in folgenden syntaktischen Strukturen realisiert:

---

[19] Kursive Beispiele aus: SZAGUN (1996, 20).

[20] An dieser Stelle sollte nicht der Eindruck entstehen, diese Strukturen würden von den Sprechern bewußt realisiert - wahrscheinlich ist das nicht der Fall.

- *Ein-, Zwei-* oder *Dreiwortsätze* mit endständigem Infinitiv [17. Febr., 119, 143], [04. Mai, 432; 608; 609 [21], 153-156], [23. Aug., 52-53, 157], [15. Nov., 33; 35; 37; 209; 241, 165-169].

- *Mehrteilige Prädikate* mit endständigem infinitem Verb [22] in Form des Partizips Perfekt Passiv - also Gebrauch des Perfekt-Tempus - unter gelegentlicher Auslassung des Hilfsverbs. Vielfach in Form von Entscheidungs- und W-Fragen [04. Mai, 493; 547; 618, 154-156], [23. Aug., 4; 9; 20; 28; 40; 99; 349; 379, 157-163], [15. Nov., 11; 13; 17; 22; 46; 48; 54; 60; 64; 96; 205; 209; 215; 313; 324; 403, 165-170].

- *Mehrteilige Prädikate* mit endständigem infinitem Verb in Form des Infinitivs, meist als Entscheidungsfragen formuliert [17. Febr., 159; 219, 143-144], [04. Mai, 432, 152], [23. Aug., 32; 34; 55; 131; 174; 205; 237; 268; 272; 289; 292; 309; 317; 359; 398; 408, 157-164], [15. Nov., 5; 7; 9; 26; 33; 35; 37; 39; 121; 124; 129; 134; 160; 178; 180; 225; 228; 297, 165-170].

- *Imperativsätze,* entweder als Einwortsatz, als Einwortsatz in Verbindung mit einem endständigen Infinitiv (meist in höflicher Form mit „komm" gebildet) oder als verneinter Infinitiv mit vorangehendem „nicht" bzw. „nich" [17. Febr., 15; 36; 48; 54; 161; 163, 141-143], [04. Mai, 388, 152], [23. Aug., 57; 65; 85; 89; 92; 94; 192, 158-160], [15. Nov., 178, 168].

Die Äußerungen von Max weisen ähnliche Merkmale auf: auch hier finden sich überwiegend endständige Infinitive [17. Febr., 149, 143], [23. Aug. 86-87; 193; 202; 211; 235; 238; 241; 267; 282; 290; 348-353, 158-163], [15. Nov., 24; 34; 61; 67; 82; 112; 133; 139; 141; 145; 165; 187; 229; 262-267; 276; 301, 165-170] und bisweilen auch Imperative [17. Febr., 202, 144], [04. Mai, 588, 156], [23. Aug., 86-87; 184, 158-160], [15. Nov., 256; 380, 169-171].

Formen, in denen erste Verbflexionen auftreten (z. B. „füßche kommt") sind höchstwahrscheinlich als Intonationseinheit übernommen: Max' Mutter kommentierte vor dem Erscheinen dieses Zweiwortsatzes das Anziehen der Hose oft mit „Da kommt das Füßchen, das Füßchen kommt!" Interessant an dieser Äußerung ist, daß der Hin-

---

[21] Bei diesem Beispiel findet ein explizites Vormodellieren des Zweiwortsatzes statt.

[22] Zu den „infiniten Verbformen" bzw. den „Infinita" zählen der Infinitiv und die Partizipien I und II (vgl. DUDEN 1998, 188 ff.). Sollte im Laufe der Untersuchung von „Infinitiven" und „Partizipien" die Rede sein, so sind immer der Infinitiv Präsens und das Partizip Perfekt Passiv gemeint.

weis zunächst die Aufmerksamkeit des Kindes fesselt, um in einem Nachschub die zentrale Aussage syntaktisch reduziert nochmals zu explizieren - mit finitem Verb in Endstellung - die Äußerung, die Max als Einheit übernimmt. Dieses Beispiel läßt vermuten, daß Rituale, die bei ihm durch sprachliche Ankündigungen der Mutter eine Erwartungshaltung hervorrufen und auch emotional geladen sind, die Übernahme syntaktischer Strukturen begünstigen.

Partizipien sind im Wortschatz von Max selten oder nur unvollständig vorhanden [23. Aug., 7, 157], [15. Nov., 53; 95 [23], 165-166], wofür vermutlich die phonetische Unauffälligkeit des Morphems „ge" sowohl als Präfix wie auch als Mittelsilbe verantwortlich zeichnet. Daß Suffix „-t" hingegen ist endständig und für Max auffälliger. Ein interessanter Beleg dafür findet sich in dem Wort-„Hybriden" „au:at", den Max zur Bezeichnung einer vergangenen Handlung äußert: er scheint das Suffix mit der Bedeutung für Vergangenheit verbunden zu haben und hat damit offenbar eine eigene grammatikalische Regel aus der Inputsprache abgeleitet: „-t" markiert vergangene Ereignisse. Das Phänomen der Übernahme grammatikalischer Strukturen aus der Inputsprache veranlaßte SLOBIN (1973), eine Reihe allgemeiner *Operationsprinzipien* zu formulieren.

Diese beschreiben kognitive Strategien [24], mit denen Kinder ihre Sprachumwelt verarbeiten. Die kognitive Leistung des *Verstehens* gehörter Äußerungen bildet dabei die Basis der Prinzipien. Erst wenn diese Leistung erbracht ist, kann das Kind über die Ebene der *Bedeutung* einer grammatischen Struktur deren formal korrekten Ausdruck erschließen. D. h., Kinder erlangen durch sprachliche Interaktionen ein bestimmtes Wissen über die Welt, daß sie erst im Anschluß daran grammatikalisch korrekt ausdrücken können. Einige der mittlerweile ca. vierzig Operationsprinzipien sollen kurz angeführt werden (vgl. SLOBIN 1973):

1. Achte auf das Wortende,
2. Die phonologische Form von Wörtern (gemeint sind Inhaltswörter wie Substantive und Verben) kann systematisch verändert werden,
3. Beachte die Ordnung von Wörtern und Morphemen,
4. Vermeide die Unterbrechung oder Reorganisation sprachlicher Einheiten,

---

[23] Man beachte bei diesem Beispiel, daß bei der Erwachsenenäußerung die Betonung genau auf dem von Max ausgelassenen Morphem liegt.

[24] „Kognitive Entwicklung" wird hier im Sinne PIAGETS (1982) verstanden.

5. Zugrunde liegende Bedeutungsrelationen sollten deutlich wahrnehmbar markiert sein,

6. Vermeide Ausnahmen,

7. Der Gebrauch grammatischer Markierungen sollte semantisch sinnvoll sein.[25]

6.2.2.4 Dreiwort-Zwei-Komponenten-Sätze

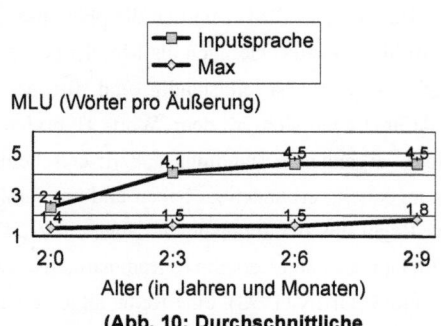

(Abb. 10: Durchschnittliche Äußerungslängen, 1996)

Ein Blick auf die durchschnittlichen Äußerungslängen (Abb. 10) zeigt, daß die Inputsprache im Alter von 2;3 einen signifikanten Sprung verzeichnet: von 2,4 Wörtern auf bis zu 4,1 im Alter von 2;3. Das entspricht etwa einer Verdopplung der grammatischen Komplexität innerhalb von drei Monaten. Nach REIMANN (1993) müßte sich diese Entwicklung einige Monate später auch bei Max etablieren. In der Tat ist hier im Alter von 2;9 eine Steigerung der MLU zu verzeichnen - jedoch lediglich auf eine durchschnittliche Äußerungslänge von 1,8 Wörtern pro Äußerung. Dennoch sind in diesem Alter die ersten Drei- und Mehrwortäußerungen zu beobachten, die nicht auf ganzheitliche Imitationen zurückzuführen sind. Sie stellen eher erweiterte Zweiwortsätze dar, die sich erstmals im Zuge komplexerer Negationen manifestieren. Bis zum Erscheinen der Formen „nein de ra:rei" und „nein ma:ki böse" [23. Aug., 29; 337, 157-163] im Alter von 2;6 wurden lediglich ganze, vorangehende Sachverhalte mit Hilfe der Negationspartikel „nein" (bzw. seinen Derivaten „nai", „na:", „nei:", „nee", „nei:n", „na:n", „mm::", „mm", „neihei:n", „na:a") als Einwortsatz negiert [schönes Bsp.: 23. Aug., 194-220, 160]. Alternativ, aber seltener, wurde das Adverb „nicht" bzw. „nich/ni" mit endständigem Infinitiv für die Negation verwendet. Gemeinsam mit einem Zweiwortsatz, der dem negierten Sachverhalt eine konträre Behauptung gegenüberstellt, konstituieren sich hier die ersten Dreiwortsätze von Max. Treffender

---

[25] Daß Max bereits versucht, sich Morpheme semantisch zu erschließen, zeigt sich im Gebrauch des Suffixes „-t" bezüglich vergangener Ereignisse.

sind sie jedoch mit dem Terminus „Dreiwort-Zwei-Komponenten-Sätze" bezeichnet, da sie aus einem Ein- und einem Zweiwortsatz bestehen. Die Äußerung „titta (0) ni a:machen" [15. Nov., 34, 165] zeigt bezüglich der Negationsfähigkeit schon ein anderes Bild: hier ist die anaphorische Negation (vgl. Kap. 6.2, 53 f.) überwunden, da Max die Dreiwortäußerung selbst verneint und keinen vorangegangenen Sachverhalt. Doch auch hier könnte man sagen, daß der Dreiwortsatz, der aus einer Anrede in Kombination mit einem verneinten Infinitiv besteht, wieder ein Dreiwort- Zwei-Komponenten-Satz ist. Ähnlich verhält es sich mit folgenden, von dem Jungen geäußerten Dreiwortsätzen, da auch sie in mindestens zwei Komponenten zerlegbar sind:

1. In einen Zweiwortsatz *mit Anrede:*
   - „schitten (Schlitten) fahren *mama*" [15. Nov., 111-112, 166]
   In einen Zweiwortsatz mit bestätigendem *ja*
   - „widda da *ja:*" (wieder da ja) [15. Nov., 152, 167]
   - „nua gu:cken *ja?*" [15. Nov., 132, 167]
2. In einen Einwortsatz mit einem *zweiteiligen Prädikat:*
   - „*mah:s* lich *aus*" (machs licht aus) [15. Nov., 428, 172]
3. In einen Zweiwortsatz mit Höflichkeits-Partikel *bitte:*
   - „nana rau:s *bitte*" (schnuller raus bitte) [15. Nov., 414, 172]
4. In einen Zweiwortsatz mit *Ausruf:*
   - „*au* mein arm" [15. Nov., 354, 171]

Neben diesen Arten von Dreiwortsätzen gibt es aber auch Drei- und Mehrwortsätze, die als phonetisch-semantische Einheit aus häufig gehörter Inputsprache übernommen wurden:

- „oh ich weiß nich" [15. Nov., 110, 166]
- „au verseh do" (aus versehen doch) [15. Nov., 149, 167]
- „ich will nich" [04. Mai, 103, 147]

6.2.2.5 Drei- und Mehrwortsätze

Einige Äußerungen von Max lassen sich nicht in die oben formulierten Schemata einordnen. Sie stellen weder eine phonetisch-semantische Einheit dar, noch bestehen sie aus einem Dreiwort-Zwei-Komponenten-Satz [15. Nov., 244; 276; 280; 285; 288; 301; 322; 420-421, 169-172]:

Die Mitteilung „i kann nich" ist eine Modifikation der zwei Gesprächszüge zuvor gemachten Äußerung „kanni sin:gen". Aufgrund ungläubiger Nachfragen seiner Gesprächspartner „dekomponiert" (vgl. WODE 1993, 81) Max die Wortstellung der ersten Äußerung und expliziert sie durch eine neue mit Hilfe des Personalpronomens der 1. Person. Diese Umstellung zeigt, daß er bereits einige Wörter mit Hilfe der gehörten Inputsprache isoliert hat und damit aus der Intonationseinheit herauslösen kann, um sie zu einer neuen syntaktischen Verbindung zusammenzusetzen.

Er benutzt hier erstmals das Personalpronomen „ich" in Form von „i" - ein weiterer Beleg dafür, daß er die Äußerung „ich will nich" sechs Monate zuvor (s. o.) als phonetisch-semantische Einheit der geschwisterlichen Inputsprache entlehnt haben muß. In den weiteren Drei- oder Mehrwortsätzen spiegelt sich jedoch wider, daß das Kind die angewandte Regel noch nicht streng befolgt. Bezüglich der Verwendung des Personalpronomens leuchtet dies ja auch ein: warum sollte Max sich selbst als Handelnder zwingend benennen - daß *er* es ist, der die Handlung durchführt, ist ihm und natürlich auch seinen unmittelbaren Gesprächspartnern klar. In dieser Überlegung spiegelt sich eine noch immer manifeste Situationsgebundenheit wieder. Solange Max sich aufgrund bislang unerreichter sprachlicher und kognitiver Entwicklungsstufen nicht genügend von der unmittelbaren Situation lösen kann, ist eine Benennung seines Egos auch nicht notwendig bzw. möglich:

- kann ni a:fmachen (kann nicht aufmachen)   [15. Nov., 276, 169]
- w*ll de a:fmache:n (will die aufmachen)   [15. Nov., 309, 170]
- „rein schere so" [benutzt die Finger als Schere]   [15. Nov., 322, 170]

6.2.3 Zusammenfassung

Mit dem Einsetzen der Zweiwortphase ist Max in seiner Gesprächsrolle wesentlich mobiler geworden. Der technische Ablauf eines Gespräches, vor allem der Sprecherwechsel, bereitet ihm keine Probleme mehr. Wenn seine Beiträge noch keinen responsiven, sondern höchstens teilresponsiven Status erreichen, liegt das an den bislang unzureichend ausgebildeten Fähigkeiten der Perspektivenübernahme und der Situationsunabhängigkeit. Neben flüssigeren Gesprächen ist Max mit seinen Zweiwortsätzen nun auch in der Lage, die bisher erkannten semantischen Rollen bzw. die Relationen zwischen ihnen syntaktisch auszugestalten: „käse essen" [15. Nov., 82, 166] bezeichnet die Handlung des Essens sowie das, was gegessen wird. Wenn sein Gegenüber ebenfalls Käse essen würde, könnte er das aufgrund seiner defizitären Perspektivenübernahmefähigkeit noch nicht in Worte fassen. In den meisten Zweiwortäußerungen weist er den „Akteuren" die Positionen des (Akkusativ-) Objektes zu und benennt die diesen wiederfahrende Handlung, wobei er selbst der Handelnde ist. Man kann hier vermutlich noch nicht von „Satzglied" sprechen, da sie erst eine allgemeinere Operativität erhalten müssen, so daß sie je nach Ausdrucksintention mit all den Verben kombiniert werden können, die für sie, entsprechend ihrer Valenz, eine Leerstelle bereithalten (vgl. REIMANN 1996, 191). Ebenfalls aufgrund der situativen Gebundenheit benennt er sich als Subjekt nicht explizit. Diese semantische Rolle ist zwar existent, wird jedoch noch nicht syntaktisch realisiert.

Die syntaktische Umsetzung semantischer Rollen wird Max durch die Inputsprache vermittelt. Es geht darum, Handlungen zu „versprachlichen" - semantische Relationen in syntaktische Relationen zu transformieren (vgl. FILLMORE 1968). Die Kasusgrammatik akzeptiert demnach die transformationsgrammatische Theorie CHOMSKYS als grundlegendes Paradigma. Sie zeigt aber anhand der darin tiefenstrukturell und rein syntaktisch definierten Begriffe „Subjekt" und „Objekt", daß diese *semantische* Beziehungen ausdrücken, die durch ihre Definition nicht ausgedrückt sind. Sie werden deshalb in die Oberflächenstruktur verwiesen. Folglich ist die Oberflächenstruktur ein syntaktisches „Transformat" semantischer Tiefenstrukturen. Die semantischen Eigenschaften des Verbs sind es dann, welche die syntaktischen Relationen determinieren (vgl. IMHASLY u. a. 1986). Es verwundert daher nicht, wenn Max innerhalb sprachlicher Interaktionen „mit der Nase" auf die zentrale syntaktische Kategorie gestoßen wird:

das Verb bzw. das Prädikat.

Unter weitgehender Beibehaltung grammatikalischer Regeln wird es dort durch Endstellung exponiert. „Technisch" umgesetzt wird dies durch Äußerungen von Ein-, Zwei- oder Dreiwortsätzen, die endständige Infinitive aufweisen. Außerdem mit mehrteiligen Prädikaten, wobei der infinite Prädikatsteil in Form des Partizips Perfekt Passiv oder des Infinitivs in die Endposition des Satzes rückt oder aber als

Imperativsatz in den verschiedensten Ausprägungen. Max entnimmt diese Formen dem sprachlichen Interaktionsrahmen. Er verwendet Verben nur im Infinitiv und bisweilen auch im Imperativ. Außerdem verwendet er ausschließlich Handlungsverben, was auf die Handlungsbetontheit semantischer Rollen hinweist. Vorgangs- oder Zustandsverben sind noch nicht zu beobachten. Die Inputsprache enthält ebenfalls überwiegend Handlungsverben und nur zu einem geringen Teil Zustandsverben.

Die für die Übernahme günstige Verbletztstellung begründet SLOBIN (1973) in den von ihm formulierten, kognitiv determinierten, Operationsprinzipien: das Sprache lernende Kind lenke seine Aufmerksamkeit auf das Wort- oder Satzende. In den empirischen Ergebnissen werden diese Prinzipien in der Übernahme infiniter Verben bestätigt. Auch das Fehlen von Partizipien erklärt sich durch die phonetische (da am Wortanfang stehende) Unauffälligkeit des Morphems „ge" als Präfix oder Mittelsilbe. Das endständige Suffix „-t" übernimmt Max als Markierung für ein vergangenes Ereignis. Jedoch schlägt sich dies nur in einer Äußerung nieder und ist daher nicht als signifikant bezüglich vorhandener Situationsungebundenheit zu werten.

Es stellt sich eine zentrale Bedeutung von Fragen heraus: zum einen forcierten sie sprachliche Interaktionen durch „kolloquiale Nötigung" von Max zu respondierenden Gesprächszügen und zum anderen vermögen insbesondere Entscheidungsfragen aufgrund mehrteiliger Prädikate das infinite Verb in Endstellung zu exponieren.

In seinen Ein-, Zwei- und Mehrwortsätzen läßt Max bereits erkennen, daß er satzgliedartige Elemente aus der Inputsprache extrahiert hat, die er nun auf seine semantischen Schemata anwenden kann. Viele Sprachwissenschaftler (OSKAAR 1984; GRIMM 1995; REIMANN 1996; RAMGE 1993, u. a.) haben in Experimenten überprüfen können, daß das Sprachverständnis der Sprachproduktion vorauseilt.

Die Wort- bzw. Satzgliedstellung der Zwei- Drei- und Mehrwortsätzen ist noch recht willkürlich und gehorcht offenbar einer Hierarchie zugrunde liegender semantischer Relationen. Eine für diese frühen Phasen des Spracherwerbs starke Abhängigkeit der Wortstellung von den semantischen Relationen konnte auch CLAHSEN (1982, 52) bestätigen.

Trotz dieser Vorstöße in die Sphäre der Drei- und Mehrwortsätze bleibt die Sprache von Max nach wie vor telegraphisch - wichtige Elemente, die „Funktoren" (BROWN/FRASER in: WODE 1993, 220), fehlen ihr noch. Darunter werden vor allem Flexionen, Präpositionen, Konjunktionen, Hilfsverben und Artikel subsumiert. Als „geschlossene Klassen" markieren sie in erster Linie syntaktische Relationen, sichern aber nicht so sehr den Bezug zur konkreten Welt. Dies leisten in erster Linie die Wörter der großen offenen Klassen, also Nomen, Verben und Adjektive - folglich werden auch diese primär der Inputsprache entnommen. Anfänge syntaktischer Ausgestaltungen semantischer Rollen und Relationen sind im dritten Lebensjahr also deutlich erkennbar. Im folgenden Lebensjahr werden sie im Rahmen sprachlicher Interaktionen weiter zu differenzieren sein.

6.3 Das vierte Lebensjahr (1997)

Im vergangenen Jahr lernte Max, daß Handlungen innerhalb sprachlicher Interaktionen durch bestimmte Wörter repräsentiert werden: den *Verben*. Sie wurden ihm kommentierend zu den jeweiligen Handlungen immer wieder angeboten und zwar so exponiert, daß sie unweigerlich in den Mittelpunkt seiner Aufmerksamkeit rückten. Handlungsverben wurden zu einem „Marker" von Handlungen, was dazu führte, daß Max diese in seinen eigenen Äußerungen übernahm und ebenfalls zur Kommentierung entsprechender Handlungen einsetzte. „Kommentierend" deshalb,

(Abb. 11: Max im Alter von 3;3)

weil er sich bislang noch nicht von der Situationsgebundenheit gelöst hat - er konnte hauptsächlich über Dinge sprechen, die der unmittelbaren Situation angehörten. Zu Beginn seines vierten Lebensjahres befindet sich Max in einem Entwicklungsstadium, wo die begrenzte kognitive Kapazität jede weitere Sprachentwicklung verhindert und erst durch eine Erweiterung derselben der Weg geebnet werden kann.

6.3.1 Entwicklung sprachlicher Interaktionen

Abb. 12 (S. 70) zeigt, daß Max im Rahmen sprachlicher Interaktionen seine Rolle immer angemessener ausfüllen kann. Eine Zunahme initiativer Gesprächsbeiträge deutet darauf hin, daß die Gespräche symmetrischer werden. Die Mehr-Zügigkeit weist auf das Bemühen der Gesprächspartner, durch verschiedene Methoden einen initiativen Gesprächsbeitrag von Max aufrechtzuerhalten bzw. zu verlängern. Wichtigstes Mittel diesbezüglich sind nach wie vor die Fragen, die im vierten Lebensjahr aber zunehmend Syntax-fördernde Bedeutung erlangen. Weitere Dynamik bekommen die Gespräche durch die erworbene, kognitiv bedingte Fähigkeit des Perspektivenwechsels [z. B. 18. Febr., 256-272, 177]. Dementsprechend sind auch Max'

% (Anteil an Gesprächsbeiträgen insgesamt)

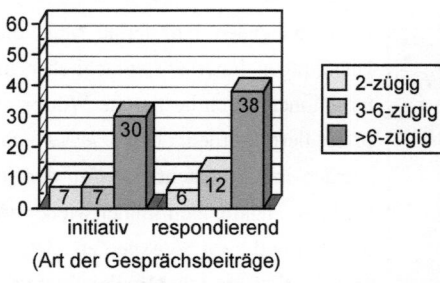

□ 2-zügig
□ 3-6-zügig
■ >6-zügig

initiativ   respondierend
(Art der Gesprächsbeiträge)

(Abb. 12: Gesprächsentwicklung: Max, 1997)

respondierende Gesprächsbeiträge immer häufiger responsiv, d. h. er berücksichtigt sowohl die Intention als auch den Inhalt des initiierenden Zuges [z. B. 13. Aug., 3-13, 187]. Nach der Definition BOUEKES (vgl. Kap. 2, 23) beherrscht Max in seinem vierten Lebensjahr also erstmals die Fähigkeit zum Dialog. Interessant ist, daß das Kind auch aktive Gesprächssteuerung betreibt - es benutzt den Gesprächsrahmen, um mehr über interessante Dinge zu erfahren, indem es durch nonresponsive Beiträge seine Gesprächspartner in von ihm thematisch vorgezeichnete Gesprächsbahnen zwingt [z. B. 26. Mai, 96-113, 183-184].

Mehr Flexibilität innerhalb seiner Gesprächsrolle erlangt Max ebenfalls durch den Erwerb weiterer Gesprächspartikeln. Mit ihnen ist er in der Lage, das Gespräch zu gliedern, Sachverhalte zu bestätigen oder sich über irgend etwas zu vergewissern (Gliederungs- und Rückmeldungssignale). Ebenso erlauben ihm diese Partikeln Antworten auf Entscheidungsfragen, Grüße, Gebote und vor allem auf Ausrufe - also ähnlich der unmittelbaren Imitationen die Fähigkeit, ohne nennenswerte zeitliche Verzögerung auf einen Gesprächsbeitrag zu reagieren und damit die Gesprächsrolle zu erfüllen. Mit den Partikeln „ja", „hm?", „ja?", „nein", „bitte", „danke" war er dazu bereits im vergangenen Jahr imstande.

Mit Integration der Verneinungs-Partikel „nicht" bzw. „nich" in die Äußerungen verneint Max jetzt auch Sachverhalte, die der Partikel folgen - er gebraucht sie (im Gegensatz zu „nein" und seinen Derivaten, welches vorwiegend anaphorisch gebraucht wurde) nicht-anaphorisch [z. B. 29. Nov., 73; 303; 307, 195-199]. In engem Zusammenhang mit der Möglichkeit des Perspektivenwechsels steht auch die Verwendung der Personalpronomen „Ich", „Du" und „Er, Sie, Es". Sie bieten Max verstärkt die Möglichkeit expliziter Rollenzuweisung [18. Febr., 414-428, 180].

Die verschiedenen Perspektiven zu verdeutlichen, helfen auch eine Art „Binnen-Dialoge", d. h. Dialoge zwischen zwei Gesprächspartnern, die das Kind passiv beobachten und nachvollziehen kann [18. Febr., 280-286; 290-297; 299-308, 177-178], [29. Nov., 338-345; usw., 200].

Das Kind beherrscht nun in seinem vierten Lebensjahr die Fähigkeit zum Dialog und ist imstande, das Gespräch aktiv zu steuern. Da sprachliche Interaktionen den Rahmen für den Spracherwerb bilden und diese durch die - vor allem kognitiv bedingte - Fähigkeit des Perspektivenwechsels nun optimiert werden, wird sich dies sicherlich auch fördernd auf den Spracherwerb auswirken.

6.3.2 Entwicklung von Syntax und Morphosyntax

6.3.2.1. Segmentierung von Satzgliedern

Eine wesentliche Erkenntnis, die Max im Rahmen sprachlicher Interaktionen macht, ist, daß die Sätze seiner Muttersprache aus strukturellen und verschiebbaren Grundelementen bestehen: den *Satzgliedern*.[26] Er steht in diesem Entwicklungsabschnitt vor der Aufgabe, diese aus dem Sprachangebot seiner Umwelt zu segmentieren, um dann kreativ (im Sinne CHOMSKYS) mit ihnen operieren zu können.

Auch bei diesem Lernvorgang sind Fragen von entscheidender Bedeutung, und zwar sowohl eigene als auch an Max gerichtete Fragen. Die Technik des Fragestellens wurde dem Kind in den vergangenen Lebensjahren oft genug vormodelliert: im ersten Lebensjahr durch Satz- bzw. Intonationsfragen und im Folgenden zunehmend durch W- und Entscheidungsfragen. Auch im vierten Jahr stellen die Gesprächspartner von Max wieder viele Fragen. Rund 53 % und damit mehr als die Hälfte aller Äußerungen werden von Fragen repräsentiert. Sie dienen aber nicht mehr nur der Gesprächsrollenzuweisung bzw. der Dialogverlängerung, sondern integrieren jetzt zusätzlich eine Syntax-lehrende Funktion:

- *Entscheidungsfragen* vermitteln syntaktische Strukturen vornehmlich durch die Art, wie sie gestellt werden (entweder mit erstständigem oder zweitständigem, finitem Vollverb mit perzeptiv auffälligem Infinitum oder einem Satzglied am Ende des Satzes (Satzfrage)) [18. Febr., 7; 46; 95; 119; 149; 171; 310; 319; 352; 363; 396; 452; 454, 173-181], [26. Mai, 14; 20; 47; 62; 67; 87; 106; 156; 222,

---

[26] Der Terminus des „Satzgliedes" ist nicht in allen Grammatiken klar umrissen. In der Regel beschreibt das Satzglied eine relativ selbständige Grundeinheit des Satzes. Das Prädikat begreift der Autor dieser Studie in seiner zentralen Bedeutung für die Struktur des Satzes sowie in Anlehnung an den DUDEN (1998) nicht als Satzglied.

182-185], [13. Aug., 24; 35; 130; 291, 187-192], [29. Nov., 49; 63; 70; 149; 236; 251; 263; 396, 194-201].,

♦ *Ergänzungs-* oder *W-Fragen* vornehmlich durch die Antwort, die sie elizitieren (sie fragen direkt nach Satzgliedern und lenken damit die Aufmerksamkeit auch auf deren attributive Ergänzungen) [18. Febr., 34-35; 157-158; 237-238; 251-252; 319-320; 331-332; 447-449, 173-180], [26. Mai, 60-61; 69-70; 116-117; 148-149; 219-220, 183-185], [13. Aug., 4-6; 16-17; 21-22; 37-38; 91-92; 128-129; 137- 138; 151-152; 171-174; 190; 187-190], [29. Nov., 61-62; 91-92; 96-97; 107-108; 134-135; 179-181; 201-204; 215-218; 323-233; 245-246; 309-310; 321-322; 325-326, 195-199].

Insbesondere der „Funktionswandel" der W-Fragen bedingt eine Reduktion derselben um 6 %. Es erfordert jetzt wesentlich mehr kognitive Kapazität zur Beantwortung derselben, da sie ein Bewußtsein für Satzglieder voraussetzten - ein Bewußtsein, daß Max erst im Laufe dieses Jahres erwirbt. Entsprechend steigt der Anteil von Entscheidungsfragen und rückt dabei nach wie vor das infinite Verb oder aber ein bestimmtes Satzglied in Letztstellung und somit in das gesteigerte Wahrnehmungsfeld des Kindes (vgl.

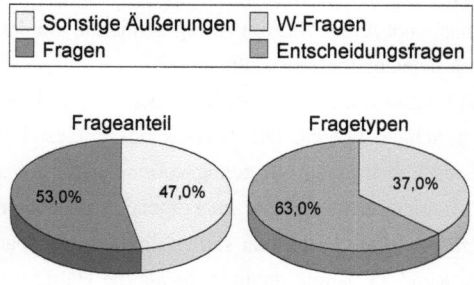

(Abb. 13: Frageanteil und Fragetypen: Inputsprache, 1997)

SLOBIN 1973). Durch die relativ kurzen Fragen wird für Max mehr und mehr der Zusammenhang zwischen infinitem endständigen und finitem erstständigen (meist modalen) Prädikatsteil deutlich - er entwickelt zunehmend Gefühl für die in der deutschen Sprache charakteristische *Satzklammer* und den Stellungen ihrer Glieder. Zugleich erkennt er in Abhängigkeit des flektierten Verbes die Stellung anderer Satzglieder und nebenbei auch deren Innenbau. Wie bereits im vergangenen Jahr, steht auch hier die Handlung (oder zunehmend auch ein Zustand oder Vorgang) und damit das Verb im Mittelpunkt syntaktischer Relationen. Es konstituiert das Zentrum des Satzes, um das sich alle weiteren Satzglieder herum gruppieren - es ist der „Motor" des Satzes und damit „untrennbar mit der syntaktischen Struktur verknüpft" (AIT-CHISON 1997, 142).

Mit dem Erwerb komplexerer Fragetechniken isoliert Max aktiv Satzglieder und erlebt sie als verschiebbare und ersetzbare Grundeinheiten des Satzes. Prädestiniert für diese Segmentierung sind die W-Fragen, die in Folge höherer „kognitiver Vorlaufleistungen" [27] aber nur 39 % Anteil an den Fragen insgesamt besitzen. Diese Vermutung bestätigend, treten die W-Fragen mit dem Interrogativadverb „Wo?" und dem Interrogativpronomen „Was?" oft als Einwort-Fragen auf, wohingegen in der Inputsprache Satzglieder

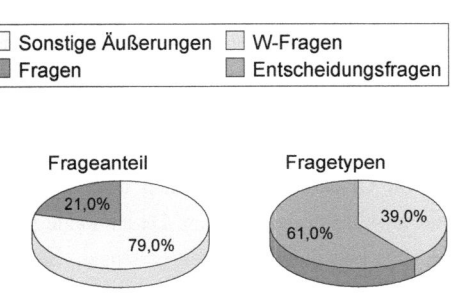

(Abb. 14: Frageanteil und Fragetypen: Max, 1997)

bei initiativen Fragen in der Regel explizit genannt werden [z. B. „wo ist *der timo* eigentlich?", 18. Febr., 440-441, 180]. Kennzeichnend für die „Einwort-W-Fragen" des Kindes ist, daß sie ausnahmslos respondierender Art sind - um Satzglieder eben nicht benennen zu müssen [18. Febr., 365-366, 179], [26. Mai, 179-182; 199-200; 210-212, 185], [13. Aug., 52-54, 187], [29. Nov., 76-77, 195]. Es scheint also eine Konkurrenz zwischen syntaktischer Komplexität und kognitivem Entwicklungsstand zu existieren. Bei einer W-Frage muß Max eine komplexe, mental repräsentierte Intention besitzen, was sich hemmend auf die sprachliche Umsetzung auswirkt, wohingegen bei Aussagen und Mitteilungen (v. a. bei situativ gebundenen) einfachere mentale Repräsentationen längere Äußerungen zulassen - bereits isolierte Satzglieder auf die semantisch vorgegebenen Relationen verteilt werden können.[28] Eine Erklärung für den mit 61 % höheren Anteil von syntaktisch nicht weniger komplexen Entscheidungsfragen im Sprachrepertoire des Jungen scheint in ihrer Häufigkeit inner- halb sprachlicher Interaktionen diesen und vergangenen Jahres begründet

---

[27] Mit diesem Terminus seien die kognitiv notwendigen Sprachplanungsprozesse vor jeder Art von Äußerungen als Realisierung syntaktischer Strukturen bezeichnet.

[28] Ein ähnliches Phänomen macht sich beim Geschichten-Erzählen bemerkbar: die Qualität des sprachlichen Ausdruckes konkurriert mit der semantischen Komplexität der Geschichte und wird zu deren Gunsten zurückgeschraubt [29. Nov., 297-305, 199].

zu sein. Sie zeichnete vornehmlich für die Ausbildung der Gesprächsrolle bzw. der Verbexposition verantwortlich und modellierte Max dadurch oftmals ihren Inversionscharakter bezüglich des Prädikates vor. Entsprechend steht auch bei ihr der infinite Prädikatsteil am Satzende - ein syntaktischer Konstruktionsmechanismus, der dem Jungen bereits in seinen Zwei- und Dreiwortsätzen geläufig war. Die Interrogativpronomen und -adverbien waren bislang in der Inputsprache deutlich unterrepräsentiert und werden daher auch erst später erworben. Fragen nach vergangenen Ereig- nissen („Wann ...?") bedürfen ebenfalls hoher kognitiver Kapazität und tauchen in diesem Jahr noch nicht auf. „Was-Fragen" hingegen zielen auf die Benennung von Objekten und Personen und sind auf Seiten der Bezugspersonen von Geburt an vorexerziert worden. Da sie keine sonderliche kognitive Reife und auch keine Situationsungebundenheit verlangen, ist dies der häufigste W- Fragetypus von Max. Aber auch Fragen nach Personen und Gegenständen („Wo?"), die nicht Objekt der situativen Wahrnehmung sind, finden sich im vierten Lebensjahr und indizieren fortgeschrittene Situationsungebundenheit. Allerdings fällt auf, daß Max sowohl die „Wo- Frage" übergeneralisiert, indem er mit ihr auch nach der Benennung von Gegenständen („Was?") und nach der Richtung („Wohin?") fragt [26. Mai, 199-200, 185], [29. Nov., 355-358, 199-200] als auch die „Was-Frage", mit der er mangelndes Verständnis zum Ausdruck bringt [29. Nov., 109-111; 215-217; 227-229; 359-361, 195-200]. Dies ist aber auch bei den Geschwistern sehr häufig der Fall. In den seltenen initiativen Äußerungen wird die „Wo-Frage" korrekt verwendet [13. Aug., 258-268, 191].

Im Alter von 3;9 tauchen auch die ersten, für Kinder typischen, „Warum-Fragen" auf [29. Nov., 226; 450-453; 459-462, 198-202] und signalisieren damit Einsicht in kausale Zusammenhänge. Sie verweisen also auf eine neue kognitive Entwicklungsstufe. Auch hier zeigt sich, daß das Sprachverständnis der Sprachproduktion vorauseilt, da bereits vor dem Erscheinen eigener Fragen dieselben bereits von Max responsiv beantwortet wurden [26. Mai,

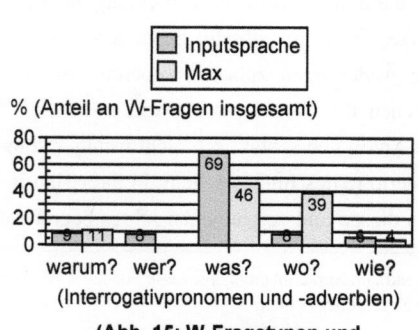

(Abb. 15: W-Fragetypen und deren Häufigkeit, 1997)

74

189-191, 185], [29. Nov., 321-327, 199]. Im Alter von 3;0 wurde dieser Frage- typus nur teil- bzw. nonresponsiv beantwortet [18. Febr., 456-457; 105-106, 174-181], wodurch die kognitive Leistung der Kausalität dem Alter zwischen 3;0 und 3;3 zuzuordnen ist. Gelegentlich wird die Antwort im Rahmen sprachlicher Interaktionen auch explizit vormodelliert [18. Febr., 109; 239-241; 443, 174-180], [26. Mai, 7, 182], [13. Aug., 289, 192]. Bereits die Wahl der Fragen einschließlich deren syntaktischer Komplexität zeigt erneut die sensible Anpassung der Inputsprache an den momentanen Entwicklungsstand von Max. Am Ende des vergangenen Jahres sprang die MLU auf einen Wert von ungefähr 4,5 und hält diesen im vierten Lebensjahr (vgl. Abb. 16), bis er sich diesem Komplexitätsniveau angenä- hert hat. Dieses geschieht erst gegen Ende des Jahres, da die Inputsprache Max den Weg für Ein- blicke in die syntaktischen Strukturen seiner Muttersprache ebnet. Ne-

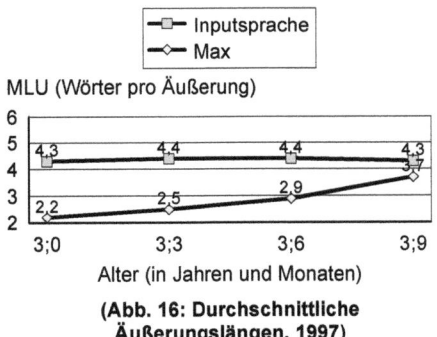

(Abb. 16: Durchschnittliche Äußerungslängen, 1997)

ben den Fragen sind daher weitere Adaptionen der Inputsprache zu erkennen, um ihm die Segmentierung von Satzgliedern zu erleichtern:

Im Gegensatz zum vorigen Jahr rücken jetzt vorwiegend Satzglieder als sprachentwicklungsrelevante Kategorien an das Ende des Satzes und so ins Zentrum der kindlichen Wahrnehmung. Dies entspricht ja der typischen deutschen Satzgliedstellung in Aussagesätzen, Subjekt-Prädikat-Objekt, und ergibt sich daher vielfach von selbst. Doch sind daneben durchaus einige Strategien zu beobachten, die Satzglieder oder Satzgliedteile (Attribute) in untypischer Weise an das Satzende rücken, wo sie in den kindlichen Wahrnehmungsfokus gelangen. Das gilt vor allem für das Subjekt, welches dank der deutschen Grundwortstellung vor dem Verb und damit in der Regel nicht am Satzende stehen würde. Die Inputsprache läßt diesbezüglich einige „Herausstellungsstrukturen" erkennen, „syntaktische Konstruktionstypen, bei denen syntaktische Elemente an oder außerhalb der Satzgrenze erscheinen" (BUSSMANN 1990, 305) [18. Febr., 454, 181], [26. Mai, 179, 183], [13. Aug., 24; 28; 49-50, 187], [29. Nov., 213; 259; 265; 270; 402, 197-201]. Gemäß den Operationsprinzipien von

SLOBIN (1973) handelt es sich hierbei vorwiegend um „Rechtsversetzungen" - einer Verlagerung des Subjektes nach rechts und damit an das Satzende. Erwachsene korrigieren fehlerhafte Äußerungen ihrer Kinder selten explizit („negative Evidenz", vgl. WODE 1993, 19), da sie den Fluß der Konversation (als Primat jeglicher Sprachinteraktion) stören und damit möglicherweise einen negativen Effekt auf die Sprachentwicklung haben könnten: die gestörte Konversation könnte dazu führen, daß das Kind weniger spricht. Einer Untersuchung von BOHANNON & STANOWICZ (in: SZAGUN 1996, 232) zufolge geben Erwachsene auf fehlerfreie Äußerungen häufiger *exakte Wiederholungen* [18. Febr., 59-60; 121-122, 174-175], [26. Mai, 11-12, 205-206, 182-185], [13. Aug., 247-248; 286-287, 191-192], [29. Nov., 235-236, 198] und auf fehlerhafte Äußerungen dagegen solche Wiederholungen, die *Reformulierungen* sind, d. h. die korrekte grammatische Form anbieten [26. Mai, 21-23; 38-39, 220-221, 182-185], [13. Aug., 17-18, 187], [29. Nov., 265-268; 326-328; 435-436, 198-201], und *Expansionen,* d. h. solche Wiederholungen, die außer der korrekten Form zusätzliche Informationen geben [18. Febr., 22-23; 81-82; 442-443; 394-396; 448, 173-180], [26. Mai, 21-23; 129-130, 182-184], [13. Aug., 108-110; 206-207; 276-277, 188-191]. ANDERS (1982) sieht Dialogstrukturen mit Erwachsenen, in denen kindliche Äußerungen durch diese expandiert werden, als wichtige Bedingung des Syntaxerwerbs an. Was die Art der Fehler angeht, so reagieren die erwachsenen Gesprächspartner vorwiegend auf grammatische und phonetische, kaum aber auf semantische Fehler. Das ist nicht verwunderlich, da bereits in der Einwortphase der Sinn unter Berücksichtigung des situativen Kontextes erschlossen werden konnte.

Eine weitere prädestinierte Strategie zur Verdeutlichung von Satzgliedern und Satzgliedteilen sind gemeinsam erlernte Gedichte oder Lieder, die dann sehr betont als Lückentext vorgesprochen werden. So entstehen semantisch-syntaktische „Leerstellen", die Max dann - will er die Rhythmik des Textes nicht unterbrechen - mit den entsprechenden syntaktischen Elementen besetzen muß [18. Febr., 197-232, 176-177].

Neben eigenen Fragen lassen einige weitere Phänomene in den Äußerungen von Max erkennen, daß er den Segmentierungsprozeß der Inputsprache vehement unterstützt. Entsprechend einer Beobachtung von BROWN (1973) legt auch Max die Atempause so zwischen die Elemente des Satzes, daß diese für sich genommen grammatikalische Einheiten bilden. Häufig schlagen sich die Atempausen aber in längeren Sprachpausen nieder und lassen weitere kognitive, sprachvorbereitende Prozesse vermuten. Anschließend werden Satzglieder unverändert wiederholt [18. Febr., 249-250, 177], [26. Mai, 163, 184], [13. Aug., 107-108, 188] syntaktisch erweitert (expandiert) [18. Febr., 24, 173], [26. Mai, 21-22; 40-41; 65-66, 182-183], [13. Aug., 119-120; 179-180; 210; 308-309; 311-312, 189-192], [29 Nov., 323-324, 199] oder in veränderter Stellung wiederholt [13. Aug., 152; 235; 306, 189-192], [29. Nov., 8-10, 194]. Max versucht sich offenbar als „Wort-Jongleur" und erprobt die Wirkung seiner „Kunststücke" vor Publikum: durch „Rückkopplungsprozesse" mit den Gesprächspartnern erfährt er einiges über die syntaktische und zugleich kommunikative Qualität seiner Äußerungen. Das Gespräch bildet also eine Art „syntaktischen Regelkreis", in dem das Kind Möglichkeiten der Selbstkontrolle und der Erkenntnis über die Satzglieder, Satzgliedteile und anderen sprachlichen Komponenten ohne Satzgliedfunktion (wie z. B. den Partikeln, Präpositionen oder Konjunktionen) gegeben werden. Diese Prozesse indizieren eine „heiße Phase" des Spracherwerbs: Max beginnt, aktiv mit den Elementen der Sprache zu arbeiten und sie zum kreativen Generieren eigener Äußerungen zu gebrauchen.

Entsprechend werden auch Äußerungen der Inputsprache insgesamt oder partiell wiederholt bzw. expandiert [18. Febr., 30-31, 105-106; 194-195; 241-242; 253-254; 296-298; 310-311; 377-379, 173-179], [26. Mai, 173-174, 185], [13. Aug., 5-6; 50-51; 147-148; 252-253, 187-191], [29. Nov., 251-254; 270-271, 198]. Eine weitere Erscheinung, die es ihm ermöglicht, Satzglieder als verschiebbare Elemente um das zentrale Verb zu erkennen, ist, daß er gleiche Satzglieder in verschiedenen Äußerungen in immer anderen Positionen hört. Ein Problem, über das sich das Kind im Laufe seiner Sprachentwicklung bewußt werden muß, ist, daß z. B. ein und dasselbe Satzglied verschiedene semantische Rollen „spielen" kann - beispielsweise vermag, je nach Mitteilungsschwerpunkt, die Bezeichnung für einen Gegenstand (Substantiv) als Träger eines Geschehens (Subjekt) oder als Gegenstand, auf den die Handlung gerichtet ist (Objekt), erscheinen. Um dieses zu begreifen, sind sprachliche Interaktionen unerläßlich: So steht in deren Mittelpunkt beispielsweise oft der Computer. In der Folge erfährt Max, daß diesem in Abhängigkeit des Mitteilungsschwerpunktes verschiedene syntaktische Relationen im Satz zugewiesen werden können:

- ein *computer* ja den kennse   [13. Aug., 7, 187]
- der *computer* ist ganz neu   [13. Aug., 7, 187]

- möchtest Du malen mit dem *computer?*   [13. Aug., 32-33, 187]
- so jetzt ham wer den *computer* angemacht   [13. Aug., 30-31, 187]

Der „Computer" als Satzglied wird also je nach Handlungssituation und kommunikativem Schwerpunkt im Rahmen sprachlicher Interaktionen permanent kategoriell verschieden gruppiert. Er taucht in den syntaktischen Rollen des Subjektes, des Akkusativobjektes und des Dativobjektes auf und vertritt so verschiedene semantische Rollen. REIMANN (1996, 185) nimmt an, „daß sich das Kind in der alltäglichen Kommunikation Anordnungsmuster dieser Satzglied-Kategorien für bestimmte Sprechhandlungen erschließt, d. h., daß es Substantive einmal zur Kategorie „Objekt", ein andermal zur Kategorie „Subjekt" zugehörig einordnet und entsprechend vor oder nach dem Verb positioniert." Durch das Hören von Äußerungen mit verschiedenen Verben, die mit gleichen Satzgliedern kombiniert werden, entwickelt sich die grammatische und semantische Funktionalität der Satzglieder. Auf der syntaktischen Ebene erhalten damit Substantive, Adverbiale und später auch Nebensatz-Satzglieder jene Operativität, die erforderlich ist, um mit begrenzten sprachlichen Mitteln eine Fülle von realen Begebenheiten auszudrücken. Durch das Hören von Äußerungen mit verschiedenen Satzgliedern, die um das gleiche Verb gruppiert werden, entfaltet sich hingegen die variable Semantizität und Funktionalität des Verbs. Auf der syntaktischen Ebene werden durch seine Valenz potentielle Leerstellen aufgebaut. Das Verb „gehen" beispielsweise taucht 1997 in folgenden Kontexten auf:

- *geht* das mikrofon kaputt   [18. Febr., 126, 175]
- zur nina *gegangen*   [18. Febr., 142, 175]
- zur nina runter *gegangen*   [18. Febr., 149, 175]
- *geh* mal gucken   [18. Febr., 243, 177]
- der max *geht* jetzt baden   [18. Febr., 291, 178]
- [...] ein männlein das *ging* dann in den wald   [18. Febr., 429, 180]
- ich *geh* jetzt in die wanne   [18. Febr., 479, 181]
- dann *geht* das auch nicht   [26. Mai, 123, 184]
- nee die [Lampen] *gehen* nicht an   [29. Nov., 29, 194]
- falls mal eins kaputt *geht* hier   [29. Nov., 110, 194]
- nee die lampe *geht* nich an nee   [29. Nov., 145, 194]
- so ich muß jetzt *gehen* max   [29. Nov., 355, 200]

78

Durch das Angebot des gleichen Verbes in grammatisch, semantisch und kommunikativ verschiedenen Kontexten übt die Inputsprache auch einen entscheidenden Einfluß auf die zukünftige Entwicklung von Verbbedeutungen aus. Sie gestaltet damit beste Bedingungen für ein „syntaktisches bootsrapping" (vgl. GRIMM 1996, 724; REIMANN 1996, 271), d. h. die Nutzung des syntaktischen Kontextes, um schrittweise zu derjenigen Bedeutungsinterpretation zu kommen, die durch den außersprachlichen Kontext angezeigt wird. Max hört das Verb „gehen" in zahlreichen situativ verschiedenen Kontexten in grammatisch stets anderen Einbettungen. Es ist ein Verb mit hoher Valenz und kann somit in komplexeren semantischen Beziehungen vernetzt werden. Genau das kommt ihm in seiner Sprachentwicklung entgegen: er steht ja vor der Aufgabe, semantische Relationen in syntaktische zu transformieren und braucht dafür entsprechende syntaktische Mittel. Aufgrund seiner erst im Reifeprozeß befindlichen Kognition eignen sich dafür natürlich besonders Mittel, die durch ein Mindestmaß relativ viel ausdrücken können: valenzstarke Verben. Neben Verben wie „geben", „nehmen", „heben", „machen", „bringen" und „kommen" gehört auch „gehen" dazu. Neben einem Subjekt kann es noch weitere Satzglieder wie Dativobjekte und Adverbialergänzungen fordern und so komplexere semantische Relationen „versprachlichen".

Max betätigt sich in seinem vierten Lebensjahr demnach als kleiner Linguist und segmentiert Satzglieder ähnlich seinen großen Vorbildern mittels dem Kriterium der Verschiebbarkeit bzw. auch der Ersetzbarkeit. Das, was Sprachwissenschaftler mittels *Verschiebeprobe* und *Ersatzprobe* bewerkstelligen, wird dem Kind innerhalb sprachlicher Interaktionen - teils aktiv, teils passiv - vormodelliert, so daß ihm die syntaktischen Satzglieder bewußt werden.

Dabei erfährt Max das Verb als Handlungsträger auch im Zentrum des Satzes. Die segmentierten Satzglieder gruppieren sich variabel drumherum, indem sie in verschiedenen Äußerungen immer wieder andere Positionen einnehmen können. In Ansätzen hat Max dies bereits in vergangenen Äußerungen getan, indem er einem In- finitiv beispielsweise ein Akkusativobjekt zuwies und sich selbst als Subjekt auffaßte, aber nicht explizit sprachlich benannte.

In einem nächsten Schritt gilt es nun, mit den segmentierten Satzgliedern entsprechend syntaktischer Regularitäten zu operieren und dabei vor allem die Stellung der Satzglieder in Zusammenhang damit verbundener morphosyntaktischer „Adaptionen" zu erschließen. Erster Schritt in diese Richtung bildet der Charakter der Sprechhandlung (Mitteilung oder Frage) und die damit verbundene Verbstellung und -flexion.

6.3.2.2 Verbflexion und korrekte Satzgliedstellung

Die flektierten Verben weisen durch ihre Valenz den Satzgliedern ihre Stellung im Satz zu. GLINZ (1961, 87) nennt die Satzglieder daher bezeichnender „Stellungsglieder". Nach HEIDOLPH u. a. (1984, 181) definieren Verben die Satzglieder überhaupt erst, indem sie denjenigen Wortgruppen eine Satzgliedfunktion zuschreiben, die unmittelbare Konstituenten von verbhaltigen Wortgruppen sind, selbst aber nicht verbhaltig sind.

Max bekommt diese zentrale Bedeutung der Verben bezüglich der Satzglieder im Rahmen sprachlicher Interaktionen vermittelt. So wie er erkennt, daß Satzglieder immer wieder an bestimmten Satzpositionen auftauchen können, vernimmt er, daß, je nach Mitteilungsschwerpunkt des Satzes, das Verb bzw. Prädikat mit finitem und infinitem Teil immer an genau festgelegten Positionen steht und dadurch die Stellung übriger Satzglieder genau determiniert. Damit gehorcht die Satzgliedstellung nunmehr syntaktischen und nicht mehr nur semantischen Gegebenheiten. Bezüglich der kognitiven Entwicklung wurde festgestellt, daß Max in diesem Lebensjahr die Fähigkeit des Perspektivenwechsels (also die Unterscheidung zwischen „Ich", „Du" und „Er, Sie, Es") erwirbt. Damit ist er in der Lage, seine/n eigene/n Handlung bzw. Zustand oder die/den eines Objektes von der/dem Handlung bzw. Zustand anderer Personen oder Objekte explizit zu unterscheiden. Ebenso ist er in der Lage, Vorgänge zu beschreiben. Ausdruck der Fähigkeit zum Perspektivenwechsel ist auf syntaktischer Ebene die Verbflexion (und sind später auch die Personalpronomen). Ohne den Erwerb entsprechender formal-grammatischer Markierungen bliebe das Sprachhandlungsrepertoire von Max nur äußerst rudimentär. Sprachliche Interaktionen hatten Einfluß auf die Gesprächsfähigkeit und den Erwerb von Inhaltswörtern wie infiniter Verbformen oder Substantiven sowie diverser Funktionswörter. Das legt die Vermutung nahe, daß auch die Fähigkeit der Verbflexion eng mit der Entwicklung sprachlicher Interaktionen korreliert und die Inputsprache diesbezüglich auffällige Strukturen aufweist.

Im Alter von 3;0 Jahren enthalten die Äußerungen von Max mit insgesamt 32 % noch einen sehr hohen Anteil an Infinitiven. Die im Vergleich dazu verschwindenden 3 % der Inputsprache zeigen, daß die Entwicklung in Richtung Verbflexion drängt (Abb. 17). Bedingt durch den Rückgang infiniter Verbformen treten die flektierten Verben in den Vordergrund. Neben den Infinitiven markieren bei Max die 1. und 3. Person Präsens Singular die ersten, und auf das Jahr verteilt auch die häufigsten, Flexionsformen über-

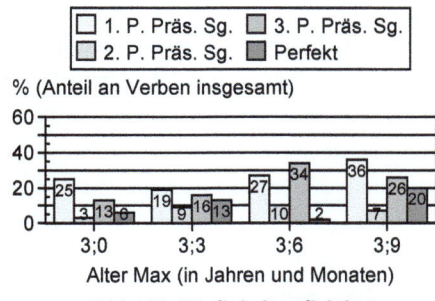

(Abb. 17: Häufigkeiten flektierter Verben: Max, 1997)

haupt [18. Febr., 31; 35; 57; 148; 152; 155; 257; 265; usw., 173-177]. Vor dem Erwerb der Verbflexion hat sich das Kind - nicht zuletzt aufgrund seines ausgeprägten Egozentrismus - allein als Handelnder empfunden und das erst einmal in die Sprache übertragen. Er selbst konstituiert das zunächst nicht explizit genannte Subjekt und handelt mit entsprechenden Objekten.

Vergleicht man das Sprachangebot der Inputsprache (Abb. 18), stellt sich allerdings die Frage, wie er das entsprechende Morphem so schnell erwerben konnte, da die 1. Person Präsens Singular in der eher soziozentrisch orientierten Inputsprache deutlich unterrepräsentiert ist. Es liegt die Vermutung nahe, daß er sie im Rahmen häufiger Sprachinteraktionen mit seiner recht egoistischen Schwester Lara erworben hat - in ständiger Konkurrenz um Spielsachen und Aufmerksamkeit. In Bezug auf die 3. Person Präsens Singular

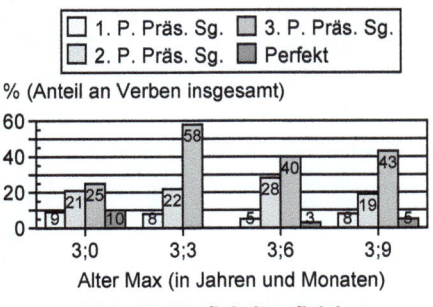

(Abb. 18: Häufigkeiten flektierter Verben: Inputsprache, 1997)

dürfte die Verteilung klar sein. Von seinem ersten Lebensjahr an wurden Gegenstände und Personen, die im Mittelpunkt des kindlichen Interesses standen, in Interaktionen sprachlich benannt und erläutert. Auch Handlungen von Max selbst wurden auf Seiten der Bezugspersonen bisweilen in der 3. Person Präsens Singular kommentiert.

Im Vergleich zu Max nimmt die 2. Person Präsens Singular einen größeren Raum ein und deutet auf die vermittelnde Funktion der Inputsprache: aufgrund komplementärer Interaktionen steht das Kind im Zentrum der Kommunikation und wird oft direkt angesprochen. Durch die Möglichkeit des Perspektivenwechsels ist er nun aber in der Lage, die an ihn adressierten Äußerungen ebenfalls auf seine (1.) Person zu projizieren und egozentrisch zu äußern. Die Beobachtung von CLAHSEN (1984), daß die Markierung der 2. Person erst später auftritt, weil sie artikulatorisch schwieriger ist und oft assimiliert wird, kann bei Max nicht bestätigt werden: sie tritt zwar auf, nimmt aber den geringsten Anteil aller geäußerten Verformen ein.

Eine weitaus günstigere Verteilung ergibt sich bei den Partizipien. Das erste korrekt gebrauchte Partizip Perfekt Passiv ist im Alter von 3;0 zu beobachten und markiert (allerdings mit fehlendem Hilfsverb) das Perfekt-Tempus. Auch ihr frühes Erscheinen resultiert vermutlich aus einem großen Angebot endständiger Partizipien meist schwacher Verben im Zuge vieler Entscheidungsfragen diesen und vor allem letzten Jahres. Im Verlauf des vierten Lebensjahres tritt das Partizip zwar auch mit dem entsprechenden Hilfsverb auf, wird bei den schwachen Verben bisweilen aber nur durch die besser wahrnehmbare/n Silbe/n (diejenige, die den Wortakzent trägt) und bei den starken Verben ohne Änderung des Stammvokals realisiert [18. Febr., 166; 244-245, 175-177], [26. Mai, 15; 22; 30; 40; 66, 182-183], [13. Aug., 60; 158; 258; 264; 268; 275, 187-191], [29. Nov., 157; 185; 285; 286; 288; 291; 298; 300; 302; 303; 305; 316; 426, 196-201]. Diese Beobachtung kann als ein weiterer Beleg für die Übernahme sprachlicher Strukturen aus der Inputsprache und SLOBINS Operationsprinzipien gelten, da das Suffix „t" scheinbar als das erste variabel einsetzbare Funktionsmerkmal für vergangene Ereignisse erscheint und dementsprechend übergeneralisiert wird. Max hat sich damit eine eigene Regel erschlossen, da er beispielsweise das starke Verb „schreiben" in der Frage „wo ist das em scheibt habe?" (wo ist das, was ich eben geschrieben habe?) [13. Aug., 258, 191] wie das Partizip Perfekt eines schwachen Verbes bildet, und zwar mit einer Verbform, die er nie zuvor in der Inputsprache gehört hat. Oft aber vernahm er das endständige und phonetisch auffällige (Verschlußlaut!) Suffix „-t" für gerade abgeschlossene Ereignisse oder Handlungen am Ende des Perfektpartizips schwacher Verben. Vielfach waren diese unmittelbar zuvor geschehenen Ereignisse noch emotional eingefärbt, so daß sie die Perzeption der folgenden Äußerung positiv beeinflußten. SCHÖLER u. a. (1990, 65) verweisen aufgrund dieser Regel auch auf entsprechende Übergeneralisierungen im Präsens (etwa *lauft* statt *läuft*) und Imperfekt. Beides konnte bei Max dieses Jahr nicht beobachtet werden. Im Alter von 3;3 gesellen sich die ersten Hilfsverben („haben" und „sein") zu den Partizipien, um damit das Perfekt korrekt zu konstituieren. Zunächst unter Auslassung einiger Phoneme werden sie aber von Beginn an ohne Probleme richtig flektiert. Auch hier zeigt sich, daß die endständigen Partizipien *vor* den erstständigen, also unauffälligeren Hilfsverben erworben werden.

Es fällt auf, daß sehr viele flektierten Verbformen in den ersten drei Personen Präsens Singular Modalverben wie „dürfen", „können", „sollen", „mögen", „müssen", „wollen" sind. Diese bildeten in Gestalt zahlreicher Entscheidungsfragen oft den Gegenstand sprachlicher Interaktionen. Da sie in diesem Zusammenhang meistens am Satzanfang standen, hat das Kind auch mit ihnen zunächst phonetische, nie aber morphosyntaktische Probleme - Grund hierfür dürfte wie auch beim Perfekt das zunehmende Gespür für die verbale Satzklammer sein. Sowohl ein- als auch mehrteilige Prädikate und auch zusammengesetzte Verben positioniert Max korrekt. Damit beherrscht er die drei grundlegenden Satztypen des Deutschen: *Aussage-, Frage-,* und *Aufforderungssatz*:

- Verb*erst*stellung in Aufforderungssätzen und Entscheidungsfragen [26. Mai, 30; 65; 145; 166-167; 171, 182-185], [13. Aug., 29; 65-66; 104; 160; 179, 187-190], [29. Nov., 8-10; 124; 183, 194-197].

- Verb*zweit*stellung in Aussagesätzen und W-Fragen [18. Febr., 57; 148; 158-159; 311; 379, 174-179], [26. Mai, 8; 91; 184; 194, 182-185], [13. Aug., 15; 27; 60; 74; 80; 92; 95; 101; 114; 165-167; 170; 183; 189; 195; 231-235; 260; 294-296; 279-280, 187-192], [29. Nov., 6; 36-37; 66-67; 73; 99; 116-118; 124; 128; 150; 152-153; 156-157; 207; 222; 224; 241-243; 254; 260-261; 265-267; 371; 401; 419; 433; 448; 463-465, 194-202].

In Abhängigkeit der durch die Flexion bedingte korrekte Stellung der Satzklammer konstituiert diese den Stellungsrahmen und damit die Stellungsfelder (Vor-, Mittel- und Nachfeld) für die Satzglieder.

Eine interessante Frage ist, warum Max in Aussagesätzen das Subjekt sprachlich oft nicht realisiert [18. Febr., 320; 336; 374, 178-179], [26. Mai, 4; 95; 21-22, 182], [13. Aug., 255-256; 337-338, 191-193]. Eine Erklärung ist bereits oben gegeben worden:

Er ist noch derart in seiner egozentrischen Perspektive verhaftet, daß er, wenn er selbst das handelnde Subjekt ist, es aus seiner Sicht nicht zwingend notwendig erscheint, dieses explizit sprachlich zu benennen - die semantische Rolle bleibt syntaktisch unbesetzt. Was aber ist mit anderen Subjekten, deren Perspektive Max jetzt ja ohne weiteres einnehmen könnte? Hier bietet BLOOM (in: WEISSENBORN 1990, 41) nach Meinung des Autors die beste Erklärung, indem sie in ihrer Version der „Verarbeitungskapazitätserklärung" davon ausgeht, „daß die kognitive Belastung, d. h. die Inanspruchnahme der Verarbeitungskapazitäten des Kindes zu Beginn der Äußerung am größten ist". Da das Subjekt meist den Anfang des Satzes bildet, fällt dieses automatisch weg. Außerdem stehen ja vorwiegend Handlungsverben im Zentrum des Satzes und weisen aufgrund ihrer Valenz zunächst einmal auf das Objekt. Beleg für diese „Hierarchie" semantisch-syntaktischer Rollenzuweisung sind die Zweiwortsätze, von denen viele die Handlung und das Objekt der Handlung, nicht aber das Subjekt sprachlich benennen (vgl. Kap. 6.2.2.2, 56). Diese Begründung könnte auch die phonetischen Probleme bei den ersten Verwendungen erstständiger Hilfs- und Modalverben erklären, da diese im Zusammenhang mit einem endständigen Infinitum eine umfassende Satzklammer bilden und daher eine größere kognitive Vorlaufleistung verlangen.

Neben Präsens Singular und dem Perfekt Singular in allen Personen treten vereinzelt auch schon andere morphologische Verbmarkierungen auf, und zwar bezüglich der 1. Person Präsens Plural [29. Nov., 117, 194], der 3. Person Präsens Plural [26. Mai, 8; 30, 182], [13. Aug., 195, 190] und im Alter von 3;3 erstmals das Futur 1 [26. Mai, 6, 182] - allerdings liegt hier die Vermutung nahe, daß es sich bei der beobachteten Äußerung um eine gelernte Einheit handelt. Häufiger sind Äußerungen, die - wie es auch in der Inputsprache oft realisiert wird - mittels Zeitadverbien wie „morgen" und der entsprechenden Präsensform auf Zukünftiges verweisen [29. Nov, 389; 445; 456, 84-86]. Allerdings verwendet Max diese auch fehlerhaft für die Bezeichnung vergangener Ereignisse [29. Nov., 391; 394, 201].

Das Imperfekt taucht erst später im Alter von 3;9 und mit 2 % noch recht selten auf [29. Nov., 280; 327, 199]. Einen mit ungefähr 14 % nicht gerade geringen Jahresanteil nimmt der Modus des Imperativs ein, oftmals als Einwortsatz oder in Verbindung mit einem Infinitiv [18. Febr., 26; 184; 249-250; 254, 173-177], [13. Aug., 112; 314; 343, 188-193], [29. Nov., 88; 90; 124; 183; 188, 195-197]. Daß dieser schon im letzten Jahr fehlerfrei beherrscht wurde, dürfte zum einen an seiner häufigen Bildungsweise liegen (Infinitivstamm ohne Infinitiv- bzw. „n"-Endung - der Infinitiv wird ja als erste Verbform überhaupt gelernt) und zum anderen in der Imperativ-belasteten Interaktion mit seinen drei Geschwistern bzw. an den vielen Aufforderungen zwecks Unfallverhütung im Rahmen der Interaktionen (13 % Vorkommen in der Inputsprache von 1997). Erstaunlich ist eine diesbezüglich beobachtete Anpassung der Inputsprache: sie weist zwei zugunsten des besseren Verständnisses falsch, aber dafür gemäß der häufigsten Bildungsregel konsequente Imperativformen auf: „eß" und „sprech" anstelle von „iß" und „sprich" [29] [18. Febr., 114, 175], [29. Nov., 364; 383, 200]. Die logische, aber syntaktisch falsche Übernahme dieser vereinfachten Formen konnte zumindest für die letzte Form beobachtet werden [29. Nov., 362, 200]. An einer Stelle verwendet Max sogar schon den Konjunktiv II (Irrealis) [18. Febr., 152-156, 175] und beherrscht damit alle drei Modi des Verbs. Ob diese Äußerung eine entsprechende semantische Grundlage hat oder eher aufgrund ähnlicher Äußerungen in der Inputsprache realisiert wird, kann nicht mit Bestimmtheit gesagt werden.

Ausgehend von der Verbflexion in Verbindung mit korrekter Verbstellung und Verbvalenz wird der gesamte Satz durchstrukturiert, wodurch sich auf syntaktischer Ebene die Stellungsfelder und auf semantischer Ebene die Rollen für entsprechende Satzglieder konstituieren.

Im weiteren Verlauf sprachlicher Interaktionen lernt das Kind neue Verben und Satzglieder hinzu und erfährt, daß diese in Abhängigkeit ihrer syntaktischen Position und semantischen Rolle spezifischen morphosyntaktischen „Adaptionen" unterliegen, die sie in ihrer Rolle identifizieren. Ebenso zeigt sich, daß sowohl die Satzglieder bezüglich ihres Innenbaus als auch die Verben syntaktisch erweitert werden können:

• Satzglieder durch Attribute
• Verben durch Adverbien oder adverbiale Bestimmungen [30]

---

[29] In einem Gespräch mit den Personen, die gegenüber Max diese vereinfachten Formen gebraucht haben, erwies sich, daß sie die korrekten Formen durchaus beherrschten und in der Konversation mit erwachsenen Partnern auch anwandten.

[30] ... die selbst wieder Satzglieder sind.

6.3.2.3 Erweiterungen und Erwerb von Satzgliedern und deren morphosyntaktischen Adaptionen

6.3.2.3.1 Adverbien

Verben können durch einfache Adverbien in Form einer satzgliedwertigen Adverbialangabe erweitert werden. Insbesondere zeit- und raumbezogene Adverbien sind sehr früh im Sprachangebot der Inputsprache enthalten. Dies liegt in der situativen Abhängigkeit erster Äußerungen von Max begründet. Infolge sensibler Anpassungserscheinungen der Inputsprache referieren die gebrauchten Adverbien wie „hier", „da", „oben", „unten", „jetzt", „gleich", „dann" und „draußen" entsprechend auf lokale und temporale Umstände. Es verwundert daher nicht, daß das erste von Max

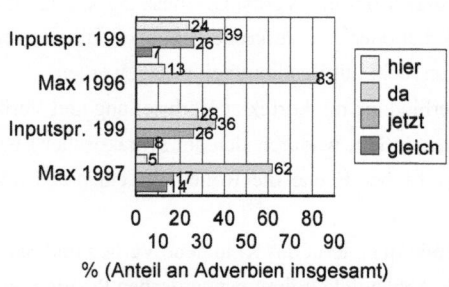

0 20 40 60 80
10 30 50 70 90

% (Anteil an Adverbien insgesamt)

(Abb. 19: Häufigkeiten erster Lokal- und Temporaladverbien)

verwendete Adverb temporaler und das zweite lokaler Natur ist: „gleich" und „unten" [18. Febr., 81; 238, 173-177]. Auffallend ist ihre Verwendung ohne ein Verb, sondern vielfach als responsiver Einwortsatz auf eine entsprechende W-Frage („Wann ...?"; „Wo ...?"). Das Adverb „unten" hat Max im Rahmen familiärer Sprachinteraktionen oft vernom-

men, da sich einige für ihn interessante Räume (wie beispielsweise der Waschraum) „unten im Keller" befinden. Das Adverb „gleich" hat das Kind ebenfalls in familiären Situationen seitens einer beschäftigten Mutter oder der Geschwister sehr oft vernommen. Spitzenstellung bezüglich der Äußerungshäufigkeit sowohl in der Inputsprache als auch bei Max nimmt „da" mit seiner Zwitterstellung zwischen Lokaladverb (im Sinne von „dort") und Begleiter bzw. Stellvertreter eines Demonstrativpronomens ein.

In letztgenannter Verwendung wurde es vorwiegend im zweiten Lebensjahr gebraucht (vgl. Kap. 6.1.2.1, 49), in erstgenannter meist in diesem Jahr. Seine Multifunktionalität ist die Erklärung für seine Häufigkeit. Insbesondere die Zeitadverbien wer- den gerne zur - nicht immer korrekten - Markierung von Vergangenheit und Zukunft verwendet, indem sie in einen Präsens-Satz eingestreut werden (siehe oben).

Die Häufigkeit der W-Fragen in diesem und im letztem Jahr läßt auch den raschen Erwerb entsprechender Interrogativadverbien vermuten - und tatsächlich tritt dieses unmittelbar nach dem ersten Zeitadverb auf [18. Febr., 91, 174]. Da Adverbien nicht flektierbar sind, ist ihre Anwendung primär unter semantischen Aspekten zu betrachten. Im Verlauf des weiteren Jahres werden die unterschiedlichsten Adverbien hinzugelernt und auch verwendet ["bald", „nicht", „dahinten", „sofort", „gleich", „schön", „immer", „eben", „hier", „so lange", „genug", „morgen"]. Eine Komparation von Adverbien ist im gesamten Korpus nicht zu beobachten.

6.3.2.3.2 Substantive und ihre Artikel

Das Substantiv bestimmt Kasus, Numerus und Genus seines Artikels - steht mit diesem in einer *KNG-Kongruenz*. Demgemäß werden sie zunächst für den Nominativ als häufigste Substantivform realisiert. Anfangs sind sie unbestimmt und phonetisch rudimentär: *„ei* chli:p" (ein chip) [18. Febr., 102, 174], *„a* flu:szeug" (ein flugzeug) [18. Febr., 116, 175]. Es folgt der bestimmte Artikel, bezeichnenderweise auf die eigene Person bezogen: „ich bin *der* max" [18. Febr., 379, 179]. Allerdings handelt es sich hierbei um eine unmittelbare Imitation. Auf eine sich direkt anschließende Frage nach seinem Namen antwortet Max phonetisch unvollständig mit „de" - einer bezüglich Kasus und lautlicher Realisierung neutralen Form (vgl. CLAHSEN 1982). Tatsächlich findet sich diese Form auch in der Inputsprache und bildet ein weiteres Beispiel syntaktischer bzw. morphosyntaktischer Vereinfachung [04. Mai 1996, 323, 151], [23. Aug. 1996, 36; 296, 157-162], [13. Aug., 88; 287, 188-192]. Max übernimmt die Form, wobei ihre anfängliche Neutralität nach und nach verblaßt - Beleg hierfür sind parallele Verwendungen der korrekten Artikelformen mit gleichen Substantiven [29. Nov., 92 u. 93; 239 u. 242, 195-198]. Gleiches gilt für die Artikelformen „en" und „ne" für die unbestimmten Artikel „ein"/"einen" und „eine".
Bis auf eine Ausnahme [26. Mai, 145, 182], wo ein bestimmter Artikel übergeneralisiert ist, wird das grammatische Geschlecht der Substantive ohne Fehler erworben. Ein Problem, daß Max diesbezüglich meistern muß, ist, daß das Genus der Substantive meistens nicht am Substantiv selbst zum Ausdruck kommt, sondern nur an dem zugeordneten Artikel. Außerdem muß er lernen, daß Substantive „genusfest" sind, ihre Artikel in Abhängigkeit der syntaktischen Rolle aber nicht (vgl. DUDEN 1998, 198). Im Laufe des vierten Lebensjahres werden die Artikel immer häufiger, mar-

kieren aber stets ein Substantiv im Nominativ - also Subjekte [26. Mai, 44; 79; 136, 182], [13. Aug., 150; 152; 206; 285, 189-192], [29. Nov., 25, 62; 65; 92; 99; 108; 143; 157; 230; 337; 350, 194-200].

Ausnahmen finden sich im Alter von 3;3 [26. Mai, 21-22, 182], wo ein bestimmter Artikel ein Adjektiv mit fehlendem Substantiv im Akkusativ determiniert: „b*n aufie braune getreten auf *die* brau:ne [*Stufe*]".[31] Alle weiteren Substantive, die sich in der Position eines Akkusativobjektes befinden, stehen ohne jeglichen Artikel, was eigentlich verwundert, denn mit Ausnahme des Maskulinums sind Nominativ und Akkusativ in ihrer Form identisch. Offensichtlich liegt der syntaktischen Realisierung des Akkusativs eine größere semantisch-kognitive Leistung zugrunde und wird daher erst nach dem Nominativ mit entsprechendem Artikel korrekt kasusmarkiert. Es handelt sich offenbar um eine Art „semantischer Hierarchie". Dativ- und Genitivformen sind in diesem Jahr überhaupt noch nicht zu beobachten.

Zum Pluralerwerb von Kindern existieren sicherlich die meisten literaturwissenschaftlichen Studien. Bei Max tauchen in seinem vierten Lebensjahr folgende Pluralformen auf, deren Erwerb ebenfalls auf Segmentierungsprozessen gründen [vgl. RAMGE 1993, 68]:

- da sind aber *m**cken (mücken)   [26. Mai, 8, 182]
- scho *spinnen* h/   [26. Mai, 10, 182]
- *oh:ren*   [13. Aug., 48, 187]
- weil der (0) *menschen* auffressen wollte   [29. Nov., 326-327, 199]

Die beobachteten Formen markieren den Nominativ sowie den Akkusativ zwar schon korrekt, dafür aber noch sehr selten. Dies dürfte im wesentlichen darauf zurückzuführen sein, daß pluralfordernde Verben ebenfalls pluralmarkiert sein müssen und von Max noch nicht hinreichend beherrscht werden. Des weiteren tauchen keine Pluralmarkierungen mit „-er" und Umlaut auf - vermutlich aufgrund komplexerer kognitiver Operationen bei der Umlautbildung. Die bei Kindern häufig zu beobachtenden Übergeneralisierungen und Übermarkierungen (vgl. SCHÖLER u. a. 1990, 66) sind bei ihm nicht zu beobachten.

---

[31] An diesem Beispiel zeigt sich erneut, daß Äußerungen, die einen höheren kognitiven Anspruch besitzen, syntaktisch zunächst nur unvollständig realisiert werden („kognitiv-syntaktische Konkurrenz") (vgl. S. 73).

Im Vergleich zu den Flexionsmorphemen des Verbs gestaltet sich der Erwerb von Kasusmorphemen bezüglich der Substantive und ihrer Artikel als langwierig und offenbar recht schwierig. Eine Begründung für diese Tatsache bietet auch hier SLOBIN (1973) mit seinen Operationsprinzipien: Die entsprechenden Markierungen sind unbetont, da sie vorwiegend an den Artikeln markiert werden, die *vor* dem Substantiv stehen und mit diesem eine „unauflösliche Einheit" (DUDEN 1998, 309) bilden. Des weiteren steht die Substantivgruppe als solche gemäß der Subjekt-Prädikat-Objekt-Regel des Deutschen in der Regel nicht am Satzende.

6.3.2.3.3 Pronomen

Pronomen verweisen auf Personen, Gegenstände, Sachverhalte und Merkmale. Insbesondere die Personalpronomen können als Satzglied oder relevante Satzgliedteile auftreten - sie können als Begleiter oder Stellvertreter [32] stehen. EISENBERG (1986, 176) nennt sie „selbständige Pronomen", da sie ihre grammatischen Eigenschaften (Genus, Numerus) aus den Eigenschaften des Bezeichneten und nicht durch die formale Korrelation mit anderen Nominals gewinnen, wie dies bei den „unselbständigen" Pronomen der Fall ist. Gerade diese Eigenschaft könnte - neben ihrer Häufigkeit im Rahmen sprachlicher Interaktionen - dafür verantwortlich zeichnen, daß sie vor anderen Pronomentypen erworben werden.

Wie oben bereits erwähnt, realisiert Max die semantischen Entsprechungen der Personalpronomen bereits mit der Fähigkeit des Perspektivenwechsels bzw. des reziproken Rollenverhaltens im Gespräch. Entsprechend treten sie auch schon vor dem Gebrauch der Artikel in Erscheinung. Ebenso werden sie häufiger als diese verwendet, was darin begründet sein könnte, daß der Artikel eine Einheit mit dem Substantiv bildet und daher zur „Versprachlichung" semantischer Rollen nicht unbedingt explizit genannt werden muß. Personalpronomen hingegen stehen als Stellvertreter des Subjektes eher im Fokus der kindlichen Aufmerksamkeit und werden mit Entwicklung der Dialogfähigkeit (vgl. Kap. 6.3.1, 69 ff.) zur Perspektivenmarkierung verwendet. Max erkennt im Rahmen sprachlicher Interaktionen, daß „ich" die Rolle des Sprechers markiert, „er", „sie", „es" bzw. der Name eines Gegenstandes oder einer Person das Objekt des Gespräches und „Du" eine Rollenzuweisung sowie einen bevorstehenden Sprecherwechsel bedeuten. Entsprechend der zuvor überwiegend ego-

---

[32] In einigen Grammatiken werden nur die Stellvertreter als Pronomen angesehen. Die attributiv (adnominal) gebrauchten Begleiter werden dann zu den Artikeln gezählt.

zentrischen Perspektive gebraucht er daher als erstes „ich" [18. Febr., 22, 173] [33] zur expliziten Markierung der eigenen Perspektive. Das nächste verwendete Personalpronomen ist „Du" - zunächst noch imitativ gebraucht, dann eigenständig in initiativen Äußerungen [18. Febr., 254; 381-382; usw., 177-179]. Die Personalpronomen der 3. Person Singular werden erst gegen Ende des vierten Lebensjahres erworben [29. Nov., 429, 201]. Dies könnte damit zusammenhängen, daß an ihrer Stelle im Gespräch meist der entsprechende Eigenname tritt bzw. im Falle von „es" das Pronomen nicht nur eine Person, sondern unter Umständen einen ganzen Satz vertreten kann, was natürlich eine entsprechend kognitive Umsetzung erfordert.

Im Alter von 3;3 wird erstmals der Akkusativ der 1. Person realisiert - offensichtlich stellvertretend für die noch nicht erworbene Dativform [26. Mai, 40-41; 171-172, 182-183]. Gegen Endes des vierten Lebensjahres wird der Akkusativ in der 1. Person korrekt gebildet [29. Nov., 286; 290; 303; 371, 199-200].

Im Alter von 3;3 treten auch erste Possessivpronomen in der 2. Person Singular auf [26. Mai, 147; 149; 169, 182-183] und beziehen sich auf Akkusativobjekte. Daneben finden sich im Alter von 3;9 erste Dativmarkierungen nach einer dativfordernden Präposition - phonetisch allerdings kontrahiert [29. Nov., 8-15, 194]:

Max äußert: „(darf ich kurz) mit *Deim* auto fah:n?". Als die sprachliche Reaktion ausbleibt, erneut mit Selbstkorrektur: „jetz da (darf) i ma kuz mit *Dein* auto: spie:len?" Hierauf wird auf die neue semantisch-syntaktische Relation Bezug genommen: „mit *meinem* auto?", was Max, vermutlich aufgrund des phonetisch auffälligen und endständigen Phonems „m" sowie des phonetisch eher unauffälligen Phonems „n", in seiner ersten Äußerung bestätigt und die folgende responsive Äußerung diesbezüglich beeinflußt: „ja mit *Deim* (2) ja::?". Dieses Beispiel verstärkt den Eindruck, daß sich das Kind in einem aktiven Prozeß der Sprachaneignung befindet: aktiv segmentiert er neben Satzgliedern auch morphosyntaktische Einheiten und „testet" sie in anderen syntaktischen Kontexten.

Sehr oft zu beobachten ist auch das Demonstrativpronomen in der Funktion des Begleiters, häufiger aber als Stellvertreter einer Person oder eines Gegenstandes [18. Febr., 24, 57], [26. Mai, 30; 59; 72; 98; 100; 102; 111; 145, 182], [13. Aug., 22; 27; 56; 60; 74; 78; 80; 95; 119; 134; 165; 168; 180; 231-235; 240; 258; 260; 282;

---

[33] Auch hier ist die syntaktische Struktur des Satzes unvollständig: es fehlt das Modalverb der Entscheidungsfrage - höhere kognitive Leistung bedingt syntaktische Reduktion („kognitiv-syntaktische Konkurrenz").

308-309; 311-312, 187-192], [29. Nov., 8; 57; 69; 73; 79; 148; 150; 152; 222; 224; 246; 260; 266-267; 315; 323; 337; 433; 448, 194-202]. Die Demonstrativpronomen „der", „die", „das" werden vor anderen Formen wie „dieser", „diese", „dieses" oder „jener", „jene", „jenes" usw. erworben, was wahrscheinlich auf deren Übereinstimmung mit dem bestimmten Artikel als Begleiter des Nomens beruht. Den unterschiedlichen Gebrauch der Formen hat Max aber schon zuvor auf semantischer Ebene realisiert (man denke nur an den frühen Gebrauch von „da") und daher gibt es in diesem Bereich auch keine Probleme. Das Demonstrativpronomen kommt in den Kasus des Nominativs und Akkusativs Singular vor.

Im Zuge der Frageentwicklung von Max tauchen im Zusammenhang mit W-Fragen auch Interrogativpronomen auf, während Relativpronomen vermutlich aufgrund ihrer bisherigen Seltenheit und aufgrund höherer kognitiver Anforderungen im Rahmen sprachlicher Interaktionen noch nicht zu beobachten sind. Das gleiche gilt für das Reflexivpronomen, welches nicht signifikant in jeweils nur einem Fall für die 1. Person Singular im Dativ auftritt [13. Aug., 279-280, 192].

Etwas häufiger haben sich dagegen die Indefinitpronomen „alle" und „kein" korrekt dekliniert im Nominativ etabliert, und zwar sowohl in stellvertretender als auch in begleitender Funktion [26. Mai, 91; 196; 204, 183-185], [29. Nov., 30; 427; 429, 194-201].

6.3.2.3.4 Adjektive

Adjektive erweitern Satzglieder, indem sie ihnen bestimmte Eigenschaften zuweisen oder sie bilden selbständige Satzglieder. Als Attribute besitzen sie für Max sowohl in semantischer wie auch in syntaktischer Hinsicht keine sonderliche Auffälligkeit, da sie im Deutschen meist vor dem Substantiv stehen, wobei der Rollenschwerpunkt auf dem Subjekt selbst liegt. Ausnahmen bilden Adjektive, die bestimmte emotionalisierte Eigenschaften bezeichnen und solche, die am Satzende stehen wie es beim Prädikativum bzw. Prädikatsadjektiv der Fall ist. Bereits im Alter von 2;0 äußerte Max in Verbindung mit dem Anschalten einer Stehlampe den Einwortsatz „heiß" [17. Febr. 1996, 195, 144], da für ihn dieses Adjektiv eng verbunden war mit einer schmerzhaften Erfahrung beim Anfassen des Lampenschirms, gekoppelt mit einer (leider zu späten) Warnung der Mutter „Vorsicht Max, das ist *heiß*!" Dies dürfte ein

Idealfall semantisch-syntaktischer Begünstigung für die Übernahme und den adäquaten Gebrauch von Adjektiven sein.

Das erste Adjektiv findet sich bei Max im Alter von 3;3 in nominalisierter Form [26. Mai, 21-22, 182], wobei allerdings aus dem Kontext hervorgeht, daß er das zugehörige Subjekt „Stufe" (vermutlich aufgrund des artikulatorisch diffizilen Konsonantenclusters am Wortanfang) noch nicht artikulieren kann. Die erste „echte" Verwendung erfolgt auch hier in Form einer unmittelbaren Imitation [18. Febr., 436, 180] und schließlich im Alter von 3;6, aufgrund des entsprechend auffälligen Gebrauchs in der Inputsprache, prädikativ [13. Aug., 27, 187]. Die ersten echt-attributiven Adjektive mit zugehörigem Substantiv finden sich ebenfalls in diesem Altersabschnitt [13. Aug., 150; 152, 189]. In der letzten Äußerung wiederholt Max das Adjektiv sogar explizit - vermutlich um sich seine Stellung im Satz zu verdeutlichen (vgl. S. 76-77). Im Folgenden tauchen dann alle bisher beschriebenen Verwendungsarten auf [13. Aug., 195; 197, 190], [29. Nov., 66; 271, 195-198] - mit Ausnahme des Partizips in der Rolle des Adjektivs. Alle mit einem Adjektiv versehenen Substantive stehen im Nominativ. Die regelmäßige Komparation von Adjektiven konnte in zwei Fällen beobachtet werden [13. Aug., 195; 197, 190].

6.3.2.3.5 Präpositionen

Präpositionen sind keine eigenständigen Satzglieder, sondern ähnlich der Attribute Teil eines Satzgliedes. Sie erscheinen erst, wenn die Elemente, die sie näher charakterisieren (Substantive, Pronomen, Adverbien), bereits vom Kind gebraucht werden und fordern von den deklinierbaren Wörtern einen bestimmten Kasus. In semantischer Hinsicht kennzeichnen Präpositionen eine bestimmte Beziehung und bilden ein adverbiales, attributives oder ein Objektverhältnis ab (HELBIG u. BUSCHA 1987, 412).

Allerdings unterliegt der Gebrauch bestimmter Präpositionen im Rahmen sprachlicher Interaktionen keiner eindeutigen semantischen Bestimmung, d. h. eine Präposition kann mehrere semantische Relationen zum Ausdruck bringen. Polysemer ist auch die von Max zuerst verwendete Präposition „in", da sie mit Dativ räumlicher Dimension („in etwas befindlich"), mit Akkusativ richtungsweisender („in etwas hinein") sowie - ebenfalls mit Akkusativ - abstrakterer („jdn. in Ruhe lassen") Dimension sein kann. Ebenso kann sie mit dem bestimmten Artikel zu „im" verschmelzen:

1. *ins* (0) äh u:laub   [18. Febr., 120-121, 175]
2. unten:: i/ im kella: (unten im keller)   [18. Febr., 238, 177]
3. weißt Du der is da (drin) *in* dunkel   [13. Aug., 22-23, 187]
4. [...] bin ich *inne* steckdose gangen   [29. Nov., 311, 200]

Bei der ersten abstrakten Verwendung färbt die semantisch logischere Richtungs-
komponente die Äußerung ein. Während Max die zweite korrekt bildet, unterläßt er
bei der dritten Äußerung die Verschmelzung mit dem bestimmten Artikel und läßt
auch die Rektion unberücksichtigt, da der Dativ noch nicht genügend etabliert ist. In
der dritten Äußerung verwendet er die Präposition semantisch falsch. Grund hierfür
könnte eine „syntaktische Assoziation" (REIMANN 1996, 303) sein, deren Basis
vermutlich die oft vernommene Warnung „Nicht in die Steckdose fassen!" bildet. Im
Grunde meint das Kind hier die Präposition „an" [Beweis für diese Annahme ist
auch die fehlerhafte Verwendung in: 29. Nov., 284-286; 310, 199]. Dennoch ist es
charakteristisch, daß Max als erstes eine räumliche Präposition realisiert, da sie im
Gegensatz zu temporalen, modalen und kausalen Präpositionen auf bekannten semantischen Relationen fußt, also realer ist. Auch zeigt sich, daß das Abbildungsver-
hältnis zwischen semantischer und syntaktischer Relationen bezüglich der Schwierigkeiten beim Erwerb syntaktischer Strukturen eine wichtige Rolle zu spielen
scheint: im Gegensatz zu „in" wird die semantisch eindeutige, da ausschließlich auf
einen begleitenden Umstand hinweisende, Präposition „mit" stets richtig verwendet
[18. Febr., 311, 178], [29. Nov., 9; 12; 15; 441-442, 194-201], wenn auch der nach-
folgende Artikel entweder noch fehlt oder das Possessivpronomen phonetisch unvollständig realisiert wird (vgl. Kap. 6.3.2.3.3, 90). Als nächste Präpositionen
werden „auf" [26. Mai, 21-22, 182] und „um" [29. Nov., 36-37, 194] korrekt verwendet. ZIMMER (1997, 42) führt an, daß räumliche oder andere Elemente, die räumliche Beziehungen bezeichnen, in allen Kindersprachen der Welt in der gleichen Reihenfolge (nämlich „in", „auf"; „unter"; „bei", „an", „neben"; „hinter" und „zwischen") erscheinen. Diese richte sich danach, wann dem Kind die betreffenden Konzepte zur Verfügung stehen. Zumindest an Hand dieses Korpus' kann diese Reihenfolge jedoch nicht bestätigt werden. Hier zeigt sich im übrigen ein Nachteil der
bisher dem Spracherwerb nützlichen Satzklammer: Bei zusammengesetzten Verben
wie z. B. *auf*passen, *an*machen, *mit*kommen, *unter*ordnen, *um*drehen, usw. gelangt
durch die Inversion einer Entscheidungsfrage oder bei Imperativsätzen der entspre-

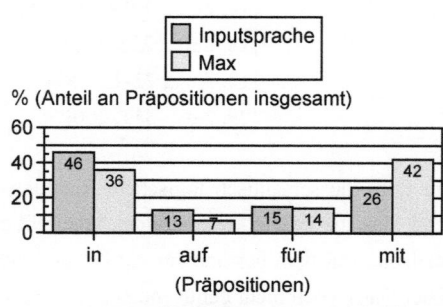

% (Anteil an Präpositionen insgesamt)

(Abb. 20: Häufigkeiten signifikant vorkommender Präpositionen, 1997)

chende, präpositionsgleiche Verbzusatz ans rezeptiv auffällige Satzende, was die semantische Verwirrung des Kindes bezüglich dieser Wortart sicherlich noch vergrößert. Schöner Beleg für den Einfluß der Inputsprache auf den Erwerb grammatischer Formen ist die nebenstehende Grafik (Abb. 20) über die Häufigkeiten der von Max erworbenen Präpositionen in der Inputsprache, wobei hier nicht aufgeführte Präpositionen sowohl in der Inputsprache als auch bei dem Jungen deutlich unterrepräsentiert sind.

6.3.2.4 Komplexe Satzstrukturen

Bislang war Max damit beschäftigt, Verben als zentrale Einheiten des einfachen Satzes zu erkennen und mit dem Erwerb ihrer Flexion im Rahmen sprachlicher Interaktionen ihnen und somit den Satzgliedern die syntaktisch korrekte Stellung innerhalb der verschiedenen Satzarten zuzuweisen. Er ist also in der Lage, semantische Rollen und Relationen flexibel zu „versprachlichen" - jedoch nur bis zu einem bestimmten Punkt. Dieser Punkt wird gesetzt von kognitiven und syntaktischen Determinanten. Das Auftauchen erster Konjunktionen [34] markiert eine Expansion beider Dimensionen: durch größere kognitive Kapazitäten können die Sätze syntaktisch ausdifferenziert - Satzglieder erweitert und ergänzt - werden. Sie erlauben so Transformationen selbst differenzierterer semantischer Relationen. Den Beginn machen koordinierende Konjunktionen, auch wenn die zuerst geäußerten mit „wenn" [18. Febr., 267, 177] und „weils" [26. Mai, 190, 185] subordinierende Konjunktionen sind, die aber semantisch falsch verwendet werden.

---

[34] Einige Konjunktionen werden auch als Gesprächspartikel gebraucht und tauchen in dieser Funktion schon früher auf.

6.3.2.4.1 Koordinierende Konjunktionen

Erste korrekt gebrauchte Konjunktion ist das koordinierende, kopulative (anreihende) „und" (bzw. „un") mit der Funktion einer Reihung oder Aufzählung [13. Aug., 80-81; 197-198; 311, 188-192], [29. Nov., 66; 300; 301-302; 457; 464, 194-202]. Gegen Ende des vierten Lebensjahres steht es oftmals in Verbindung mit dem Temporaladverb „dann" (wobei es auch schon mal weggelassen wird und „dann" absolut steht). In diesem Falle dient es Max bei respondierenden Äußerungen entweder als „konjunktionaler Satz- bzw. Gesprächsanschluß" oder als Ergänzung eines in der Vorgängeräußerung nicht enthaltenen Teils oder als Antwort auf eine Ergänzungsfrage [13. Aug., 264, 191], [29. Nov., 235; 273; 283, 198-199]. Nicht kopulativ, sondern disjunktiv (ausschließend) wird im Alter von 3;3 erstmals „oder" gebraucht [26. Mai, 111-113, 184].

6.3.2.4.2 Subordinierende Konjunktionen

Mit der Verwendung der ersten subordinierenden Konjunktion „weil" [29. Nov., 308; 323; 326, 199] ist Max in der Lage, Haupt- und Nebensätze hypotaktisch miteinander zu verbinden, und zwar in einem kausalen Zusammenhang. Es fällt allerdings auf, daß er sie zunächst nicht in einem entsprechenden Satzgefüge äußert, sondern als responsive Antwort auf eine „Warum"- Frage - so, wie er es durch eigene „Warum"-Fragen sicherlich auch im familiären Rahmen oft vormodelliert bekommen hat [29. Nov., 226-227; 450-453; 460-462, 198-202]. Dies ließe den Verdacht zu, daß die „warum-weil"-Konstellation als Einheit gelernt sein könnte und die dafür notwendige Einsicht in kausale Zusammenhänge noch nicht vorhanden ist. Entsprechend sieht es REIMANN (1996, 289), der dieser Konjunktion eine zunächst koordinierende Funktion zuschreibt, mit der das Kind häufig die zeitliche Folge und nicht die Ursache angibt. Diese Behauptung kann bei Max nicht bestätigt werden, da eine zeitliche Folge bezüglich sei-

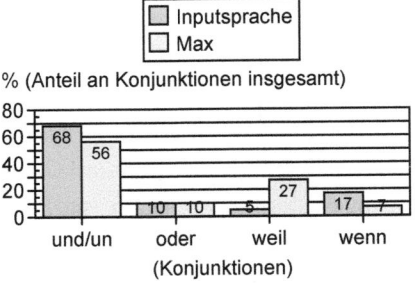

(Abb. 21: Häufigkeiten signifikant vorkommender Konjunktionen)

ner responsiven Antworten keinen Sinn ergeben würde.[35] Mit dem Gebrauch erster subordinierender Konjunktionen beherrscht er gegen Ende seines vierten Lebensjahres schließlich auch die letzte Verbstellungsregel:

- Verb*letzt*stellung in Nebensätzen [18. Febr., 267, 177], [26. Mai, 190-191, 185], [29. Nov., 284; 299; 308; 323; 326, 199].

Von Beginn an befolgt er sie konsequent und positioniert entsprechend auch die übrigen Satzglieder weitgehend korrekt.

6.3.3 Zusammenfassung

Im vierten Lebensjahr von Max hat sich einiges getan. Er entwickelte sich zu einem dynamischen Gesprächspartner. Entsprechende Entwicklungsfortschritte im kognitiven Bereich, die sich vor allem durch die Fähigkeit des Perspektivenwechsels auszeichneten, schafften optimale Bedingungen für eine komplexere grammatikalische Entwicklung. Im Rahmen dieser Entwicklung lernte das Kind die Formulierung von W- oder Satzgliedfragen und erwarb auf diese Weise *aktiv* ein Bewußtsein für diejenigen syntaktischen Elemente, mit denen semantische Rollen oder Relationen besetzt werden können.

Wie bislang auch, stand ihm dabei die Inputsprache hilfreich zur Seite: Durch klare Segmentierungen der Sprache mittels W-Fragen oder Entscheidungsfragen bzw. syntaktischer Herausstellungsstrukturen und anderer beobachteter Strategien, ließ sie Satzglieder und Satzgliedteile aus dem sprachlich-linearen Strom für Max in Form und Funktion deutlich hervortreten.

Durch die gesteigerte sprachliche Interaktion wurde ihm die Verbflexion vermittelt - in Verbindung mit der korrekten Verbstellung für Aussage-, Frage- und Aufforderungssatz. Zugleich erkannte er die Abhängigkeit anderer Satzglieder vom zentralen Verb, welches diese aufgrund seiner Stellung und Valenz bezüglich ihrer Position im Satz sowie auch in Kasus, Numerus und Genus determinierte. Vor allem der Erwerb morphosyntaktischer Markierungen von Substantiven und damit die syntaktische

---

[35] Es muß an dieser Stelle berücksichtigt werden, daß REIMANN diese Beobachtung an Kindern im Alter von 2;8 gemacht hat und die Einsicht in kausale Zusammenhänge in Verbindung mit korrekt verwendeter Konjunktion „weil" im Alter von 3;4 bestätigt. Bei Max ist diese Phase entweder nicht beobachtet oder übersprungen worden.

Identifizierung semantischer Rollen (vgl. WODE 1993, 218) erweist sich für alle Kinder, nicht zuletzt aufgrund ihrer phonetischen Unauffälligkeit, als schwierig und geht daher auch nur langsam voran.

Max erfuhr außerdem, daß die Verben durch adverbiale und die Satzglieder (bzw. der Satzgliedkern) durch attributive Ergänzungen erweitert werden können.

Schließlich wurde ihm mit dem Erwerb erster Konjunktionen die Möglichkeit gegeben, durch die Genese von Satzgefügen auch komplexere syntaktische und damit auch semantische Relationen auszudrücken. Allerdings blieb es zunächst bei der Äußerung einzelner Gliedsätze in Form eines „konjunktionalen Satz- bzw. Gesprächsanschlusses" oder bei der Verwendung kognitiv weniger anspruchsvoller, koordinierender Konjunktionen wie „und" bzw. „un", die lediglich einfache Parataxen ermöglichen. Zeitgleich dem Erwerb erster Konjunktionen beherrschte das Kind auch die Verb*letzt*stellung und damit die korrekte Satzgliedstellung in Nebensätzen.

Am Ende seines vierten Lebensjahres ist Max bereits ein kompetenter Sprecher und Gesprächspartner. Im seinem fünften Lebensjahr kommt es nun darauf auf, durch weitere syntaktische wie morphosyntaktische Ausdifferenzierungen seine Gesprächskompetenz zu optimieren.

6.4 Das fünfte Lebensjahr (1998)

(Abb. 22: Max im Alter von 4;9)

Max ist mit dem Beginn seines fünften Lebensjahres zu einem kompetenten Gesprächspartner und Sprecher herangewachsen. Mit der Segmentierung von Satzgliedern stehen ihm diejenigen syntaktischen Äquivalente zur Verfügung, die er benötigt, um semantische Rollen und Relationen in die Sprache zu transformieren. Im Deutschen geht das allerdings nicht im „Maßstab" 1:1, sondern bestimmte Satzarten schreiben bestimmte Satzgliedstellungen vor. Diese werden Max gemeinsam mit der Verbstellung und -konjugation im Rahmen sprachlicher Interaktionen vermittelt.

Vor allem durch eigene Regelbildungen (insbesondere bezüglich der Übergeneralisierung des Suffixes „-t" bei der Konjugation starker Verben) wird deutlich, daß er keineswegs nur passiver Lerner ist, sondern daß er sich - gleichsam eines kleinen Linguisten - die Regeln seiner Muttersprache aktiv erschließt.

Allerdings sind die bislang erworbenen syntaktischen Mittel in ihrem Umfang noch sehr begrenzt. Durch weitere Sprachinteraktionen wird das grammatische System weiter differenziert.

6.4.1 Entwicklung sprachlicher Interaktionen

Von einigen Überlappungen (*overlaps*) abgesehen, beherrscht Max zu Beginn seines fünften Lebensjahres die elementare Organisation von Gesprächen, insbesondere den Sprecher- bzw. Rollenwechsel als „zentrale Schaltstelle des Gespräches" (LINKE u. a. 1991, 264) - eine Struktur, die ihm bereits im ersten Lebensjahr (vgl. Kap. 5, 39 ff.) vermittelt worden ist und an der das Kind auch jetzt noch sehr viel Freude zeigt [z. B. 07. Nov., 60-76, 242]. Seine Gesprächsbeiträge sind in der Regel durch Responsivität gekennzeichnet, die indirekt kooperatives Gesprächsverhalten als Grundsatz jeglicher Kommunikation indizieren (vgl. LINKE u. a. 1991, 281). Obwohl die Gespräche zunehmend symmetrischer werden, erreichen sie diesen Zustand auch im fünften Lebensjahr nicht vollkommen, da Max aufgrund seiner fixen sozialen Rolle eher Rezipient als Sprecher bleibt: er muß noch viel über die Dinge und vor allem über die Sprache in Erfahrung bringen. Das notwendige Wissen bekommt er aus der Inputsprache im Rahmen sprachlicher Interaktionen. Kennzeichen für diesen sukzessiven Lernprozeß sind unter anderem die zunehmenden, und für den Gesprächspartner bisweilen auch lästigen, „Warum"- oder „Wieso"- Fragen. Das Aufkommen dieser kausalen Fragen korreliert eng mit seiner entsprechend fortgeschrittenen kognitiven Entwicklung und seinem zunehmenden Einblick in kausale Zusammenhänge wie „Ursache-Folge-Beziehungen". Abb. 23 zeigt im Vergleich zum Vorjahr,

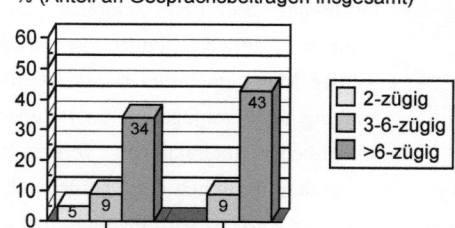

(Abb. 23: Gesprächsentwicklung: Max, 1998)

daß die initiativen und auch die respondierenden Gesprächszüge immer häufiger und vor allem länger werden - nicht zuletzt durch die fortgesetzten Bemühungen der Gesprächspartner, den Dialog mit Max aufrecht zu erhalten. Dies gewährleisten zum einen formale Aspekte wie der unverändert hohe Frageanteil (55 % der Gesamtäußerungen!), zum anderen aber

auch außersprachliche Aspekte: vielfach wird nach vergangenen Situationen gefragt oder es werden Situationen geschaffen, die Max emotional sehr bewegen und ihn zum Sprechen drängen, teilweise sogar ganze Erzählungen elizitieren [20. Febr., 69-114; 140; 154; 216-240; 252-257; 315-332; 337-348; 365-383; 577-614; 615-634; 652-676; usw., 204-215]. Ein diesbezüglich beliebtes Mittel ist seit Generationen nach wie vor das Bilderbuch. Im Zusammenhang mit der Sprachentwicklung verweist BRUNER (1997, 64 ff.) auf die Bedeutung des „Buchlese-Formats" bezüglich der Benennungs-Entwicklung und GRIMM (1990, 102) spricht sogar von einer „Protosituation der Spracheinführung". Vergleichbar mit dem Bilderbuch ist der für Max hochinteressante (da audiovisuelle) Computer, mit dem er Ursache-Folge-Zusammenhänge erproben und sogar interagieren kann. Auch die zu dieser Zeit oft von Titta erzählten, frei erfundenen Gute-Nacht-Geschichten tragen wesentlich zur

100

Sprachentwicklung bei, da in ihnen „Ereignisketten" stecken, die durch Ursache-Folge- bzw. Wenn-dann-Beziehungen miteinander verknüpft sind (REIMANN 1993, 139). Der Erfolg dieses Trainings kognitiver Fähigkeiten zeigt sich beispielsweise im Erzählen eigener Geschichten oder Berichte von Max [20. Febr., 69-114, 204-205], [22. Febr. 1999, 14-79; 94-97; 131-134; 266-288, 254-288] oder im zunehmenden Gebrauch kausaler Konjunktion wie „wenn" oder „weil" [20. Febr., 65; 322; 326; 435; 537; 539; 549; 616; 657-659; usw., 204-214], [02. Mai, 774; 779; 1041, 229-234].

Proportional zur kognitiven und syntaktischen Entwicklung läßt Max sich innerhalb des Gesprächsrahmens bezüglich des Themas und der Rollenzuweisung immer weniger „gängeln". In der Folge tauchen in diesem Lebensjahr wieder verstärkt nonresponsive Gesprächsbeiträge auf, die jetzt aber - wie vergangenes Jahr noch denkbar - nicht mehr auf Defiziten des kognitiven oder syntaktischen Bereiches gründen, sondern Mittel der aktiven Gesprächssteuerung darstellen. Durch unvermittelte, bewußt initiierte Themensprünge bestimmt er den neuen Gesprächsrahmen und verweist seine Partner in die Hörerrolle. Diese, vornehmlich an der Aufrechterhaltung der sprachlichen Interaktion interessiert, unterstützen die Aktivität dahingehend, daß kein Gesprächsabbruch erfolgt [20. Febr., 277-279; 359-360; 481-485, 207-211], [02. Mai, 113-119; 393-394; 678-683; 795-798, 218-230]. In diesem Phänomen zeigt sich abermals die Besonderheit der komplementären Sprachinteraktionen zwischen Kind und Erwachsenem. Auch bei Themensprüngen auf Seiten seiner Partner läßt Max sich nicht immer auf die neue Rolle festlegen und ignoriert sie bzw. fährt mit seinem favorisierten Thema fort [02. Mai, 212-216; 262-265; 477-479; 610-612, 219-226]. In einigen Fällen geht er dabei schon recht diplomatisch vor, indem er den Themenwechsel moderat einleitet. Dies vollbringt er nicht durch inhaltliches, sondern syntaktisches Anknüpfen an den vorherigen Gesprächsbeitrag mittels einleitender Konjunktion, wie sie im vergangenen Jahr aus Gründen einer kognitiv- syntaktischen Konkurrenz (vgl. Kap. 6.3.2.1, 60, 73) bereits in Form des „konjunktionalen Satz- bzw. Gesprächsanschlusses" bei der Verwendung erster Konjunktionen zu finden war [07. Nov., 493-496, 249]. Zuweilen ist ein richtiges Aushandeln des Gesprächsthemas zu beobachten [02. Mai, 613-654, 226-227], [07. Nov., 493-520, 249-250].

Das für längere Gesprächsbeiträge typische Rückmeldeverhalten des Hörers mit aufmerksamkeitsbezeugenden, die Sprecherrolle bestätigenden sowie kommentierenden

Hörersignalen, die die Einstellung zum Gesagten signalisieren, sind auch in diesem Jahr sowohl bei Max als auch in der Inputsprache wieder vorwiegend nonverbaler Art. Dies mag daran liegen, daß die Äußerung verbaler Signale parallel zum Gesprächsbeitrag des Partners ein intensives Plazierungsgefühl erfordert. Außerdem definieren sich Bedeutung und Funktion verbaler Rückmeldesignale überhaupt erst über die Sprecherrolle und erfordern höchste Sensibilität bezüglich der Gesprächsstruktur, die sich erst im Laufe wachsender Erfahrung einstellen wird. Dazu sind in erster Linie auch längere Gesprächsbeiträge notwendig.

Die Gesprächspartikeln nehmen quantitativ weiter zu, wobei die Art der Partikeln einige Aufschlüsse über die Qualität der Gespräche geben: Neben redeeinleitenden Partikeln, die kognitive Vorlaufleistungen gestatten [36], verwendet Max in zunehmendem Maße Modal- oder Abtönungspartikeln. Diese besitzen weniger gesprächsorganisatorische als vielmehr (meta-)kommunikative Funktion, nämlich die der Modifizierung und Kommentierung geäußerter Sachverhalte (vgl. LINKE u. a. 1991, 272). Spitzenreiter sind in dieser Reihenfolge „denn", „mal" und „doch". Ähnlich der grammatikalischen Entwicklung tritt auch hier das Primat der Kommunikation deutlich in den Vordergrund.

Max füllt seine Rolle als kompetenter Gesprächspartner immer mehr aus und die gesteigerte Fähigkeit zum Dialog zieht auch die syntaktische wie morphosyntaktische Entwicklung nach sich. In dem Wunsch bzw. in der Notwendigkeit zu kommunizieren, gedeiht das Mittel dazu: die Grammatik. Und je differenzierter die sprachlichkommunikativen Fähigkeiten werden, desto differenzierter werden im gleichen Zuge auch die grammatikalischen Fähigkeiten.

6.4.2 Entwicklung von Syntax und Morphosyntax

Die Mittel des sprachlichen Ausdruckes semantischer Rollen und Relationen sind die Satzglieder. Im vergangenen Jahr wurden sie durch Fragen und Herausstellungsstrukturen segmentiert und verdeutlicht. Es zeigte sich, daß die korrekte eigene Verwendung damit zusammenhing, verschiedene Satzglieder in verschiedenen Äußerungen an derselben Position zu hören oder aber dasselbe Satzglied in verschiedenen

---

[36] Bezeichnenderweise gebraucht Max das redeeinleitende Partikel „äh" des öfteren, während die Inputsprache es nur einmal gebraucht - ein weiterer Hinweis auf die syntaktisch und damit auch kognitiv vereinfachte Inputsprache, da hier derartige Partikeln zur Planung syntaktischer Konstruktionen offensichtlich nicht benötigt werden.

Äußerungen an verschiedenen Positionen. Dadurch erlangten die Satzglieder überhaupt erst ihre notwendige Operationalität.

Erkenntnis bezüglich der Einheit von Satzgliedern und deren Innenbau durch *Sprachrezeption* und anschließend eigene Anwendungen mit entsprechenden Rückmeldungsprozessen durch *Sprachproduktion* sind die Mechanismen, die Max zum Ziel des Spracherwerbs bringen. Insofern ist es nicht verwunderlich, daß die Inputsprache auch in diesem Jahr bezüglich dieser Bereiche wieder auffällige Strukturen zeigt bzw. bereits etablierte Strukturen erweitert.

6.4.2.1 Segmentierung von Satzgliedern

In ihrer Bedeutung bezüglich der Segmentierung von Satzgliedern immer noch ungebrochen sind nach wie vor die Fragen. Sie nehmen ganze 55 % des gesamten Äußerungsvolumens der Inputsprache ein, wobei die W- oder Satzgliedfragen noch um 8 % gesteigert werden, was als Anpassung an eine fortgeschrittene Satzglied-Sensibilität von Max gedeutet werden kann.

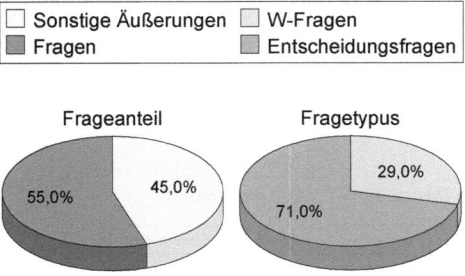

(Abb. 24: Frageanteil und Fragetypen: Inputsprache, 1998)

Im Zuge steigender Wißbegier zeigt sich auch bei Max eine deutliche Zunahme des Frageanteils um 15 %, wodurch gleichfalls die Sensibilität für Beschaffenheit und Stellung alter und neuer Satzglieder geschärft wird.

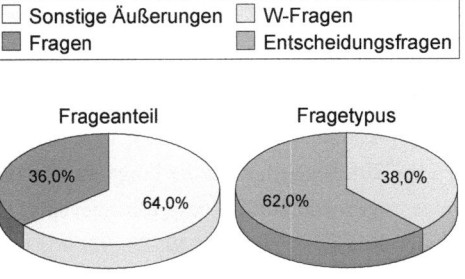

(Abb. 25: Frageanteil und Fragetypen: Max, 1998)

103

Prädestiniert für die Segmentierung von Satzgliedern oder zunehmend auch ganzen Gliedsätzen bleiben die W- oder Satzgliedfragen, die aber aufgrund ihrer kognitiven Komplexität mit einem ähnlichen Anteil wie im Vorjahr den selteneren Fragetypus ausmachen. Favorit unter den Fragepronomen ist nach wie vor das einfach zu realisierende, da meist situationsgebundene Interrogativpronomen „was" [20. Febr., 7-9; 10-11; 81-82; 88-91; 129-132; usw., 203-205]. Die Häufigkeit des Interrogativadverbs „wo" nimmt zum Vorjahr zugunsten anderer Fragewörter um 26 % ab, mit denen nun sowohl Max als auch sein Gesprächspartner semantisch diffizilere Zusammenhänge erfragen kann, die dann in der entsprechenden Antwort syntaktisch umgesetzt werden müssen [20. Febr., 12-14; 255-256; 355-356; 557-567; 613-614; usw., 203-213], [02. Mai, 246-248; 630-631; 688-691; 738-739; 778-779, 220-229].

„Wann"-Fragen implizieren das Inbeziehungsetzen von nicht sichtbaren Ereignissen und sind daher mit nur 1 % insgesamt recht selten vertreten [02. Mai, 872-886, 231], [15. Aug., 80-82; 191-202, 237-239]. Hinweis auf aktive Segmentierungsprozesse bei Max sind auch die bisweilen selbst gestellten und zugleich beantworteten W-Fragen [z. B. 20. Febr., 242-243, 207].

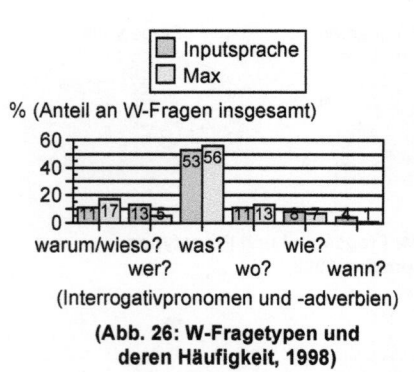

% (Anteil an W-Fragen insgesamt)

☐ Inputsprache
☐ Max

warum/wieso? was? wie?
wer? wo? wann?
(Interrogativpronomen und -adverbien)

(Abb. 26: W-Fragetypen und deren Häufigkeit, 1998)

Die Entscheidungsfragen der Inputsprache weisen jene bekannten Varietäten auf, die in Verbindung mit einem erstständigen Finitum oder als Satzfrage mit Finitum in Zweitstellung infinite Verben, bestimmte Satzglieder bzw. Satzgliedteile oder Partikeln an das perzeptiv auffällige Satzende rücken [20. Febr., 157; 164; 241; 460; 491, 205-211], [02. Mai, 21; 139; 152; 155; 157; 161; 168; 170; 179; 193; 223; 233; 239; usw., 216-220]. Bisweilen hat die Frage durch Tilgung des Verbs auch elliptischen Charakter und wiederholt ein gesprächsrelevantes Satzglied aus dem zuvor von Max geäußerten Zug [20. Febr., 14; 49; 72; 92; 96; 100; 119; 134; 138; 210; 212; 260; 277; 280; 304; 353; 359; 381; 478; 491; 589; 595; 603; 648; 670; 694, 203-215], [02. Mai, 25; 40; 49; 65; 69; 81; 94; 96; 208; usw., 216-219]. Diese Art der exakten, aber frageintonierten Wiederholungen eines Äußerungsteiles bildet eine Unterart bestimmter Rückkopplungsmechanismen, die auch im vergangenen Jahr schon zu beobachten waren und welche die Intensität aufzeigen, mit der sowohl die Gesprächspartner als auch Max gemeinsam an dessen Spracherwerb arbeiten (vgl. Kap. 6.3.2.1, 77).

Diese - teilweise nur partiellen - Wiederholungen besitzen keine erkennbare kommunikative Funktion, sondern exponieren ein bestimmtes Satzglied, was durch die Frageintonation zusätzlich verstärkt wird. Neben diesen exakten Wiederholungen sind nach wie vor *Reformulierungen* und *Expansionen* zu beobachten, mit deren Hilfe die Inputsprache Max nicht nur Satzglieder aus eigenen Äußerungen „vor Augen führt", sondern variabel mit ihnen operiert. Bei den Reformulierungen geschieht das durch Umstellung der Äußerung in die korrekte Satzgliedstellung oder durch Korrektur morphosyntaktischer Markierungen, bei den Expansionen durch syntaktische Erweiterungen der Äußerung mit bestimmten Satzgliedern [20. Febr., 41-42; 594-595, 203-213], [02. Mai, 48-49; 80-81; 213-214; 851-852; 858-859, 216-231], [15. Aug., 207-208, 239], [07. Nov., 168-169, 243-244]. GRIMM (1990, 106) führt den positiven Einfluß von Expansionen auf den „kognitiven Vergleichsprozeß zweier aufeinanderfolgender Äußerungen" zurück. Mit der Qualität einer sehr gezielten Lernstrategie nimmt die Mutter eine Äußerung des Kindes auf und bietet sie ihm inhaltlich unverändert, aber mit zusätzlicher bzw. zuvor vom Kind ausgelassener grammatischer Information ergänzt wieder an. Die eigene Äußerung dient dem Kind während der Perzeption der expandierten Äußerung als „syntaktische Matrix", auf deren Basis die neue strukturelle Information prägnant wird. Durch den Vergleich mit dieser Matrix erkennt Max, an welchen Positionen Satzglieder ergänzt oder erweitert worden sind.

Die lerntheoretische Bedeutung von Expansionen zeigt sich auch in „Selbst-Expansionen" der Inputsprache: eigene Äußerungen werden unmittelbar danach wiederholt und meist um *ein* syntaktisches Glied erweitert [20. Febr., 407; 557-559, 210-212], [02. Mai, 344-346, 222].

Nach einem ähnlichen Prinzip arbeitet ein anderer, bezüglich des Spracherwerbs wesentlich effektiverer Rückkopplungsmechanismus, den der Autor als „Modifikation" bezeichnet. Er war schon im letzten Jahr zu beobachten und stellt eine Wiederholung bestimmter Äußerungen von Max mit perspektivischer und entsprechend morphosyntaktischer Veränderung dar. Die grundlegende Struktur der Äußerung bleibt erhalten, wodurch perspektivenbedingte Änderungen an entsprechenden Satzgliedpositionen perzeptiv auffällig werden: Satzglieder werden modifiziert bzw. durch andere Formen ersetzt und verdeutlichen einmal mehr ihre Beweglichkeit innerhalb der durch das Prädikat vorgegebenen Stellungsfelder [20. Febr., 549-551, 112], [02. Mai, 282-283; 292-293; 341-342; 568-569; 626-627; 911-912; 1058-1059, 221-234], [07. Nov., 8-9; 79-80; 643-644, 241-252].

Neben diesen auf aktive Sprachinteraktion beruhenden Mechanismen sind im Vergleich zum Vorjahr vermehrt rechtsversetzende Herausstellungsstrukturen zu beobachten. In atypischer Satzgliedstellung rücken sie vor allem für Max ungewohnte oder neue Glieder an den rechten Satzrand und bringen sie so in perzeptiv auffällige Letztstellung [20. Febr., 42; 53; 100; 102; 162; 201; 208; 256; 319; 248, 203-207], [02. Mai, 21; 472; 510; 558; 761, 216-229], [15. Aug., 208, 239], [07. Nov., 88; 119, 242-243]. Nach dem gleichen Prinzip, aber wesentlich progressiver und daher von dem Jungen oftmals trotzig mit Ablehnung quittiert, sind Imperative mit Rechtsversetzung [02. Mai, 98; 104; 607-608; 724-725, 217-228], [15. Aug., 15, 236].

Als reger Teilnehmer an sprachlichen Interaktionen segmentiert auch Max weiterhin aktiv Satzglieder mit denen seiner Gesprächspartner ähnlichen Mechanismen: durch vollständige oder partielle Wiederholungen [20. Febr., 252-253; 348-349; 637-638; 642-644, 207-214], [02. Mai, 658-659; 755, 227-229] oder durch Expansionen [20. Febr., 508-509; 529-531, 212], [02. Mai, 1038-1039, 234]. Vermehrt treten nun aber auch Modifikationen hinzu und signalisieren eine intensivierte Lernaktivität im morphosyntaktischen Bereich [20. Febr., 544-545, 212], [02. Mai, 61-62; 75-76; 159-160, 217-218], [15. Aug., 36-37; 91-94, 236-237].

6.4.2.2 Erweiterung der Verbflexion

In der Verteilung flektierter Verbformen zeigt sich ein im Vergleich zum Vorjahr (vgl. Abb. 17, 81) ähnliches Bild (Abb. 27, 107).

Nach wie vor dominiert das Präsens als für sprachliche Interaktionen unmittelbarstes Tempus. Mit ihm wird über aktuelle Handlungen, Vorgänge und Zustände gesprochen - nicht mehr aufgrund kognitiver oder gar syntaktischer Grenzen, sondern einfach, weil unmittelbare Dinge meist den kindlichen Interessenschwerpunkt bilden. Dementsprechend werden auch diesmal die 1. und 3. Person Präsens Singular eindeutig favorisiert, allerdings in einem umgekehrt-proportionalen Verhältnis: über-

wog 1997 noch ein „Sprach-Ego-
zentrismus" als Erbe vorherge-
hender Jahre, so wird auch diese
sprachliche Perspektivengebun-
denheit allmählich überwunden.

Auch in der Inputsprache zeigt
sich bezüglich des Vorjahres (vgl.
Abb. 18, 81) eine ähnliche Verteilung (Abb. 28). Bevorzugt werden die 2. und 3. Person Präsens
Singular. Während bei Max die im
letzten Jahr etablierten Formen
der 1. und 3. Person Präsens Singular durch Rückgang reiner Infinitive (geäußert als Ein- oder
Zweiwortsatz) sowie Imperative
anteilsmäßig zugenommen haben,
sind in der Inputsprache Rück-
gänge zu verzeichnen. Das „Ziel",
Max durch verstärkte Interaktio-

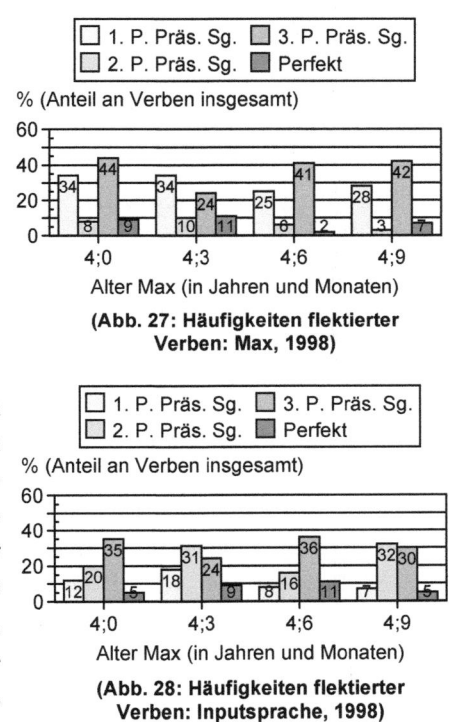

(Abb. 27: Häufigkeiten flektierter
Verben: Max, 1998)

(Abb. 28: Häufigkeiten flektierter
Verben: Inputsprache, 1998)

nen in der 3. Person (vgl. Abb. 18, 81) entgültig von seiner Sprachegozentriertheit
wegzuführen, scheint in diesem Jahr gelungen, so daß jetzt eine nächste Entwicklungsstufe des Spracherwerbs beschritten werden kann: die zunehmende Vermittlung
weiterer konjugierter Verbformen.

Das Perfekt etablierte sich als auffällige Struktur zur Herausstellung von infiniten
Verben bereits im dritten Lebensjahr und wird in diesem wie auch schon im letzten
Jahr dazu verwendet, vergangene, meist emotional eingefärbte Ereignisse ins Ge-
spräch zu bringen.

Im Vergleich zum Vorjahr steigen aber Pluralformen im Präsens an: 1997 wurde der
Plural von Max an der 1. Person lediglich in 1 % und die 3. Person in 5 % aller Fälle
markiert. Bei der Inputsprache hingegen in 9 % für die 1. Person und in 2 % für die
3. Person. Die 2. Person war aufgrund ihrer Bedeutungslosigkeit im Rahmen einer
dyadischen Sprachinteraktion deutlich unterrepräsentiert und somit nicht vertreten.

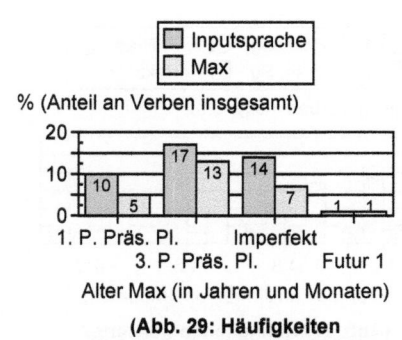

% (Anteil an Verben insgesamt)

1. P. Präs. Pl.   Imperfekt
   3. P. Präs. Pl.   Futur 1
Alter Max (in Jahren und Monaten)

**(Abb. 29: Häufigkeiten
flektierter Verben: Max, 1998)**

1998 erreicht sie ebenfalls gerade mal 1 %. Die 1. und 3. Person legen dagegen deutlich zu (vgl. Abb. 29) und sind unter anderem damit zu begründen, daß die etablierten Handlungsbeschreibungen vermehrt aus gemeinsamer Sicht beschrieben werden. Bei der ebenfalls etablierten Beschreibung von Vorgängen oder Zuständen durch kognitive Entwicklungsfortschritte (besonders im Bereich des Perspektivenwechsels) können auch mehrere Personen oder Gegenstände ins Gespräch kommen. Ebenfalls deutlich zugenommen hat das Imperfekt [20. Febr., 45; 47; 108; 229; 581-582, 203-213], [02. Mai, 556; 738; 742; 841; 845; 855; 886; 974, 225-233], [15. Aug., 175, 239] - meist in der 3. Person Singular. Dies korreliert eng mit dessen Eigenschaft als „Haupttempus in allen Erzählungen und Berichten, die von einem erdachten (fiktiven) oder wirklichen (nichtfiktiven) Geschehen der Vergangenheit handeln (episches Präteritum)" (DUDEN 1998, 150) und Max damit oft zu Gehör gekommen sind. Entsprechend verwendet er es hauptsächlich für die Hilfsverben „sein" und „haben" wie für das Modalverb „wollen" („Es war einmal ..."). Die schwache oder regelmäßige Konjugation übergeneralisierende Formen wie beispielsweise „gingte", „gangte" oder „kamte" (vgl. SZAGUN 1996, 39), bei denen der Stammvokal entweder vom Infinitiv oder vom Imperfekt übernommen wird, sind nicht zu beobachten.

Derartige Übergeneralisierungen sind jedoch auch dieses Jahr wieder am Partizip Perfekt [02. Mai, 977-978, 233] und erstmals an einem starken Verb im Präsens [20. Febr., 239, 207] zu beobachten. Grund hierfür dürfte die große Präsenz schwacher bzw. regelmäßiger Verben innerhalb der deutschen Sprache und damit auch innerhalb der Inputsprache sein (vgl. DUDEN 1998, 114). Folglich kommen Übergeneralisierungen starker Verben eigentlich nicht vor und sind auch bei Max nicht nachweisbar.

In einigen Äußerungen verwendet er bereits das Futur 1 [02. Mai, 869-871; 949, 231-233] und in einem Fall sogar schon das Plusquamperfekt [02. Mai, 855-856, 231]. Da letzteres in der Inputsprache, aber nie im Gespräch mit Max verwendet wird, und es sich beim Plusquamperfekt wie beim Perfekt um ein zusammengesetztes Tempus handelt, ist zu vermuten, daß es sich noch um ein Zufallsprodukt des neu erworbenen Imperfekts und des schon lange etablierten Partizips Perfekt handelt. Gemäß den primären Gesprächsthemen werden auch diese neuen Formen zunächst in der 3. Person gebraucht.

Alle weiteren Personen und Tempora sind aus pragmatischen und wahrscheinlich auch aus kognitiven Gründen noch nicht Bestandteil sprachlicher Interaktionen und gehören damit auch noch nicht zum sprachlichen Repertoire von Max.

Ebenso verhält es sich mit dem Imperativ, der in diesem Jahr nur noch mit 6 % vertreten ist, was an der zunehmend diplomatischeren Gesprächsführung liegen könnte. In der Inputsprache hält das Imperfekt den unveränderten Anteil von 13 % und steht jetzt häufig mit einem endständig-exponierten Satzglied. Die explizite Form mit „sag mal" wird nach wie vor gerne zur phonetischen und damit zugleich auch syntaktischen Herausstellung gebraucht.

Im Alter von 4;0 tritt das erste, unechte [37] reflexive Verb in der 3. Person Präsens Singular mit dem Akkusativ des Reflexivpronomens auf [20. Febr., 105; 110, 204]. Dieses relativ späte Erscheinen hängt zum einen mit den kognitiven Anforderungen sowohl bezüglich der semantischen als auch der Transformation in die entsprechenden syntaktischen Relationen zusammen, zum anderen auch von dem für ihre Bildung obligatorischen Erwerb der Reflexivpronomen (vgl. Kap. 6.4.2.3.3, 113). In der Folge wird das unechte reflexive Verb vermehrt in der 1. Person, nie aber in der 2. Person Präsens Singular und ausschließlich mit dem Akkusativ des Reflexivpronomens gebraucht [02. Mai, 717; 911; 915; 918; 929, 228-232]. Gelegentlich wird es aber (aufgrund kognitiv-syntaktischer Konkurrenz) auch schon mal ganz weggelassen [15. Aug., 156, 238]. Der Grund für den Vorzug unechter reflexiver Verben ist deren häufigeres Vorkommen in der Inputsprache.

Wie bereits in seinem vierten Lebensjahr verwendet Max auch hier den Konjunktiv II (Irrealis) [02. Mai, 941-942, 232], allerdings ebenfalls nur an einer Stelle, die an der entsprechenden semantischen Grundlage zweifeln läßt.

---

[37] Aufgrund gewisser syntaktischer und semantischer Merkmale lassen sich die reflexiven Verben in echte (nur reflexiv gebrauchte) und unechte reflexive Verben einteilen (vgl. DUDEN 1998, 107).

6.4.2.3 Erweiterungen und Erwerb von Satzgliedern und deren morphosyntaktischen Adaptionen

6.4.2.3.1 Adverbien

Im vergangenen Jahr war es Max durch den Erwerb einzelner Adverbien bereits möglich, das Prädikat durch Adverbialangaben [38] zu erweitern bzw. durch Interrogativadverbien Fragen zu stellen. Im Rahmen sprachlicher Interaktionen werden jedoch ständig neue Adverbien hinzugelernt und sind ein ideales Mittel, um komplexe semantische Relationen lokaler, temporaler, modaler und auch kausaler Art in syntaktische zu transformieren. Vermutlich aufgrund ihrer Eigenschaft als nicht-flektierende Wortart lernt Max schnell neue Adverbien hinzu. So gebraucht er dieses Jahr reine Adverbien (manchmal mehrere in einer Äußerung), Adjektivadverbien, Pronominaladverbien sowie natürlich Interrogativadverbien in zahlreichen W-Fragen [20. Febr., 32; 29; 52; 84; 255; 363; 425; 481; 665; 692, 203-215], [02. Mai, 114; 213; 296; 367; 681; 717; 807; 893, 218-232], [15. Aug., 168; 175-177, 238-239], [07. Nov., 212; 437; 487; 632, 244-252]. Vereinzelt findet sich 1998 auch die Komparation, allerdings durch ein anderes sprachliches Mittel gekennzeichnet, das es ihm erlaubt, den Superlativ mit Hilfe eines bereits bekannten Wortes („ganz") auszudrücken [20. Febr., 268, 207], [02. Mai, 129; 886, 218-231].

6.4.2.3.2 Substantive und ihre Artikel

Im fünften Lebensjahr treten zu den kasusmarkierten Artikeln im Nominativ auch bestimmte und unbestimmte akkusativmarkierende Artikel in korrekter Verwendung hinzu [20. Febr., 77-80; 223; 568; 586; 687, 204-215], [02. Mai, 586; 625; 732; 828; 850; 1005; 1031; usw., 226-234]. Nur sehr selten zeigt sich bei den Artikeln eine Übergeneralisierung des Akkusativs in dativfordernden Kontexten [02. Mai, 64; 80; 855, 201-215], die CLAHSEN (1984) als den häufigsten Fehler konstatiert.

Bisweilen findet sich auch eine Übergeneralisierung des Akkusativs in nominativfordern dem [02. Mai, 841-842, 231] und umgekehrt der Nominativ in akkusativfordern dem Kontext [02. Mai, 153, 218].

---

[38] Zur Unterscheidung der Termini: Erfordert die Valenz eines Verbes ein Adverbial (Umstandsbestimmung) zur Bildung grammatischer Sätze, so handelt es sich um eine *Adverbialergänzung*; kann das Adverbial weggelassen werden, ohne daß der Satz ungrammatisch wird, handelt es sich um eine *Adverbialangabe*. Auch Präpositionalgefüge, Nebensätze und Nomen im Genitiv oder Akkusativ können Adverbiale sein.

Im Vergleich zur Verbflexion geht der Erwerb des Kasussystems hier nur sehr schleppend und mit diversen Fehlbildungen voran. Dafür dürften mehrere Gründe verantwortlich zeichnen:

zum einen könnte es daran liegen, daß die Kasusmarkierungen perzeptuell wenig auffällig sind, da sie zwar am Ende von Wörtern, aber nur selten am Ende von Substantiven, sondern am Ende von Artikeln stehen. Zum anderen sind die Kasusmarkierungen zweideutig, da bei Neutra und Femina sowohl Nominativ Singular als auch Akkusativ Singular des bestimmten Artikels identisch markiert werden („das" bzw. „die"). Im Plural werden alle drei Genera im Nominativ und Akkusativ mit „die" gebildet, was wiederum identisch ist mit den Singular-Formen des Femininums. Die maskuline Deklination ist zwar die einzige, die im Singular alle Kasus unterschiedlich markiert, doch ist die Markierung durch „-n" im Akkusativ und „-m" im Dativ, die dazu noch unbetont ist, akustisch schlecht diskriminierbar (vgl. SZAGUN 1996, 60). In einigen Fällen setzt sich auch das (semantisch logischere) natürliche gegenüber dem grammatikalischen Geschlecht des Substantivs durch [20. Febr., 542-543, 212], [02. Mai, 759, 229].

Der Dativ des Artikels wird erstmals im Alter von 4;0 korrekt verwendet [20. Febr., 308, 208] und, wie schon bei anderen erstmals auftretenden syntaktischen Phänomenen, aufgrund kognitiv-syntaktischer Konkurrenz erst nur respondierend und nicht initiativ. Im engen Zusammenhang mit dem Beginn der Pluralmarkierung am Verb stehen auch die zunehmenden Pluralmarkierungen an Substantiven [20. Febr., 41; 91-92; 95; 253; 255; 327; 402; 481; 549; 604, 203-213], [02. Mai, 325; 582; 612, 221-226], [15. Aug., 110, 237]. Abb. 30 zeigt die Häufigkeit verwendeter Bildungsarten bei Max und Inputsprache.

Sie veranschaulicht, daß Max diejenigen Wörter am häufigsten im Plural verwendet, die ein Nullmor- phem (-Ø) besitzen und sich daher nicht vom Singular unterscheiden. Das ist naheliegend, da diese Form somit auch in der Inputsprache verstärkt vorkommt. Max muß den Plural daher nur durch die entsprechende Markie-

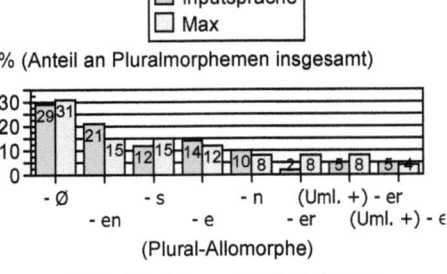

(Abb. 30: Arten und Häufigkeiten
der Pluralbildung, 1998)

111

rung am Verb ausdrücken, was kognitiv wie syntaktisch natürlich eine wesentlich geringere Leistung erfordert. Es folgen die entsprechend komplexeren Bildungsweisen, wobei die Bildungen mit Umlaut für das Kind offensichtlich am schwierigsten zu realisieren sind. Aufgrund ihrer Komplexität werden sie auch in der Inputsprache selten verwendet werden - ebenso wie andere, für ihn syntaktisch schwierige Formen.

Weiterhin fällt auf, daß bis auf wenige Ausnahmen der Plural zunächst nur im Nominativ und Akkusativ realisiert wird, was vermutlich auf die identische Bildungsweise von Substantiv und Artikel im Nominativ und Akkusativ zurückzuführen ist (davon abgesehen würden eventuelle Übergeneralisierungen des Nominativs gar nicht erkannt werden). Die oben genannten Ausnahmen markieren den Plural im Dativ in Verbindung mit einer dativfordernden Präposition [02. Mai, 534, 225], [15. Aug., 8, 236].

Aufgrund der völlig unregelmäßigen deutschen Pluralbildung sind auch in diesem Bereich diverse Übergeneralisierungen zu beobachten. Sie weisen auf Bemühungen von Max hin, die aus der Inputsprache abgeleiteten Pluralmorpheme *regelmäßig* anzuwenden - bezeichnenderweise mit dem in der Inputsprache am häufigsten vorkommenden Nullmorphem und dem Morphem „-n" [39] [02. Mai, 583; 1045, 226-234], [07. Nov., 168, 243]. Die Bemühung von des Kindes, neben syntaktischen auch morphosyntaktische Regelmäßigkeiten aus der Inputsprache zu segmentieren, wird insbesondere an der Deklination eines oft gebrauchten Phantasiewortes deutlich: „Groddigreu" (oder synonym: „Roddireu") [20. Febr., 91, 204] durchzieht das gesamte Korpus und ist eine personifizierte Assoziation mit unangenehmen Situationen. Max bildet den Plural mit dem dritthäufigst gebrauchten Pluralmorphem „-s". Dies dürfte ein Beleg dafür sein, daß er das System der Pluralbildung tatsächlich beherrscht und entsprechend markierte Wörter nicht nur als lautlich gelernte Einheiten imitiert. [40]

Der Artikel ist ein Hinweis auf die Nominalisierung (Substantivierung), zum Beispiel der Verben oder der Adjektive. Dies erfordert ebenfalls eine höhere kognitive

---

[39] Das häufiger vorkommende Morphem „-en" wird aufgrund des phonetisch unauffälligen Bindevokals „e" auch dazu gezählt.

[40] Dies erinnert an ein bekanntes Experiment von BERKO (in: CRYSTAL 1995, 242), mit dem dieser untersuchte, ob Kinder die Pluralbildung beherrschen oder die entsprechende Form nur auswendig gelernt hatten. Dazu mußten sie Phantasiewörter, also Wörter, die sie zuvor nie gehört haben konnten, in den Plural setzen. Waren sie mittels eines Pluralmorphems dazu in der Lage, waren sie Pluralbildung offensichtlich mächtig.

Leistung, aufgrund derer Max 1997 nur das Adjektiv alleine realisiert [26. Mai 1997, 21-22, 182] und 1998 den bestimmten Artikel übergeneralisiert [02. Mai, 80, 217] (kognitiv-syntaktische Konkurrenz). Erst im Alter von 4;9 taucht eine erste echte Nominalisierung mit bestimmtem Artikel auf [07. Nov., 582, 251] und bleibt auch die einzigste in diesem Jahr.

Der Genitiv wird noch nicht korrekt verwendet, obwohl er semantisch bereits einem Zweiwortsatz (ohne entsprechende formale Markierung) zur Verdeutlichung eines Besitzverhältnisses zugrunde lag: „mama uhl" (mamas stuhl) [04. Mai 1996, 525, 155].

6.4.2.3.3 Pronomen

Im Bereich der Personalpronomen treten dieses Jahr neben Nominativ und Akkusativ erstmals auch korrekte Dativformen auf. Sie stehen überwiegend in der 1., gefolgt von der 2. und schließlich der 3. Person Singular [20. Febr., 8; 47; 54; 58; 65; 70; 73; 147; 156; 188; 204; 222; 231; 310; 331, 203-208], [02. Mai, 374; 501; 516; 611; 636; 651; 669; usw., 222-227]. Ab und an wird der Akkusativ in Verbindung mit einer dativfordernden Präposition übergeneralisiert [z. B. 02. Mai, 855, 231]. Es ist festzuhalten, daß der Dativ - von einigen phonetisch defizitären Markierungen des Possessivpronomens im vergangenen Jahr einmal abgesehen - erstmals für das Personalpronomen realisiert wird. Korrekt verwendet wird das Reflexivpronomen in Zusammenhang mit unechten reflexiven Verben (vgl. 6.4.2.2, 107) als Akkusativobjekt überwiegend rückbezogen auf die 1. Person, seltener auf die 3., nie aber auf die 2. Person Singular [20. Febr., 105; 110, 204], [02. Mai, 717; 901; 909-918; 929; 933; 944, 228-232]. Das im Vergleich zu den Personalpronomen spätere Auftreten ist auf eine dafür notwendige, höhere kognitive Leistung zurückzuführen: Max ist in diesem Fall ja nicht nur Handelnder, sondern gleichfalls Objekt der eigenen Handlung, was eine „rückbezügliche Perspektive", eine reflexive Relation erfordert.

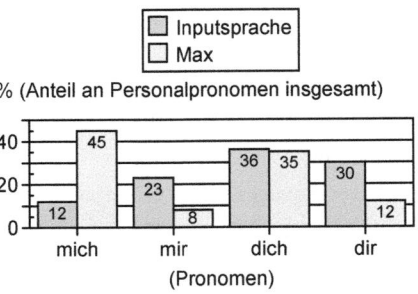

(Abb. 31: Häufigkeiten deklinierter Personalpronomen, 1998)

Beleg dafür, daß Max auf der Grundlage des Perspektivenwechsels die semantisch-syntaktische Unterscheidung zwischen Reflexiv und Personalpronomen realisiert hat, illustriert folgende Gesprächspassage [02. Mai, 932-935, 232]:

> „ja und *die lara* macht *mich* immer
> schick und *ich* mach *mich* immer schick".

Nachdem das Possessivpronomen im vergangenen Jahr ausschließlich der 2. Person Präsens Singular ein Akkusativobjekt korrekt zuordnete, drückt Max mit ihm dieses Jahr Besitzverhältnisse für alle Personen im Präsens Singular bezüglich des Akkusativs und Nominativs aus [20. Febr., 47, 203], [02. Mai, 162; 579; 583; 595; 890-891; 1025, 218-234]. Die Besitzzuordnung eines Akkusativobjektes *vor* dem Nominativ ist vermutlich mit der im Nominativ verbundenen Satz*erst*stellung (= phonetische Unauffälligkeit) des begleitenden Pronomens zu erklären. Die im letzten Jahr beobachteten Schwierigkeiten beim Dativ setzen sich auch in diesem Jahr fort, indem sich Übergeneralisierungen des Akkusativs in entsprechenden Kontexten finden [20. Febr., 48; 531, 203-212]. Interessanterweise finden sich aber verstärkt Übergeneralisierungen des Nominativs in akkusativfordernden Kontexten [02. Mai, 568; 575; 576; 578; 582, 226]. Beide Übergeneralisierungen resultieren wahrscheinlich (wie auch bei den phonetisch kontrahierten Dativformen 1997) auf den phonetisch auffälligeren Beginn der zweiten Silbe, den Max als endständigen Laut wahrnimmt: mei-*ne*, mei-*nen*, mei-*nem*, usw. Bezeichnenderweise waren die 1997 korrekt markierten Akkusativobjekte Neutra - Formen, die im Nominativ und Akkusativ identisch sind.

Die Zahl der Demonstrativpronomen, insbesondere der Stellvertreter, nimmt merklich zu. Mit einer unvollständig realisierten Ausnahme [02. Mai, 750, 229] sind sie ausschließlich durch die Formen „der", „die", „das" repräsentiert, und zwar im Nominativ und Akkusativ Singular bzw. Plural wie auch im Dativ Singular.[41] [20. Febr. 17; 45; 70; 90; 107; 224; 297; 308; 231; 242; 490; 566; 594; 628; 623; 650; 685; usw., 203-215].

Interrogativpronomen nehmen in Verbindung mit verstärkter Fragestellung ebenfalls zu (vgl. Kap. 6.4.2.1, 103 ff.). Bisweilen treten erste zaghafte Versuche in Richtung

---

[41] Auch hier zeigt sich wieder der Zusammenhang zwischen einem neuen grammatischen Phänomen und zunächst defizitärer syntaktischer Realisierung aufgrund kognitiv-syntaktischer Konkurrenz [20. Febr., 224, 206].

syntaktisch komplexer indirekter Fragesätze (ohne „ob") auf - teils noch mit charakteristischer Satzgliedstellung des direkten Fragesatzes [20. Febr., 677-678, 215], teils schon korrekt mit Verbletztstellung [20. Febr., 167, 205], [02. Mai, 890, 231].

Mit den Indefinitpronomen „alle" und „kein" war Max bereits vergangenes Jahr in der Lage, Personen oder Dinge stellvertretend bzw. begleitend zu kennzeichnen, die in Genus oder Numerus unbestimmt sind. Sie werden auch dieses Jahr wieder verwendet, jedoch tritt nun das in der Inputsprache sehr oft verwendete, unpersönliche und nicht deklinierbare „man" hinzu [20. Febr., 56; 58; 112; 129; 135; 283; 285; 549; 666, 203-214], [02. Mai, 178; 455; 1045, 219-234], [15. Aug., 114, 238], [07. Nov., 205, 234]. Häufiger noch wird der in der Inputsprache stets verkürzt auftretende Stellvertreter „was" für das indefinite „irgendetwas" bzw. „etwas" [20. Febr., 305; 360; 374; 465; 467; 471-472, 208-211], [15. Aug., 41, 236], [07. Nov., 576-578; 614-615, 251] gebraucht. Realisiert werden die Pronomen im Nominativ und Akkusativ, wobei in zwei Fällen der Nominativ falsch gebildet wird [15. Aug., 140-141, 236], [07. Nov., 343, 247]. Da es sich hierbei um Stellvertreter von Nomen im Plural handelt, ist anzunehmen, daß Max in diesem Falle das von ihm am häufigsten verwendete Pluralmorphem „-n" bzw. „-en" (vgl. Kap. 6.4.2.3.2, 112) übergeneralisiert.

Das Relativpronomen ordnet einem Satzglied im Hauptsatz (bzw. der Satzgliedposition) eine nähere Bestimmung zu. Die dafür typischen Relativpronomen „der", „die", „das" und „welcher", „welche", „welches" sind dieses Jahr vermutlich aufgrund zweier Aspekte noch nicht anzutreffen. Der erste Aspekt dürfte kognitiver Art sein: Max muß sich der relativen Beziehung bewußt sein, die Haupt- und Nebensatz durch eine beiden Teilsätzen gemeinsame Stelle miteinander verbindet (vgl. DUDEN 1998, 759). Der zweite Aspekt ist eher morphosyntaktischer Art: Als Stellvertreter für ein Nomen (+ Artikel) oder Pronomen leiten Relativpronomen Nebensätze ein, in denen sie sich zwar in Numerus und Genus nach dem Bezugswort des Hauptsatzes richten, nicht aber im Kasus, der sich nach dem Inhalt des Nebensatzes richtet. Zumindest morphosyntaktisch einfacher realisierbar wären daher die undeklinierbaren Relativadverbien (*wo, wohin, woher, wann, wie* und *warum*). Statt dieser findet sich aber zunächst das Relativpronomen „was" [20. Febr., 285-286; 293-295, 208], [15. Aug., 196-197, 239], welches ebenfalls für alle Kasus außer dem Genitiv („wessen") die gleiche morphosyntaktische Form besitzt und dem Kind somit auch im Rahmen sprachlicher Interaktionen öfters begegnet. Dies und seine weiteren, zahlreichen

Verwendungen als Interrogativpronomen (vgl. Abb. 26, 104) in Fragesätzen bzw. auch als „W-Anschluß" (vgl. DUDEN 1998, 778) dürfte diese Erscheinung maßgeblich forciert haben. Der in den Nebensätzen ausschließlich realisierte Kasus ist der Akkusativ Singular.

6.4.2.3.4 Adjektive

Auch die Zahl der verwendeten Adjektive wächst im Vergleich zum Vorjahr weiter - zu einfachen treten nun auch abgeleitete und zusammengesetzte Adjektive. Die Adjektive stehen attributiv oder prädikativ im Nominativ bzw. Akkusativ und bisweilen werden sie nominalisiert (substantiviert) und führen dann einen bestimmten Artikel mit sich [20. Febr., 539; 560; 576; 582, 212-211], [02. Mai, 48; 50-51; 439-440; 844-845; 1051-1053, 216-234], [15. Aug., 112, 237], [07. Nov., 155; 166; 276; 428; 445, 243-248]. Mit Ausnahme einer Übergeneralisierung des Nominativs im Akkusativ [02. Mai, 744-745, 229], im Akkusativ durch das Pluralmorphem „-n" [02. Mai, 746, 229] und einem untypischen Gebrauch [02. Mai, 525, 225] (ohne explizite Korrektur!) sind die Adjektive korrekt kasus-, numerus- und genusmarkiert. Der nicht selten beobachtete prädikative Gebrauch wird unterstützt durch die perzeptiv größere Auffälligkeit (Letztstellung!) in der Inputsprache und durch die Tatsache, daß ein Prädikativum nicht dekliniert werden muß. Dies ermöglicht eine entsprechend leichtere syntaktische Umsetzung.

Während die Zahl der einfachen Adjektive nur bei einigen Hundert liegt (vgl. DUDEN 1998, 530), beträgt die der abgeleiteten ein Vielfaches davon. Den mit 40 % weitaus größten Beitrag leisten dabei die drei adjektivischen Hauptsuffixe „-ig", „-isch" und „-lich" und zeichnen vermutlich für eine im Korpus leider nicht belegte, aber vom Autor handschriftlich fixierte, Übergeneralisierung des ersten Suffixes in den Äußerungen „eine *sprecherige* maus" und „der war viel *hungerig"* [im Alter von 4;3] verantwortlich.

Erstmalig finden sich auch erste Adjektivadverbien - Adjektive, welche die Position eines Adverbs einnehmen (vgl. Kap. 6.4.2.3.1, 110). Das Partizip in der Rolle des Adjektivs ist jedoch auch in diesem Jahr noch nicht zu beobachten, ebenso wie Konjunktionaladverbien.

Mit dem *Elativ* ist Max in der Lage, den Superlativ von Adjektiven auszudrücken [02. Mai, 556; 744-745; 746-747, 225-229]. Seine vorzugsweise Bildung mit dem

Adverb „ganz" demonstriert, daß er zunächst mit bereits vorhandenen syntaktischen Mitteln auch komplexere semantische Relationen auszudrücken versucht. Die regelmäßige Komparation findet sich dagegen nur in zwei Fällen [02. Mai, 870-871, 231], [15. Aug., 202, 239], die unregelmäßige nie. Eine von SZAGUN (1996, 36) beobachtete Übergeneralisierung der „e"-Endung konnte bei Max nicht bestätigt werden.

6.4.2.3.5 Präpositionen

Die Zahl der Präpositionen nimmt bei Max nur langsam zu. Neben ihrer Polysemie (vgl. Kap. 6.3.2.3.5, 92 ff.) werden jetzt im Zuge steigender MLU der Inputsprache auch die Präpositionalgruppen, insbesondere durch Verschmelzungen mit dem bestimmten Artikel, differenzierter - die Präpositionen selbst dagegen für ihn schwieriger segmentierbar [20. Febr., 217; 221; 341; 343; 371; 496; 498; 563; 595; 597; 617; 625; 676; usw., 206-215]. Die im vergangenen Jahr am häufigsten verwendeten Präpositionen sind es aus den dort genannten Gründen auch in diesem Jahr. Zwar kommen sowohl in der Inputsprache als auch bei Max diverse andere korrekt verwendete Präpositionen hinzu, doch scheinen die in der Abb. 32 aufgeführten im Rahmen sprachlicher Interaktionen größere pragmatische Bedeutung zu besitzen. Bezüglich der von ihnen regierten Kasus zeigt sich, daß die akkusativfordernden Präpositionen wie auch schon im letzten Jahr (wenn auch bisweilen umgangssprachlich) korrekt angewendet werden

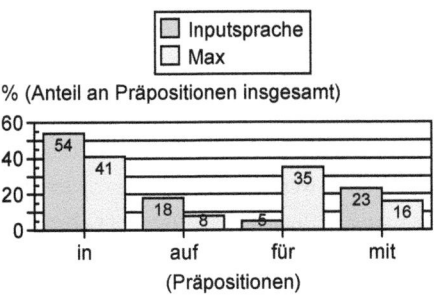

(Abb. 32: Häufigkeiten signifikant vorkommender Präpositionen, 1997)

[20. Febr., 137; 226-228; 274; 276; 459; 462-463; 530; 615, 205-213], [02. Mai, 216; 285; 587; 797; 974, 219-233], [15. Aug., 8; 26-27; 221-222, 236-239], [07. Nov., 115-116; 163; 467-474, 243-249].

Probleme ergeben sich bei der Verschmelzung von Präpositionen und dem bestimmten Artikel - am eindrucksvollsten zu beobachten an der häufigsten Präposition „in" [02. Mai, 253; 309, 220-221], [15. Aug., 66, 237], die in allen möglichen Formen nicht selten in der Inputsprache vertreten ist.

Bei dativfordernden Präpositionen, wie der oft verwendeten Präposition „mit", zeigen sich noch immer die Schwierigkeiten des vergangenen Jahres mit phonetisch unvollständigen, dativmarkierten Possessivpronomen und übergeneralisierten Akkusativen des bestimmten Artikels [02. Mai, 64; 80; 321; 855; 1005-1006, 217-234]. Zur Begründung dieser und der vorherigen Erscheinung können erneut die von SZAGUN (1996, 60) erkannte, schlechte Diskriminierbarkeit von „m" und „n" [42] sowie das von SLOBIN (1973) proklamierte Operationsprinzip der Auffälligkeit endständiger Wörter herangezogen werden: im Vergleich zu Postpositionen befinden sich *Präpositio*nen außerhalb des Fokus' kindlicher Wahrnehmung. Zudem bildet dies auch eine gute Grundlage für die Erklärung des generell langsameren Erwerbs von Präpositionen. Des weiteren stehen Präpositionen in der Inputsprache oftmals noch *vor* einem Artikel, Adjektiv oder Pronomen, das sie zwar grammatisch, nicht aber unbedingt semantisch als ihren Kern auszeichnet. Der semantische Schwerpunkt liegt auf dem zugehörigen Gliedteil und zieht primär die Aufmerksamkeit des Kindes auf sich. Daneben finden sich aber auch hier korrekt markierte Formen des bestimmten Artikels bzw. Personalpronomens nach dativfordernden Präpositionen [20. Febr., 297; 308; 428; 534, 208-212], [02. Mai, 690-691; 752; 774; 792, 228-230].

6.4.2.4 Komplexe Satzstrukturen

Die Abbildungen 16 (S. 75) und 33 verdeutlichen, daß die durchschnittliche Äußerungslänge von Max gegen Ende seines vierten Lebensjahres mit einem Wert von 3,7 höher ist als zu Beginn seines fünften Lebensjahres mit einem Wert von 3,4. Auf dieser Stufe stagniert er bzw. sinkt sogar noch geringfügig ab. Gründe hierfür dürften familiärer Natur sein (vgl. Kap. 4.1.3, 32 f.). Eindrucksvoll zeigt sich die Anpassung der Inputsprache, die mit ihrem Wert am vergangenen Jahr anknüpft und zunächst zunehmend komplexer wird (Abb. 33, 119). Nachdem Max in seiner Entwicklung aber nicht folgt, paßt sie sich erneut an, um schließlich wieder anzuziehen. Ein Indikator für zunehmende Satzkomplexität ist der Erwerb von Relativpronomen (vgl. Kap. 6.4.2.3.3, 115) und Konjunktionen, die Satzglieder oder Teilsätze miteinander verbinden und so „verkomplexieren". Wie aufgrund der geringen MLU zu erwarten,

---

[42] Diese Begründung erklärt hier wie auch im Falle der Artikel nicht die Richtung der Verwechslung, d. h., warum beispielsweise der Akkusativ in dativfordernden Kontexten, nie aber der Dativ in entsprechend akkusativfordernden Kontexten übergeneralisiert wird. SZAGUN (1996, 60) nennt als eine mögliche plausible Erklärung die einfachere Aussprache des dentalen „n" gegenüber dem labialen „m".

fällt dieser Zuwachs aber eher ge-
mäßigt aus: die meisten in diesem
Jahr verwandten Konjunktionen
dienen dem Kind eher als konjunktionaler Satz- bzw. Gesprächsanschluß an vorhergehen-
de Äußerungen des Partners und
weniger zum Ausbau hypotaktischer Satzgefüge.

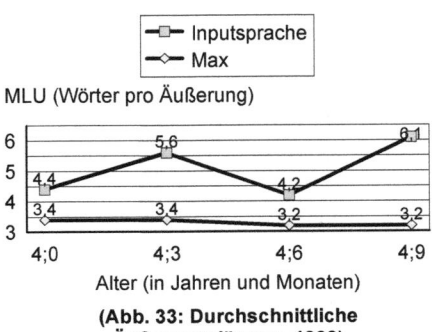

(Abb. 33: Durchschnittliche
Äußerungslängen, 1998)

6.4.2.4.1 Koordinierende Konjunktionen

Im Vergleich zum Vorjahr zeigt sich eine Häufigkeitszunahme der koordinierenden
und somit kognitiv einfach zu realisierenden Konjunktion „und" - neben der übli-
chen kopulativen Funktion (der Verbindung zweier Verben oder Substantive und der
Reihung von Ereignissen innerhalb von Berichten oder Geschichten) [20. Febr., 78;
401, 204-210], [02. Mai, 309; 530; 759, 221-229] vor allem aber als „konjunktionaler Satz- bzw. Gesprächsanschluß" [20. Febr., 374; 443; 537; 539; 545; 549; 576;
586; 598, 209-213], [02. Mai, 284; 394; 421; 575; 582; 583; 586; 587; 598; 636;
641; 646; 677; 681; usw., 221-228]. Durch die vermehrte Verbindung mir dem Temporaladverb „dann", welches gelegentlich auch alleine vorkommt, erhält es allerdings eine subordinierende Komponente. Max ist mit dieser „syntaktischen Syn- these" auf der Basis bereits bekannter sprachlicher Mittel in der Lage, temporal sukzes-
sive Ereignisse zu schildern [20. Febr., 299; 305-306; 326; 661; 659; 658-659, 208-
214], [02. Mai, 587; 595; 611; 625, 226-227]. Auf diese Weise umgeht er komplexere Konjunktionen wie „nachdem", „bevor" oder auch Infinitivkonjunktionen wie
„um-zu". Zugleich weist dieses neue Zusammenstellen bekannter sprachlicher Mittel
darauf hin, daß der syntaktischen Oberfläche offenbar eine komplexere semantische
Tiefenstruktur zugrunde liegt, die aber aufgrund noch fehlender sprachlicher Mittel
nicht adäquat transformiert werden kann und es bestätigt einmal mehr die
Erkenntnis, daß die Sprachrezeption der Sprachproduktion vorauseilt.

Neben der bereits im vergangenen Jahr gebrauchten Konjunktion „oder" [02. Mai,
959, 233], [07. Nov. 401; 500, 248-249] tritt nun auch „aber" hinzu [20. Febr., 60;

222; 329, 204-208], [02. Mai, 162; 439; 534; 645; 744; 959; 1058, 218-234], [07. Nov., 420, 248] - „oder" aufgrund des disjunktiven Charakters sehr viel seltener als das oft trotzig gebrauchte, restriktive „aber". Gerade der Gebrauch dieser beiden Konjunktionen zeigt oftmals das Phänomen der kognitiv-syntaktischen Konkurrenz: sie werden meist als einleitende Konjunktion und damit an einen vorhergehenden Satz oder Gesprächsbeitrag anknüpfend oder als responsive Antwort gebraucht. Die disjunktive Konjunktion „oder" findet sich bisweilen sogar nur als angehängtes Fragewort mit Ähnlichkeit zu den elliptischen Entscheidungsfragen der Inputsprache (vgl. Kap. 6.4.2.1, 104) [20. Febr., 82, 204], [02. Mai, 1011, 234].

6.4.2.4.2 Subordinierende Konjunktionen

Ähnliche, satz- oder gesprächsanknüpfende Verwendungsweisen finden sich auch bei den subordinierenden und daher semantisch komplexen Konjunktionen „wenn"

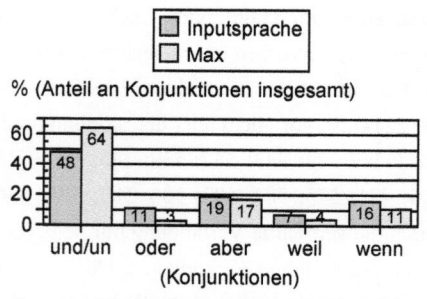

(Abb. 34: Häufigkeiten signifikant vorkommender Konjunktionen, 1998)

(zeitweise mit vorangestelltem „un") [20. Febr., 65; 322; 435; 537; 539; 545; 549; 581; 616; 657; 682, 204-215], [02. Mai, 380; 559; 689, 232-228], [07. Nov., 467; 472; 424; 614, 249-251] und „weil" [02. Mai, 774; 779; 1041; 1049, 229-234]. Stellenweise wird „wenn" im Sinne temporaler Konjunktionen wie „als" oder „wie" falsch [02. Mai, 253; 968, 220-233], zuweilen aber auch korrekt in einer typischen „wenn-dann-Relation" gebraucht, welche Einsicht in komplexere kausale Zusammenhänge indiziert [20. Febr., 657-658, 214]. Satzteilkonjunktionen, die Satzglieder oder Satzgliedteile in einem Satz miteinander verbinden sowie auch Infinitivkonjunktionen, die Infinitive mit einem Satz verbinden, sind bei Max in diesem Jahr noch nicht zu beobachten. Hierfür zeichnen vermutlich eine noch nicht erreichte kognitive Entwicklungsstufe sowie deren größere semantische und auch syntaktische Komplexität verantwortlich. Aus dem gleichen Grund treten auch keine mehrgliedrigen Konjunktionen weder bei Max, noch in der Inputsprache auf.

6.4.3 Zusammenfassung

Die Strategien, mit denen die Gesprächspartner von Max die Sprache segmentierten und perzeptorisch aufbereiteten, wurden verstärkt und zielten neben den bewährten Fragen, Reformulierungen und Expansionen vor allem durch Modifikationen auf die Vermittlung korrekter syntaktischer Strukturen und die Schulung dafür notwendiger kognitiver Beweglichkeit.

In erster Linie verzeichnete der Junge dieses Jahr Fortschritte im morphosyntaktischen Bereich, insbesondere beim Erwerb von Plural- und Dativmorphemen. Wurde der Dativ vergangenes Jahr in keinem Fall korrekt markiert, so traten dieses Jahr in nahezu allen untersuchten Bereichen erste richtige Formen auf - zunächst im Alter von 4;3 für das Personalpronomen der 1. Person Singular. Der Entwicklungsfortschritt vornehmlich in diesem Bereich zeichnet - vermutlich forciert durch familiäre Gründe - für eine signifikante Stagnation der MLU von Max verantwortlich.

Der Erwerb neuer Attribute, insbesondere der Präpositionen und Adjektive und damit die Möglichkeit von Satzgliederweiterungen, verlief recht zögerlich.

Im Bereich der Verben wurden neben Pluralmarkierungen mit Ausnahme des Futur II und des Passivs alle möglichen Tempora und Modi beobachtet. In diesem Rahmen traten auch bei der Satzgliedstellung, sowohl auf Hauptsätze wie auch auf Nebensätze bezogen, - von einigen „Ausrutschern" abgesehen - keine schwerwiegenden Fehler mehr auf.

Im Bereich der Konjunktionen wurden vornehmlich koordinierende Konjunktionen verwendet, mit denen Max Parataxen realisierte oder aber - was häufiger vorkam - an vorweggehende Gesprächszüge konjunktional anknüpfte. Eine ähnliche Form dieser syntaktischen Vereinfachung durch die Vermeidung hypotaktischer Konstruktionen war die Synthese bereits bekannter sprachlicher Mittel zum Ausdruck komplexerer semantischer Relationen, beispielsweise durch die koordinierende Konjunktion „und" sowie dem Temporaladverb „dann". Stellenweise trat das semantisch-syntaktisch einfacher zu realisierende Relativpronomen „was" auf.

Dieses Jahr zeigt aber vor allem, daß beim Spracherwerb stets sehr viele Zahnräder ineinandergreifen:

so bedingen der Pluralerwerb bei Verben und Substantiven einander, der Erwerb reflexiver Verben und entsprechender Reflexivpronomen oder die „Warum"- und „Wieso"- Fragen und der Erwerb kausaler Konjunktionen wie „weil".

Gegen Ende seines vierten Lebensjahres ist Max offensichtlich in der Lage, mit seinen bislang erworbenen grammatikalischen Mitteln und in Abhängigkeit seines kognitiven Entwicklungsniveaus alle semantischen Rollen und Relationen für seine Gesprächspartner verständlich in die Sprache zu transformieren. Lediglich Passivkonstruktionen beherrscht er noch nicht, da ihm die dafür notwendige Voraussetzung in Form einer „Umkehrbarkeit der Gedanken" (PIAGET 1982) bzw. der Erkenntnis gegenläufiger syntaktischer und semantischer Operationen (vgl. OSKAAR 1987, 202) noch fehlt. Dies wird beispielsweise darin deutlich, daß Max sich nicht als Bruder von Timo sieht, d. h. sich noch nicht rückbezüglich in Timos Perspektive hineinversetzen kann [02. Mai, 152-166, 216-217], wie dies bei den Reflexivpronomen für die 1. Person bereits realisiert worden ist.

7. Schlußfolgerungen: Der fünfte Geburtstag (1999)

Bis zum heutigen Tage hat Max im Rahmen sprachlicher Interaktionen scheinbar spielerisch die Sprache kennen und verwenden gelernt.

Bereits in seinem ersten Lebensjahr wurde Max von seinen Mitmenschen, insbesondere seiner Mutter, als Mitglied dieser Kommunikationsgemeinschaft akzeptiert und ernst genommen. Seine Handlungen wurden von der Mutter konsistent interpretiert und erhielten so ihre Bedeutung - Max lernte durch seine Mutter, was er meinte. Das „Hinweisen", die „verhaltensmäßige Deixis" und schließlich das „Benennen" (vgl. Kap. 5, 40) bildeten für ihn Mittel, um mit der Mutter gemeinsame Bezugnahme auch auf äußere Ereignisse herzustellen.

Dabei ließen die vorsprachlichen Interaktionen schon jene wechselseitigen Muster erkennen, die auch die grundlegende Struktur späterer Gespräche bilden sollten. Von Anfang an bekam das Kind innerhalb dieser vorsprachlichen Interaktionen eine Rolle zugewiesen, die er zunächst gestisch bzw. lautlich auszufüllen hatte. Er erkannte, daß er durch seine Gesten und Laute die Struktur dahingehend beeinflussen konnte, um bestimmte Reaktionen seiner Partner zu elizitieren. Auf diese Weise erfuhr er sich schon früh als „handelnder Teil" innerhalb dieser Struktur.

In seinem zweiten Lebensjahr erkundete Max weiter eifrig seine Umgebung und handelte mit Objekten, die den Mittelpunkt seines Interesses bildeten. Auf diese Weise erwarb er Kenntnis über die diesen Handlungen zugrunde liegenden semantischen Rollen und Relationen. Viele dieser Handlungen wurden nach wie vor von seinen Partnern im Rahmen sprachlicher Interaktionen mit entsprechenden Verben und anderen Inhaltswörtern perzeptiv auffällig kommentiert und schließlich von Max übernommen. Dabei waren ihm jedoch kognitive Grenzen dahingehend gesetzt, daß er nur Dinge sprachlich kommentieren konnte, die der unmittelbaren zeitlichen und räumlichen Situation angehörten. Doch unter Berücksichtigung des jeweiligen Äußerungskontextes zeigte sich, daß den Einwortsätzen bereits differenziertere semantische Relationen zugrunde lagen. Schließlich wurde mit den erworbenen kognitiven Errungenschaften des Objektbegriffes und der Einsicht in die Permanenz von Objekten gegen Ende des Jahres der Grundstein für situationsunabhängige Äußerungen gelegt.

In seinem dritten Lebensjahr kombinierte Max - durch tägliche Eingebundenheit in sprachliche Interaktionen - seine ersten Wörter zu Zwei-, Drei- und Mehrwortsätzen und erwarb damit diejenigen syntaktischen Mittel, die er benötigte, entsprechenden semantischen Rollen oder Relationen sprachlichen Ausdruck zu verleihen.

Dies hatte primär pragmatische Bedeutung, denn mehr und mehr konnte er jetzt auch sekundären Wünschen und Bedürfnissen (also denjenigen, die nicht nur dem körperlichen Wohlbefinden dienen) effizienter Ausdruck verleihen. Er erwarb die Grammatik der Sprache also vornehmlich unter dem pragmatischen Aspekt, effektiv kommunizieren und damit zugleich die ihm in Gesprächen zugewiesene Rolle sprachlich angemessen ausfüllen zu können. Die sensible Anpassung der Inputsprache an seinen jeweiligen kognitiven und syntaktischen Entwicklungsstand half ihm, auf diesem Wege weiter zu kommen: Syntaktische Strukturen wurden für eine erleichterte Übernahme aus dem linearen Strom der Wörter hervorgehoben und besonders betont. Am Ende seines dritten Lebensjahres ist Max schließlich mittels telegraphischer Sprache in der Lage, seine Gesprächsrolle zu erfüllen und auch den Sprecherwechsel als „zentrale Schaltstelle" (LINKE u. a. 1991, 264) des Gespräches zu berücksichtigen - wenn auch seine respondierenden Beiträge aufgrund kognitiver Defizite wie mangelnde Perspektivenübernahmefähigkeit und fehlende Situationsungebundenheit nur teilresponsiv blieben.

In seinem vierten Lebensjahr machte sowohl die kognitive als auch die grammatikalische Entwicklung einen gewaltigen Fortschritt: Innerhalb von Gesprächen war Max nun in der Lage, die Perspektive seines Gegenübers einzunehmen und er konnte über Objekte und Personen sprechen, die nicht Gegenstand der unmittelbaren Situation waren. In diesem Zuge stieg auch der Erwerb und die Erweiterung von Satzgliedern als denjenigen syntaktischen Kategorien, mit denen auch komplexere semantische Relationen angemessen „versprachlicht" werden konnten. Durch die rasch erworbene Konjugation des Verbs, verbunden mit dessen nun fixierter Position und der Valenz, konstituierten sich die für die Satzglieder (welche mittels auffälliger Segmentierungstechniken der Inputsprache hervorgehoben und positionell oft verschoben bzw. ersetzt wurden) syntaktisch determinierten Stellungsfelder und wiesen ihnen so die korrekte Position im Satzrahmen zu. Gehorchte die Wort- bzw. Satzgliedstellung vor Beginn der Verbflexion offensichtlich noch hierarchisch der jeweiligen Bedeutung für das Kind, so wird das nun von syntaktischen Regeln übernommen. Diese Entwicklungen machten Max in diesem Lebensjahr zu einem kompetenten Sprecher und Gesprächspartner.

In seinem fünften Lebensjahr verlangsamte sich die Sprachentwicklung signifikant. Dennoch wurden neue Verben und Satzglieder hinzugelernt und syntaktisch wie morphosyntaktisch erweitert, wodurch sich die sprachliche Handlungsfähigkeit von Max weiter optimierte.

Rückblickend zeigt sich also, daß die Bezugspersonen von Max seit seiner Geburt primär daran interessiert waren, mit ihm zu kommunizieren. Im Rahmen sprachlicher Interaktionen nahmen sie ihn ernst und wiesen ihm eine Rolle zu, die er zunächst vorsprachlich mit Gesten und Lauten und mit dem Erwerb syntaktischer Mittel schließlich sprachlich ausfüllte.

Bei der Erkenntnis und damit dem Erwerb dieser syntaktischen Mittel halfen sie ihm durch eine optimale Anpassung ihrer Sprache an die jeweiligen entwicklungsspezifischen Bedürfnisse. Diese Anpassung zeigt sich anschaulich in der MLU der vergangenen fünf Jahre (vgl. Abb. 35). Nach der Stagnation des vergangenen Jahres, die vermutlich in einem engen Zusammenhang mit der in Kapitel 4.1.3 (S. 32 f.) beschriebenen Erkrankung seiner Mutter in der Mitte dieses Lebensjahres und den damit verbundenen Einschränkungen sozialer und auch sprachlicher (einschließlich mimisch-gestischer Reduktionen) Zuneigung zu sehen ist, erreicht sie an seinem fünften Geburtstag einen Wert von 6,2. Ein Blick in das Transkript [22. Febr. 254 ff.] veranschaulicht seine Lust am Re-

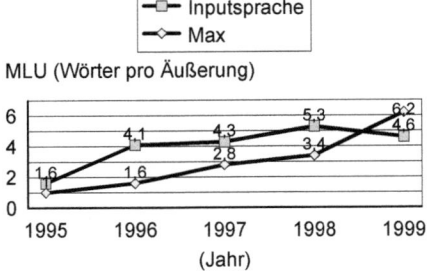

(Abb. 35: Durchschnittliche Äußerungslänge, 1999)

den und an zahlreichen Bestrebungen, den Dialog zu dominieren und symmetrisch zu gestalten. Er ist ein „großer Geschichtenerzähler" geworden und im Vergleich zu seinem ersten Lebensjahr ist *er* es nun, der die hauptsächliche Gesprächsarbeit leistet [22. Febr., 94-97; 131-134; 266-288, 255-259]. Auch wenn seine Sprache insgesamt noch recht dysprosodisch ist, so ist er doch in der Lage mit Hilfe der bislang erwor-

125

benen grammatikalischen Mittel alle semantischen Relationen entsprechend auszudrücken.

Dem Autor ist durchaus bewußt, daß der hier dargestellte Weg zur Sprache ein hypo-
thetisches Konstrukt des Spracherwerbs ist, doch unter Berücksichtigung seiner Beobachtungen in Verbindung mit den etablierten Spracherwerbstheorien schien es ihm
ein durchaus plausibles Konstrukt zu sein, zumal keine der vorgestellten Theorien
für sich genommen in der Lage ist, den Spracherwerb hinreichend zu erklären:
SKINNER führte den gesamten Spracherwerb auf die kindlichen Imitationen der Inputsprache zurück, verbunden mit selektiven Verstärkern im Rahmen angeborener
Lernprozesse. In der Tat wurden bei Max zahlreiche Imitationen beobachtet, jedoch
vornehmlich als eine Strategie des Kindes, sich Wörter oder semantisch-syntaktische
Kategorien anzuzeigen, über die er schon etwas weiß, die er aber noch nicht aktiv
beherrscht (vgl. BLOOM in: SZAGUN 1996, 225). Der von SKINNER gebrauchte
Terminus der „Imitation" kann unmöglich die gesamte beobachtete Sprachentwicklung bei Max erklären - zu viele Äußerungen von ihm hätte er in dieser Form nie der
Inputsprache entnehmen können, schon gar nicht diejenigen, die seine eigene Perspektive reflektierten. Außerdem vermag der Behaviorismus gerade die Offenheit
und Kreativität von Sprache nicht hinreichend zu erklären (vgl. ZIMMER 1986, 63).
Vieles spricht also eher für die nativistische Theorie. Beispielsweise vollzieht sich
der Erwerb der Kasusmorpheme stets in der gleichen Reihenfolge (Nominativ, Akkusativ und schließlich Dativ). Dennoch kann diese Theorie vor allem aufgrund ihrer
Behauptung, daß die Inputsprache lediglich eine chaotische und grammatisch defizitäre sei und ihr ausschließlich der Status des Initiators eines angeborenen Spracherwerbsmechanismus zukomme, so nicht aufrecht erhalten werden. Im Gegenteil, die
Inputsprache erwies sich bei ihrer detaillierten Untersuchung als hochstrukturiert
und auf das sensibelste dem Entwicklungsstand von Max angepaßt (vgl. u. a. Abb.
35, 125). Sie kann die Erwerbsreihenfolge der Kasus mit Hilfe der Hierarchie zu-
grundeliegender semantischen Relationen bzw. aufgrund einer entsprechenden gene-
rellen Häufigkeitsverteilung in der Deutschen Sprache (vgl. ENGEL 1996)
angemessen erklären. Die Ansicht, daß das Kind selbst die Inputsprache mittels
sprachlicher Universalien strukturiere, um daraus eigene Hypothesen zur Grammatik
seiner Muttersprache abzuleiten, die es im weiteren Verlauf verifiziert oder falsifiziert, scheint unter Berücksichtigung eines zunächst recht geringen kognitiven Ent-

wicklungsniveau sehr gewagt, zumal es sich ja vor dem Generieren eigener Sätze die entsprechende Tiefenstruktur durch die Analyse syntaktischer Oberflächenstrukturen erst erschließen muß - eine kognitive Leistung, welche die eines erst im vierten Lebensjahr beherrschten Perspektivenwechsels bei weitem übertrifft. In Anlehnung an die Beobachtung, daß gerade die Einwortsätze im Rahmen des situativen Kontextes darauf hindeuten, daß ihnen bereits komplexere semantische Relationen zugrunde liegen, verbunden mit dem von vielen Autoren bestätigten Aspekt, daß die Sprachrezeption der Sprachproduktion vorausgeht, hält der Autor eine „generative Semantik" (vgl. BUSSMANN 1990, 270) für durchaus wahrscheinlicher als eine von CHOMSKY angenommene generative Syntax. Andererseits zeugten im Verlauf der Untersuchung zahlreiche Übergeneralisierungen syntaktischer wie morphosyntaktischer Art davon, daß Max der Inputsprache sehr wohl bestimmte Regeln entnommen hatte und diese kreativ auf neue Phänomene anwendete. Jedoch handelte es sich dabei oftmals um semantisch motivierte Formen wie beispielsweise dem Suffix „-t" zur Kennzeichnung vergangener Ereignisse oder dem Akkusativ als primär „handlungserleidendes" Objekt. Dieses Phänomen, das der Autor als „semantische Hierarchie" bezeichnet hat, läßt neben anderen Aspekten (wie dem Ausdruck komplexer semantischer Relationen durch den Gebrauch bereits bekannter syntaktischer Mittel) auch hier eher eine semantische als eine syntaktische Tiefenstruktur vermuten, die durch Transformationen zu entsprechend syntaktischen Oberflächenstrukturen werden, die dann aber eigenen syntaktischen Regeln (wie Satzgliedstellungs- oder Morphosyntaxregeln) gehorchen. Diese greifen mit Einsatz der Verbkonjugation, da die Verben nun korrekt positioniert werden und mittels ihrer Valenz die Satzglieder auf ihre entsprechenden Positionen verweisen.

Deutlicher wurde dagegen, daß sowohl das Fundament der gesamten Sprachentwicklung als auch jeder neue Entwicklungsschritt eine entsprechend kognitive Basis verlangte. Entwickelte sich im ersten Lebensjahr die sensomotorische Intelligenz mit der Differenzierung und Koordination globaler Handlungsschemata, so gaben die Entwicklung des Objektbegriffes sowie die erkannte Objektpermanenz im Stadium des präoperationalen Denkens den „Startschuß" jeglicher Sprachentwicklung überhaupt. Daß Max allerdings bis zu seinem fünften Geburtstag in diesem Stadium verhaftet bleiben und den Egozentrismus nicht überwinden sollte, konnte aufgrund responsiver Gesprächsbeiträge und der offensichtlich erlangten Fähigkeit des Perspektivenwechsels nicht bestätigt werden. Mit diesen Fähigkeiten würde das Kind schon den Stadien der konkreten bzw. der formalen Operationen entsprechen, die Piaget dem Kinde erst im Alter zwischen 7-11 bzw. 11-15 (!) Jahren zugesteht. Sehr anschaulich manifestierte sich die Bedeutung der kognitiven Entwicklung in den oft beobachteten Fällen der „kognitiv-syntaktischen Konkurrenz", bei der gerade neu erworbene syntaktische Strukturen (oder auch Wörter) aufgrund ihrer zunächst kognitiv anspruchsvolleren Umsetzung (Sprachplanungsprozesse!) zunächst syntaktisch (oder eben lautlich) defizitär geäußert wurden. Das gleiche Phänomen war vermutlich auch die Ursache fehlender Subjekte am Satzanfang oder der Äußerung bestimmter redeeinleitender Partikel wie „äh". Trotz dieser großen Bedeutung für den Spracherwerb erklärt auch die kognitive Theorie nicht den Spracherwerb selbst.

Es deutet also alles auf eine zentrale Bedeutung sprachlicher Interaktionen für den kindlichen Spracherwerb und damit auf den interaktionistischen Ansatz. Viele Autoren kritisieren dabei allerdings die sehr extreme Sichtweise von BRUNER, wenn er in vorsprachlichen Handlungsmustern direkte Vorläufer von Kasuskategorien und auch Sprechakten vermutet (vgl. Kap. 5, 42). Auf dem pragmatischen Wissen vorsprachlicher Interaktionen baut seiner Meinung nach das syntaktische Wissen in der Weise auf, daß die grundlegenden Wortordnungsmuster genau die handlungsbezogenen Muster reflektieren. Diese Denkweise verweist auf die von BRUNER vertretenen *naturalness-Hypothese*, die besagt, daß es eine „natürliche" Strategie sei, Wörter in Sätzen nach dem Ordnungsprinzip Subjekt-Verb-Objekt zu ordnen, weil die Sequenz „Handlungsträger-Handlung-Objekt" der Handlung den tatsächlichen Ereignisabfolgen entspricht, die das Kind schon vorsprachlich erfährt (vgl. SZAGUN 1996, 57). Diese Behauptung ist so allerdings nicht haltbar und die bei Max gemachten Beobachtungen decken sich mit den empirischen Ergebnissen von SLOBIN & BEVER (in: SZAGUN 1996, 59), die zeigen, daß Kinder beim Verstehen von Sätzen von Anfang an sowohl Flexionen beachtende Strategien wie auch Wortstellung beachtende Strategien - je nach Art ihrer Sprache - anwenden. Der Nachteil von BRUNERS Theorie liegt vorwiegend in seinem Bestreben verwurzelt, alle grammatikalischen Phänomene nur aus vorsprachlichen Handlungsmustern abzuleiten und dabei die Bedeutung sprachlicher Interaktionen zu vernachlässigen. Die Bedeutung der Pragmatik vorsprachlicher Interaktionen wird zwar auch bei Max deutlich (vor allem bezüglich der Entwicklung von Deixis und Referenz und damit der Erkenntnis semantischer Rollen und erster Relationen), jedoch setzt sie sich in kommunikativen Gesprächsstrukturen fort und erst innerhalb dieser Strukturen werden grammatikalische Kategorien segmentiert und schließlich angewendet, und zwar aus der pragmatischen Notwendigkeit bzw. dem Wunsch heraus, effektiver kommunizieren zu können.

Im Rahmen der pragmatischen Wende in den 70er Jahren betonten auch andere Sprachwissenschaftler verstärkt den - bei CHOMSKY völlig vernachlässigten - pragmatischen Aspekt des Spracherwerbs. Konrad EHLICH (1996, 138) bringt die Neuorientierung auf den Punkt:

> „In der Tat darf eine Spracherwerbstheorie, die Vollständigkeit anstrebt, sich nicht mit dem Erwerb von Phonologie, Morphologie und Syntax zufrieden geben. Sie muß sich darüber hinaus verständlich machen können, wie die Pragmatik erworben wird. Denn Kinder lernen nicht sprechen, um sprechen zu können, sondern um auf ihre Bezugspersonen sprechhandelnd einzuwirken."

Und auch Karin MARTENS (1979, 76) verweist auf das pragmatisch-kommunikative Primat des Spracherwerbs, wenn sie meint, daß das Kind kommunizieren und schließlich sprechen lerne in mit anderen geteilten Handlungszusammenhängen, „die durch eine spezifische praktische Handlungsstruktur und in ihr mögliche und vorfindbare Abläufe kommunikativer Handlungen charakterisiert sind".

Der Sprache mit ihrer Möglichkeit, Handlungen unabhängig von der unmittelbaren Situation auszuführen, hat die Menschen an die Spitze der Evolution gebracht. Auf dieser Basis ist es sicherlich nicht vermessen, anzunehmen, daß Kinder Sprache aufgrund eben dieser Eigenschaft erwerben. Somit ist es fast sträflich, daß jede der etablierten Spracherwerbstheorien nur *einen* wesentlichen Aspekt auf dem Weg zur Sprache als absolut erfaßt. Natürlich besitzen Imitationen eine wichtige, wenn auch nicht absolute Bedeutung und angeborene Elemente müssen aufgrund der beobachteten Regelbildungen und wahrscheinlichen Operationsprinzipien ebenso eine Rolle spielen wie kognitive Grundlagen, ohne die keine semantischen Relationen, geschweige denn Transformationen in syntaktische Relationen möglich wären. Und schließlich können alle genannten Faktoren überhaupt erst im Rahmen sprachlicher und vorsprachlicher Interaktionen greifen und reifen. Daher ist es sicherlich - wie GRIMM (1995, 735) bemerkt - „falsch und kurzsichtig, unterschiedliche Erklärungsansätze gegeneinander auszuspielen, [...] wenn Kinder das gehörte Sprachangebot für Distributionsanalysen und die abstraktive Organisation und Reorganisation grammatischer Regularitäten nutzen, denn das ist ein weitaus komplexerer Vorgang, als wie ihn jede der etablierten Theorien im einzelnen beschreibt".

Die Theorien sollten also kombiniert und stellenweise ergänzt bzw. korrigiert werden. Ansätze hierfür sind bereits gefunden.[43] Trotz vielversprechender Versuche, wie beispielsweise die Einteilung von GOLINKOFF und HIRSH-PASEK (in: GRIMM 1995, 736) in zwei große Theoriefamilien - den „outside-in"-Theorien (ohne die Annahme angeborener sprachspezifischer Voraussetzungen) sowie den „inside-out"-Theorien (unter Annahme angeborenen Sprachwissens) ist die Formulierung einer allgemeingültigen Spracherwerbstheorie bislang noch nicht erfolgreich bewältigt worden.

7.1 Reflexion

Die im Vorwort geäußerte Befürchtung hat sich dahingehend bestätigt, daß Diskrepanzen zwischen theoretischen Anschauungen des Autors und den empirischen Ergebnissen sehr oft Konflikte hervorgerufen haben. Dies barg natürlich die Gefahr in sich, jegliche Objektivität „über Bord zu werfen" und die empirischen Beobachtungen der theoretischen Meinung anzupassen: es läßt sich fast alles passend interpretieren. Durch den ständigen Vergleich mit den Ergebnissen und Theorien anderer Autoren wurde daher der Versuch unternommen, diese Gefahr so gering wie möglich zu halten.

Nicht selten stieß der Autor auf Strukturen, deren Bedeutung er für den kindlichen Spracherwerb allein aufgrund seiner Beobachtungen im Korpus plausibel zu erklären vermochte. Da er jedoch nicht immer entsprechende Parallelen zu fachwissenschaftlichen Untersuchungen fand, warf sich des öfteren die Frage nach der Repräsentativität des Korpus auf. Dem Autor ist durchaus bewußt, daß das Korpus nur einen ge-

---

[43] So werden in neuerer Zeit beispielsweise *konnektionistische Ansätze* zur Modellierung kognitiver Prozesse auch für Entwicklungstheorien, und speziell für den Spracherwerb herangezogen (vgl. SZAGUN 1996, 65 ff.). In diesen Ansätzen versucht man, mit Hilfe künstlicher neuronaler Netze menschliche kognitive Prozesse auf dem Computer zu simulieren. So könnte beispielsweise die stets gleiche Erwerbsreihenfolge von Nominativ, Akkusativ und Dativ mit dem funktionalistischen *Competition-Modell* erklärt werden. Es beschäftigt sich mit der Frage, wie semantische Funktionen und deren sprachliche Form einander zugeordnet werden. Dabei weist es der Inputsprache eine wesentliche Rolle beim Spracherwerb zu, da diese mit ihren perzeptiv auffälligen, grammatischen Formen „Hinweisreize" auf die entsprechend zugrundeliegenden semantischen Funktionen darstellt. Die Häufigkeit eines Hinweisreizes in der Inputsprache erhöht dessen Bedeutsamkeit für das Kind, wobei nun die Erwerbsreihenfolgen in der Kindersprache in erster Linie von eben dieser Häufigkeit und Bedeutsamkeit von Hinweisreizen abhängig ist.

ringen Ausschnitt - eben eine Stichprobe - der sprachlichen Interaktionen darstellt, in die Max jeden Tag involviert ist. Doch wenn man annimmt, daß die Sprache, die man gegenüber jüngeren Kindern gebraucht, allgemeine Gültigkeit besitzt, so kann davon ausgegangen werden, daß andere, nicht erfaßte Interaktionen strukturell ähnlich geprägt sein werden.

Darüberhinaus stellt sich die Frage nach der Berechtigung der zahlreichen grafischen Darstellungen. Es kann aber davon ausgegangen werden, daß die dort meist dargestellten Häufigkeitsverteilungen grammatikalischer Strukturen sehr gut die Abhängigkeit von der Inputsprache und damit deren Bedeutung für den kindlichen Spracherwerb veranschaulichen können. Natürlich ist die ihnen zugrundeliegende Datenbasis zu gering, um empirisch gesicherte Aussagen zuzulassen - doch dieses Manko wurde meist mit entsprechenden Aussagen vergleichbarer Untersuchungen ausgeglichen. Um wirklich repräsentative Auswertungen durchführen zu können, müßte ein wesentlich umfangreicheres Datenmaterial zugrunde gelegt werden. Ebenso müßten die Untersuchungen mehrerer Kinder miteinander verglichen werden, um in Korrelationsstudien repräsentative Äußerungen über bestimmte Abhängigkeiten tätigen zu können. Im Zusammenhang mit den beobachteten Strukturen besaßen einige jedoch eine solch prägnante, grammatikalische Auffälligkeit, daß sie auch in diesem kleinen Korpus repräsentative Bedeutung erlangt haben. Man denke nur an die Fragen, die maximal 55 % aller getätigten Äußerungen der Inputsprache einnahmen (d. h. mehr als jede zweite Äußerung war eine Frage!).

Diese auffälligen und für den kindlichen Spracherwerb im Bereich der Grammatik offenbar wesentlichen Strukturen bilden den Kern der im letzten Kapitel dargestellten These eines „idealen Inputs."

8. These eines „idealen Inputs"

Im Verlauf der Korpus-Untersuchung haben sich bestimmte Strukturen oder Strategien der Inputsprache herauskristallisiert, die den Grammatikerwerb von Max offenbar positiv beeinflußt und unterstützt haben. Demnach müßte eine Sprache, die diese Strategien berücksichtigt, bezüglich des kindlichen Spracherwerbs einen „idealen Input" darstellen, der in idealer Weise Form, Funktion und Stellung der Satzglieder in Abhängigkeit vom Verb verdeutlicht und vormodelliert. Mit diesen Konstituenten wird dem Kind das notwendige „Instrumentarium" an die Hand gegeben, um semantische Rollen und Relationen adäquat zu „versprachlichen". Diese Strategien sind:

Alter des Kindes (in Jahren)	„idealer Input"
1, 2, 3	Übertreibung der Intonationsstruktur von Äußerungen
	größerer Frequenzbereich der Tonhöhe
	Sprechen in höherer Tonlage
	viele Redundanzen (v. a. durch Wiederholung einzelner Wörter, Satzteile und ganzen Sätzen)
1, 2, 3, 4, 5	längere Pausen an Phrasen- und Satzgrenzen
	Geschichten oder Lieder mit „semantisch-syntaktischen Leerstellen"
	eine geringere durchschnittliche Äußerungslänge (MLU)
	weniger komplexe Sätze
	weniger Funktionswörter, dafür mehr Inhaltswörter
3, 4, 5	viele Fragen (Entscheidungs- und W-Fragen)
	häufige Verwendung der Satzklammer mit endständigen infiniten Verben
	Herausstellungsstrukturen (insbesondere „Rechtsversetzungen" von infiniten Verben oder Verbzusätzen und Satzgliedern bzw. Satzgliedteilen)
	Hervorhebung neuer oder relevanter Information durch Betonung
	Wiederholungen
	Reformulierungen
	Expansionen
	Modifikationen
	viele Imperative

Trotz ihrer offensichtlichen Bedeutung für den Spracherwerb im Bereich der Grammatik stellt sich abschließend die berechtigte Frage, ob es Sinn macht, die genannten Strategien *bewußt* in seiner an das Kind gerichteten Sprache zu integrieren. Schließlich hat sich im Rahmen der Korpusuntersuchung gezeigt, daß diese Strukturen Bestandteil der *spontanen* Inputsprache waren.

Die bewußte Auseinandersetzung mit diesen Strukturen wird jedoch den Eltern Charakter und „Bauprinzip" von Sprache derart vergegenwärtigen helfen, daß sie zu einer Sensibilitätssteigerung bezüglich der ungeheuren Komplexität jener Aufgabe führt, die das Kind im Rahmen seines Spracherwerbs zu bewältigen hat. Dies sollte jedem Gesprächspartner eines Kindes Anleitung sein, sich in dessen Perspektive hineinzuversetzen, und zwar im Kontext der sicherlich bedeutendsten Strategie, die sich an dem pragmatischen Aspekt der Sprache orientiert und daher beinhaltet, daß man möglichst viel mit dem Kind kommuniziert - es stets aufs Neue im Rahmen sprachlicher Interaktionen in Sprachhandlungsprozesse verwickelt, ihm eine Rolle zuweist und es von Geburt an als vollwertigen Gesprächspartner akzeptiert.

Denn wie APEL (1976, 300) es treffend formuliert hat, kommunizieren wir nicht, „weil wir grammatische Regeln gelernt haben, sondern wir lernen diese, weil wir kommunizieren".

9. Anhang:
Das Korpus „Max"

9.1 Transkripte 1995: Aufnahme vom 27. Mai; Alter von Max: 1;3

=> 0001	<u>Situation: Mit Titta und Mark im Wohnzimmer - Max spielt auf dem Bauch liegend</u>

	Titta:	**Max:**
0002		
0003	**Titta:**	**Max:**
0004	tach tach sach mal (3) tach tach	[reagiert mit rhythmischem
0005		Ein- und Ausatmen]
0006	[...gekürzt...]	
0007	is das?	
0008		(...)
0009	[laut, klar und deutlich:] was ist das? | (3) au:to (2) sach mal	
0010	auTO	
0011		[bewegt das Auto]
0012	sach mal	
0013		a/ a/ a:to [macht Fahrgeräu-
0014		sche:] (20)
0015	tach tach	
0016		[reagiert mit
0017		Preßgeräuschen]
0018	[mit sehr heller Stimme:] mach tach tach (2) mach mal tach	
0019	tach (1) tach tach |	
0020		[gibt Preßlaute von sich]
0021	[mit sehr heller Stimme:] mach mal (2) tach tach | (4) sachet	
0022	[wieder heller:] tach tach (3) tach tach |	
0023		[gibt einen Zischlaut von
0024		sich: *Frikativ [s]*]
0025	tach tach	
0026		[bewegt das Auto ruppig hin
0027		und her]
0028	nein	
0029		[gibt einen kurzen Glottal-
0030		laut von sich]
0031	[erklärend:] das heißt da |	
0032		[das Kind hält Titta das
0033		Auto hin und äußert wieder
0034		den Glottallaut]
0035	**Mark:**	
0036	[nimmt das Auto] [sehr hell:] gib ma:l |	
0037	**Titta:**	
0038	DAN:ke	
0039	**Mark:**	
0040	[sehr hell:] dan:ke | [gibt das Auto an Max zurück] da (2) da	
0041		[freut sich] d*nke
0042	danke?	
0043	**Titta:**	
0044	mhm danke kanner auch sagen und [heller:] tach tach |	
0045		[Max beschäftigt sich mit
0046		einem Seil]
0047	**Mark:**	
0048	gib ma:l	
0049		(...(4)...) DA
0050	DAN:ke [gibt Max das Seil zurück]	
0051		d*nke
0052	[Titta geht aus dem Zimmer]	
0053		[winkt freudig mit der
0054		Hand:] tach tach |

136

9.2 Transkripte 1995: Aufnahme vom 28. August; Alter von Max: 1;6

=> 0001 **Situation: Max liegt mit Mark und einigen Spielzeugen auf dem Wohnzimmerboden**
0002
0003

Mark:	Max:
0004 **Mark:**	**Max:**
0005 [lachend:] DuDuDuDuDuDu |	
0006	[Zeigt auf ein Spiel-
0007	zeugauto und sieht abwech-
0008	selnd das Spielzeug und
0009	dann Mark an] da
0010 DuDuDu	
0011	da [lauter:] da |
0012 [sieht sich das Spielzeugauto an]	
0013	[gluckst zufrieden und
0014	flüstert:] da (4) a::to | da
0015 ein auto ja? (10) DuDuDuDuDu	
0016	[lacht]
0017 [melodisch:] DuDuDuDuDu (1) DuDuDuDu |	
0018	[zeigt Mark das Auto] a:to
0019 ich krieg Dich	
0020 **Titta:**	
0021 [blickt hinter der Wohnzimmertüre hervor] guck guck [sie	
0022 versteckt sich wieder]	
0023	[schaut aufmerksam zur
0024	Lautquelle]
0025 [lachend und heller:] guck guck | [sie versteckt sich wieder]	
0026	[atmet schnell und schaut
0027	aufmerksam in Richtung
0028	Titta]
0029 [lauter:] guck guck | [sie versteckt sich wieder] guck guck [sie	
0030 versteckt sich wieder, heller:] guck guck | [sie versteckt sich	
0031 wieder, normal:] guck guck | [sie versteckt sich wieder,	
0032 heller:] guck guck [sie versteckt sich wieder, normal und	
0033 lachend:] guck guck |	
0034	(...)
0035 [nimmt einen Stoffhund, flüsternd:] guck guck (2) jetz	
0036 kriechte Dich (1) jetz kriechte Dich (...) wau wau (1) jetz	
0037 kriechte Dich | [bewegt den Hund in Richtung Max]	
0038	[äußert wohlige Laute und
0039	zeigt auf den Hund]
0040 guck guck	
0041	da
0042 [lauter:] guck guck (0) guck guck |	
0043	[...gekürzt...]
0044	

=> 0045 **Situation: Max liegt im Wohnzimmer auf dem Bauch und spielt mit diversen**
0046 **Spielzeugen**
0047

	Max:
0048	**Max:**
0049 **Titta:**	da [stoßweises Atmen] da
0050	(3) da (4) da (5) ga
0051 [ruft aus der Küche:] max |	
0052	[reagiert nicht, sondern
0053	beschäftigt sich weiter mit
0054	seinem Spielzeug:] (15) da
0055	ga (10) [flüsternd:] da: | da
0056	[äußert Unmutslaute:] (3)

137

Nr.	Mark	(rechte Spalte)
0057		[erstaunt:] da:	[nimmt ein
0058		Spielzeug in die Hand]
0059	**Mark:**	
0060	da (3) gib	
0061		(...(5)...) hei
0062	[will Max etwas anderes in die Hand geben] da	
0063		[nimmt es nicht] ga (18)
0064		gage:
0065	da (3) da (4) da [hält es ihm hin] da (3) da	
0066		echa
0067	da (4) da	
0068		[Max guckt Mark interes-
0069		siert an, nimmt das angebo-
0070		tene Spielzeug aber nicht]
0071	da (3) da	
0072		[flüsternd:] ga: (9) gagre:
0073		(5) da:ke (16) da-ke	(3)
0074		[zeigt auf ein unereichbares
0075		Spielzeug auf dem Tisch]
0076		da
0077	[gibt es ihm]	
0078		da-ke

138

=> 0001 <u>Situation: Im Wohnzimmer mit Titta und Mark - Max beschäftigt sich mit einem Spiel-</u>
0002 <u>zeugauto auf dem runden Glastisch</u>
0003
0004 **Titta:**   **Max:**
0005 is das?
0006   a:
0007 [flüsternd:] auto (3) isse? | isse? [flüsternd:] isse auto? |
0008   [laut:] a-to |
0009 [Mark nimmt es ihm weg und hält es hinter dem Rücken
0010 versteckt]
0011   [greift danach] a-to [unmuti-
0012   ger:] a-to:: a-to a-to |
0013 **Mark:**
0014 [gibt es ihm wieder] da
0015   [schiebt es zufrieden auf der
0016   Tischplatte hin und her]
0017 **Titta:**
0018 [setzt ein Holzhuhn auf den Tisch] gack gack
0019 <is das?>   <haut mit dem Auto auf den
0020   Tisch und blickt zur Ente>
0021   go go go ga ga: [zeigt
0022   darauf:] da: | [fordernder:]
0023   da: he da:: | da (0) dahaha
0024   [sehr laut:] da ha: ha:: (4)
0025   na:n (3) ga:ck (1) ga/ |
0026   [kreischend:] a: a:: | [streckt
0027   seine Hand zur brennenden,
0028   aber aus seinem Stühlchen
0029   heraus unereichbaren, Tisch-
0030   lampe aus]
0031 [lautmalerisch:] heiß heiß (1) heiß heiß | (1) hier [rollt die
0032 Ente zu ihm herüber]
0033   [blickt weiter fasziniert zur
0034   Tischlampe und streckt
0035   seinen Arm danach aus]
0036 [lautmalerisch:] heiß (3) heiß (0) hei:ß (1) heiß |
0037   [beschäftigt sich mit dem
0038   Holzhuhn und sieht dann
0039   wieder zu der Lampe]
0040 heiß
0041   [Max schaut fragend zu
0042   Titta]
0043 [in unterschiedlichen Intonationen flüsternd:] heiß (0) heiß (0)
0044 heiß (1) oh: |
0045   (...) hei/ heiß a:
0046 [flüsternd:] heiß |
0047   [atmet aus] da: (0) dudu:
0048   [kreischt ganz laut]
0049 [das Telefon läutet und Titta verläßt das Zimmer]
0050   [schiebt sein Auto auf dem
0051   Tisch hin und her]
0052 **Mark:**
0053 is das?
0054   a-to?
0055 das (0) auto? (1) is das?

0056		[schiebt das Auto geräusch-
0057		voll über den Tisch] a:bwa:
0058		(0) a:bwa::
0059	brumm brumm brumm brumm?	
0060		[Gedankenverloren:] heia::
0061	heia?	
0062		(...(4)...)
0063	[auf die Tischdecke zeigend:] isasz?		
0064		heia?
0065	heia?	
0066		(...) da [schiebt das quiet-
0067		schende Auto weiter hin und
0068		her:] (10) [blickt zu einer auf
0069		dem Tisch stehenden Porzel-
0070		lantaube] ga-ga: [schiebt
0071		weiter das Auto hin und her:]
0072		(8) [eine kleine Tellerdecke
0073		fällt herunter, Max zeigt
0074		darauf:] hei:a: hei:a:: hei:a:
0075		hei:ja hei:ja	
0076	[hebt sie auf] hier	
0077		a-to (1) a: eh: [schmeißt die
0078		Tellerdecke absichtlich
0079		runter und freut sich]
0080	na [hebt sie wieder auf]	
0081		[wirft sie wieder runter]
0082	[lacht und hebt sie wieder auf]	
0083		[wirft sie wieder runter]
0084	was soll das? (1) na	
0085		[Max wird auf das Mikrofon
0086		aufmerksam und greift
0087		danach]

9.4 Transkripte 1996: Aufnahme vom 17. Februar; Alter von Max: 2;0

⇒ 0001 <u>**Situation: Mit Titta und Mark am Wohnzimmertisch - Mark will am Laptop arbeiten**</u>
0002 <u>**und Max sitzt in seinem Stühlchen mit dabei**</u>
0003
0004 **Titta:**   **Max:**
0005   [spielt mit einigen Geldmün-
0006   zen und hat den Schnuller im
0007   Mund]
0008 [spricht stets mit sehr hoher Stimme] huh (0) zeich mal das
0009 geld
0010 <u>zeich</u> mal   gel<u>:::</u>
0011 maxi sach mal KUgel
0012   kuge:::l
0013 sag mal GREte
0014   redei::
0015 komm mal hier hin (0) komm
0016   nai (10) (...) kuge:l
0017 komm mal HER [setzt ein Auto mit Aufzugsmotor in Gang]
0018 [sehr hell:] oh: |
0019   [schaut interessiert, wie das
0020   Auto über den Tisch fährt]
0021 was ist das?
0022   ato [nimmt das Auto,
0023   welches zu ihm hingefahren
0024   ist und bewegt es sichtlich
0025   erfreut]
0026 **Mark:**
0027 [schaltet den Laptop ein - dieser gibt einen Piepston von sich]
0028   [Max schaut in Richtung
0029   Laptop, dessen Bildschirm
0030   hell wird] sz
0031 was?
0032   ausz
0033 aus?
0034   ein? [faßt auf den
0035   Bildschirm]
0036 nich drangeh:en
0037 **Titta:**
0038 [nimmt eine Geldmünze in die Hand und klopft damit auf den
0039 Glastisch] was ist das?
0040   je (4) do
0041 **Mark:**
0042 iszasz? [*Max' Kurzform der Frage für „Was ist das? "*]
0043   he ge:ld
0044 geld? (2) gib geld
0045   [legt mehrere Münzen
0046   nacheinander geräuschvoll
0047   auf den Glastisch]
0048 machse mit dem geld? (3) gib
0049   (...)
0050 [nimmt sich ein Geldstück und steckt es in die Tasche] dan:ke
0051   [macht eine unwirsche
0052   Bewegung in seinem Stühl-
0053   chen]
0054 huch (0) paß auf
0055   ha/ a geld? (hast Du das
0056   Geld?)

141

0057	vorsicht	
0058		[flüsternd:] has Du (0) has
0059		Du d | geld
0060	[nimmt es wieder aus der Tasche] da	
0061		a:k [wirft eine Münze nach
0062		Mark]
0063	oh:	
0064		manno
0065	vorsicht	
0066		drin [läßt eine Münze
0067		geräuschvoll auf den Tisch
0068		fallen, hebt sie wieder auf
0069		und wiederholt das Spiel
0070		zweimal]
0071	[Mark und Titta lachen]	
0072		[Max fällt in das Lachen ein
0073		und fährt mit seinem Spiel
0074		begeistert fort]
0075	**Titta:**	
0076	sach mal lara	
0077		larei:: [fährt mit dem Spiel
0078		fort]
0079	sach mal timo	
0080		tittei: (...)
0081	**Mark:**	
0082	wo is die tittei?	
0083		(...)
0084	**Titta:**	
0085	sach mal sach mal nina	
0086		na:
0087	sach mal nina	
0088		nina::
0089	sach mal maMA	
0090		mama::
0091	paPA	
0092		p*pei:
0093	**Mark:**	
0094	papei?	
0095	**Titta:**	
0096	titta	
0097		[flüsternd:] tittei |
0098	**Mark:**	
0099	wo is die jei? [Max' Bezeichnung für seine Stoffpuppe]	
0100		[laut:] jei |
0101	wo ist die jei?	
0102		hi:a
0103	wo?	
0104		ham:
0105	**Titta:**	
0106	ham macht die jei	
0107	**Mark:**	
0108	ja? (1) ham?	
0109		[wirft ein Geldstück feste
0110		auf den Tisch] bumm:
0111		[lacht]
0112	**Titta:**	

142

0113	[nimmt sich das Geldstück] mein geld	
0114		nei:
0115	[lauter:] mein geld |	
0116		nei::n
0117	[nimmt sich den Schnuller] ah: mein nunu	
0118		[lacht]
0119	[lauter:] mein nunu | (11) heia gehen	
0120		
0121	**Mark:**	
0122	[auf eine Vase zeigend:] is das? |	
0123		nei
0124	[auf einen Porzellanvogel an der Vase zeigend:] was ist das	
0125	denn ? |	
0126		krah krah
0127	hm? (1) krah krah	
0128		nunu
0129	[eine der Hauskatzen, Dusty, kommt herein]	
0130		[wird auf sie aufmerksam]
0131		miau:: (0) miau:: [wendet
0132		sich wieder dem Geldstück
0133		zu und erzeugt damit Geräu-
0134		sche auf dem Glastisch]
0135		miau::
0136	hm? (0) wer ist das? (0) wer ist das?	
0137	wer ist das?	nee die (0) die (0) miau::
0138	**Titta:**	
0139	[bestätigend:] miau: |	
0140	**Mark:**	
0141	[fordernder:] wer ist das? |	
0142		[energischer:] miau:: | (...)
0143	**Titta:**	
0144	[nimmt den Schnuller Max aus dem Mund und steckt ihn in	
0145	ihren]	
0146		[energisch:] ha:m ha:m (1) in
0147		ha:m (3) hamam ham ham |
0148		(1) [sehr laut:] ha:m |
0149		[quengeliger:] haben:: |
0150	[nimmt den Schnuller aus dem Mund und zeigt ihn Max] was	
0151	ist das? (0) wer ist das?	
0152		ha:m
0153	was ist das?	
0154		(...) da:ke
0155	danke? (1) danke?	
0156		(...)
0157	sag mal danKE (2) sach mal danKE	
0158		[laut:] danKE |
0159	huch (3) solln wer noch HAM machen?	
0160		jui
0161	komm essen	
0162		nei:n (0) disch
0163	komm	
0164		nein
0165	jetzt	
0166		nein (0) di/ di/ degen (0)
0167		disch [läßt das Geld wieder
0168		auf den Tisch fallen] da:ke

143

0169 [nimmt Max wieder den Schnuller aus dem Mund und geht in	
0170 die Küche]	
0171	[hat einen Fussel im Mund]
0172	bäh (1) bä:h
0173 **Mark:**	
0174 Fussel im Mund?	
0175	ge:d
0176 geld?	
0177	ja ham (0) ge:d [will Geld in
0178	den Mund stecken]
0179 **Titta:**	
0180 [kommt wieder ins Wohnzimmer] ha nei:n (1) so komm (0)	
0181 heiabett	
0182	na:n
0183 doch [energischer:] heiabett |	
0184	nei:n (3) nunu [sehr laut:]
0185	nein mam ham | (...)
0186 **Mark:**	
0187 is das?	
0188	ham gan (0) gin gan gan
0189 is das?	
0190	[auf die Tischlampe
0191	blickend, laut:] an |
0192 an? lampe an?	
0193	oh: jeh:
0194 [macht Tischlampe an und entstaubt den Lampenschirm]	
0195	heiß
0196 [flüsternd:] was? |	
0197	heiß
0198 hei:ß?	
0199	heiß da? hm?
0200 [faßt erneut an den Lampenschirm] heiß?	
0201	[erschrocken:] h/ hei:ß (0)
0202	heiß (0) guck | (2) [schaut
0203	auf Marks Saftglas] nei dong
0204	da:
0205 is das?	
0206	da [haut auf den Tisch]
0207 is das?	
0208	ham
0209 ham? (0) was zu trinken (3) ein glas saft	
0210	ham:: (2) [darauf zeigend:]
0211	da | (0) ham:
0212 ham?	
0213	[zeigend:] da | [steht auf und
0214	läuft zu Titta in die Küche]
0215	ham [will die Saftflasche an
0216	sich reißen]
0217 **Titta:**	
0218 [laut:] nein nein nein (2) nein nein nein (0) jetz warte (0) |	
0219 kannze nich einfach drehen (0) hier hast Du was zu trinken	
0220 [gibt ihm seine Trinkflasche]	
0221	nee da
0222 komm (0) zum mark (1) auch ham [geht mit Max wieder ins	
0223 Wohnzimmer zurück]	
0224	[Max trinkt]

9.4 Transkripte 1996: Aufnahme vom 17. Februar; Alter von Max: 2;0

0225 was hast Du jetzt?
0226   (...)
0227 hm?
0228   ham (5) ha da? [trinkt] ham

=> 0001 **Situation: Mit Lara und Mark im Wohnzimmer**
0002

0003	**Lara:**	**Max:**
0004	sag mal (2) mama:	
0005		[beschäftigt sich mit Gegen-
0006		ständen] mama:
0007	sag mal papa:	
0008		lari:
0009	nein der sagt jetzt rarei (1) sag mal papa:	
0010		pa-pa:
0011	sag mal (4) sag ma:l (1) mh (2) sag mal was kann er denn	
0012	noch sagen? sag mal hilde	
0013		[kreischend:] hiä: |
0014	sag ma:l hm: (2) sag ma:l (3) sag mal au:to	
0015		au:to:
0016	sag ma:l puppe	
0017		upe:
0018	sag mal ma:k	
0019		fein
0020	sag ma:l katze	
0021		ka:
0022	sag mal miau	
0023		m-au
0024	samma wau (1) wau wau (3) so wau wau (5) sag (2) sa:g mal	
0025	za:hn	
0026		a:hn
0027	sag mal hu:pe	
0028		[laut:] hop |
0029	[laut:] hop | kann er auch sagen (2) sa:g ma:l (2) dan:ke	
0030		da:
0031	sag mal ja:	
0032		a ja
0033	m: sag ma:l nein	
0034		nein
0035	sag mal tommy [*die Katze*]	
0036		tom:my
0037	tom	
0038		to:m
0039	sa:g ma:l (2) irgendwas? sag mal lam:pe	
0040		a a? [*offensichtlich muß Max*
0041		*auf die Toilette*]
0042	sag mal stu:hl (2) stuhl sag mal stuhl	
0043		dreh:
0044	sag mal haare	
0045		a (1) hara a bam
0046	sag mal apfel	
0047		a:f
0048	sag mal bana:ne	
0049		nei:t (nein?)
0050	nei:t kann er auch sagen (2) sag mal pflan:ze	
0051		au:m (Baum?)
0052	arm der kann auch arm sagen (3) sag mal sonne	
0053		nei:
0054	was?	
0055		nee
0056	sag mal wolke	
0057		oh nei: (...)

0058 **Mark:**
0059 was ist max?
0060   a a
0061 wo denn?
0062   [sich auf das Gesäß
0063   klopfend:] a a |
0064 a a?
0065 **Lara:**
0066 sag ma:l ehm sag mal sag mal titta
0067   itta:
0068 sag mal lara
0069   [laut:] larei: |
0070 jetz war das laut (0) sag mal compu:ter
0071   naha:
0072 naha: er hatn: an gesagt aber is ja auch egal okay hehe (1) ja
0073 warn kleiner witz okay he sag mal zah:n
0074   nei: nei: nei:
0075 er hat leider nein gesagt aber meine lieben damen und herren
0076 entschuldigung bitte hehe hier kommt maxi:: (3) bitteschön
0077 sag mal tisch
0078   disch
0079 wau er hat tisch gesagt ist das nicht wunderschön meine
0080 lieben damen und herren
0081
=> 0082 **Situation: Mit Timo und Mark im Wohnzimmer**
0083
0084 **Timo:**
0085 sing mal ähm sing mal katze im schnee (1) sing mal (3) sag
0086 mal haus (1) sag mal haus (1) hier max willse das haben was
0087 ist das?
0088   [unmutig:] äh: äh: schren |
0089 was ist das? [zeigt auf ein Haus im Bilderbuch] sag mal haus
0090   haus
0091 **Mark:**
0092 haus?
0093   [Max wird unruhig und
0094   zornig und rennt davon]
0095 **Timo:**
0096 [will Max dazu animieren, ein begonnenes Lied zu Ende zu
0097 singen] a: b: c: die katze liegt im
0098   [Ächzlaut]
0099 im?
0100   [unmutig:] ma:ma |
0101 **Mark:**
0102 maxei jetzt KOMM
0103   ich will nich
0104 komm schnell maxei
0105   na:n
0106 KOMM
0107   na:n
0108
=> 0109 **Situation: In der Küche mit Mutter, Timo und Mark**
0110
0111 **Mutter:**
0112 was ist das? (1) was ist das hier? [ein Schokoladenriegel]
0113   ga:de: [Timo nimmt den
0114   Riegel an sich, worauf Max

147

0115	sehr heftig reagiert und
0116	brüllt:] ma:ts (1) m/ ma:ts (1)
0117	i ma:s | [mit den Händen
0118	danach greifend während
0119	Timo den Riegel öffnen
0120	will:] i ma:se a:f |
0121	

0122 Timo:
0123 ich mach die auf ja?
| 0124 | de ma:s |

0125 Mutter:
0126 max macht die auf sacht er doch gerade (0) mats heißt max
0127 [Timo gibt Max ein Stück Schokolade] sach mal dan:ke
0128 [Timo lacht] sach mal dan:ke
0129 Timo:
0130 was sagt man? (1) [lauter:] was sagt man? \|
0131 Mutter:
| 0132 was <u>sagst Du?</u> | (will noch) gon:gon |
0133 was sagt man?
0134 Timo:
0135 was sagt man?
0136 Mutter:
0137 sag mal da:nke
| 0138 | da-ke |
0139 Mark:
0140 [auf Timo zeigend:] max wer ist das? \|
| 0141 | ti:mo |
0142 ui [auf sich selbst zeigend:] und das? \|
| 0143 | oh:: |
0144 [alle lachen]
0145 Mutter:
0146 [auf Mark zeigend:] wer is wer ist maxi ist das guck mal? \|
0147 Timo:
0148 wer ist das?
0149 Mutter:
0150 maxi?
| 0151 | [Max ist noch mit der |
| 0152 | Schokolade beschäftigt] |
0153 [abermals auf Mark zeigend:] wer ist das? \|
| 0154 | ma:k |
0155 [auf sich selbst zeigend:] und wer ist das hier? \|
0156 Timo:
0157 [auf Mutter zeigend:] max guck mal wer ist das? (1) maxi
0158 guck mal wer ist das da? \|
| 0159 | mama |
0160 is die mama lieb?
| 0161 | hm |
0162 is die mama lieb?
0163 Mutter:
0164 sag mal mama lieb
0165	[ist mit dem Lutschen seiner
0166	Schokolade vollauf
0167	beschäftigt]
0168 Timo:
0169 is lecker? (3) is lecker? (3) is lecker?
| 0170 | ja: recker |
0171 Mutter:

148

9.5 Transkripte 1996: Aufnahme vom 04. Mai; Alter von Max: 2;3

0172	ja LEcker	
0173	**Mark:**	
0174	versteht der das alles schon?	
0175	**Mutter:**	
0176	ja was denkst Du denn der versteht al:les	
0177	**Mark:**	
0178	maxei schokola:de haben (1) gib GIB schokola:de	
0179		mm::
0180	gib mir	
0181	**Mutter:**	
0182	gib dem mark mal schokolade	
0183		[Max gibt Mark das leere
0184		und verschmierte Papier]
0185	**Mark:**	
0186	[alle lachen:] (4) | nee die is ja schon auf (1) was is das?	
0187		[kauend:] lade |
0188	was ist das?	
0189		ham
0190	ham? was für ein ham?	
0191		aua
0192	**Mutter und Timo:**	
0193	alle?	
0194	**Timo:**	
0195	maxi sing doch mal was	
0196		[Max nimmt seine leere
0197		Trinkflasche und äußert eher
0198		feststellend:] tink |
0199	**Mutter:**	
0200	nix mehr drin (2) [nimmt ein Spültuch zur Hand] was is das	
0201	hier?	
0202		u:ch
0203	**Mark:**	
0204	tu:ch (1) spültu:ch	
0205	**Mutter:**	
0206	mhm	
0207	**Timo:**	
0208	bäh tu das weg	
0209	**Mutter:**	
0210	[nimmt Max das schmierige Papier aus der Hand] so: abfall	
0211	tu:n	
0212	**Timo:**	
0213	is alle	
0214		alle [wird auf eine
0215		Schramme an seiner Hand
0216		aufmerksam - interessanter-
0217		weise, nachdem ihm längere
0218		Zeit keine Aufmerksamkeit
0219		mehr geschenkt worden war]
0220		da auch (2) da AU:a:
0221	**Mutter:**	
0222	da hast Du aua	
0223	**Timo:**	
0224	sag mal oh mei:ne gü:te	
0225		mei:e gü:te:
0226	sag mal oh mein gott	
0227		[schreit unmutig monoton:]
0228		(3)

149

0229	[alle lachen]	
0230	**Mutter:**	
0231	sag mal	
0232		[hört nicht hin]
0233	maxi (2) komm mal her (1) sag mal (1) sag mal lie:ber gott	
0234	**Timo:**	
0235	sag mal oh mein gott	
0236		[Max wirft mit einem
0237		Stecker]
0238	**Mark:**	
0239	was ist das denn?	
0240		das da
0241	stecker sag mal stecker	
0242		decka:
0243	was ist das max?	
0244		decka::
0245	das da?	
0246		[lauter:] decka: |
0247	ein stecker? [an die Mutter gerichtet:] was ist das so ein	
0248	schutzstecker? |	
0249	**Mutter:**	
0250	mhm	
0251	**Timo:**	
0252	maxi sag mal oh mein gott	
0253		onte gott
0254	**Mark:**	
0255	[zeigt auf das Stromkabel des Radios] was ist das denn max? |	
0256		[laut:] usi:k |
0257	**Mutter:**	
0258	musi:k	
0269	**Mark:**	
0270	[auf den Tisch zeigend:] musi:k? (1) das stromkabel für das	
0271	radio ne? | und was ist das? (1) was ist das denn?	
0272		tis (1) tisch
0273	tisch? gu::t	
0274	**Mutter:**	
0275	[stolz:] kann alles |	
0276	**Mark:**	
0277	tischbein? tisch?	
0278		nein tischbein nein (1) nein
0279	[allgemeines Lachen:] (3)	
0280		ba (2) ka-te
0281	**Mutter:**	
0282	maxi was ist das denn hier? guck mal was die mama hat was	
0283	ist das?	
0284		k*fee [geht zur Tasse der
0285	jetz wille den trinken (1) ja ich geb Dir kaffee (2) [gibt ihm	Mutter]
0286	ein wenig] was sagst Du?	
0287		
0288		bitta:
0289	nein	
0290		gan:ke
0291	[bestätigend:] dan:ke	
0292	**Mark:**	
0293	<was ist das da max?> [deutet auf eine Gießkanne]	<trinkt den Kaffee>
0294		dit
0295	**Timo:**	

0296	gieß-kanne	
0297	**Mark:**	
0298	dit? (3) schmeckts?	
0299		[Max trinkt:] (5)
0300	**Timo:**	
0301	max kumma was is das denn? [hält eine Banane in der Hand]	
0302		na:na:
0303	**Mark:**	
0304	BAna:ne?	
0305		na:n
0306	**Timo:**	
0307	[hält einen Apfel in der Hand:] und das?		
0308		ap-fa
0309	**Mark:**	
0310	apfel?	
0311		[fordernd laut:] ha a:pa:	
0312	**Timo:**	
0313	gleich wenn Du Deinen kaffee aufgetrunken has	
0314		[fordernd :] appa: appa:	
0315	**Mutter:**	
0316	geh mal	
0317		[regt sich auf und greift nach
0318		einer Zitrone]
0319	[strenger:] ja reg Dich ab reg Dich ab (2) das hier?		
0320		[beruhigt sich] ja:
0321	das is zitro:ne die muß ich ers waschen (2) sag mal zitro:ne	
0322		[ungehalten:] h ap (...)	
0323	de appei: <huch>	<Max tut sich weh>
0324	o:ch (2) ich war das aber nich maxi	
0325		[kreischend:] la:de:::	
0326	nee schokolade is alle	
0327		[kreischend:] la:	
0328	[streng:] na (1) hier hast Du nen apfel		
0329		(...(7)...)
0330	[streng:] die schokolade is alle auf		
0331		[kreischend:] la:de::	
0332	was kriegst Du davon von der schokolade?	
0333		[weint:] b-weh:::	
0334	was kriegst Du von der schokolade?	
0335		k-lade::
0336	sag mal bauchweh	
0337		gade::
0338	sag mal BAUCHWEH	
0339		egade:
0340	[lacht]	
0341		[stoßweise weinend:]
0342		egade:::	
0343	**Timo:**	
0344	[laut:] alle		
0345		[weint:] elade::::: (2) dade::	
0346		[Max atmet schwer und
0347		stoßweise]
0348	**Mark:**	
0349	[hält das Mikrophon in Richtung Max, der sich auf den	
0350	Küchenboden geworfen hat und umherwälzt]	
0351		[zornig kreischend:] man
0352		ma:k man (1) hör au::f	

151

0353	was denn?	
0354		[kreischend:] hör au:f |
0355	womit?	
0356		[kreischend:] hö:r au:f (1)
0357		hör auf (1) nei ma:k na:n
0358		na::n | [gemäßigter:] lade: |
0359	**Mutter:**	
0360	ja is doch alle schatz	
0361		lade::
0362	sag mal bauchweh	
0363		ga:de::
0364	was kriegst Du von der schokola:de? [Mark nähert sich	
0365	wieder mit dem Mikrophon]	
0366	<Mutter lacht> das dressierte Kind das funktioniert aber nicht	[wütend:] <na ma:k (1) man:
0367		na:n na::n> na:n (1)
0368		NA:n (2) MA:n |
0369	**Mark:**	
0370	nein? ist doch nur ein mikrophon	
0371	**Mutter:**	
0372	wo geht der max denn gleich hin?	
0373		hei:a
0374	heiabett?	
0375		[läuft in den Flur in Richtung
0376		Haustüre]
0377	**Mark:**	
0378	wo willst Du hin? [lachend:] komm zurück |	
0379		w*ll ra:s
0380	**Mutter**	
0381	nee Du gehst jetzt nicht raus	
0382	**Mark:**	
0383	komm zurück schokolade gibts hier	
0384		na:n
0385	schokolade	
0386		[öffnet die Haustüre]
0387	**Mutter:**	
0388	[lacht] ist doch naß draußen komm	
0389	**Mark:**	
0390	komm maxei la:de	
0391		ga-te::
0392	**Mutter:**	
0393	ja jetzt muß ich ihm noch eine geben (0) das is ne erziehung	
0394		he:ga:de
0395	[gibt Max noch einen Riegel und soll auch Mark und Timo	
0396	jeweils einen geben] Sag bitte: ma:k	
0397		bitte: ma:k
0398	**Mark:**	
0399	dankeschö:n	
0400	**Mutter:**	
0401	sag bitte ti:mo	
0402		bitte timo::
0403	**Timo:**	
0404	danke	
0405	**Mutter:**	
0406	bitteschö:n	
0407		de ma:ts au (der Max auch)
0408	maxi was kriegt man von schokolade? (1) sag mal bauchweh	
0409		babweh

9.5 Transkripte 1996: Aufnahme vom 04. Mai; Alter von Max: 2;3

0410	**Mark:**	
0411	und warum ißt Du dann schokolade?	
0412	**Mutter:**	
0413	sag mal is lecker	
0414		le:ter
0415	**Mark:**	
0416	was is die? lecker?	
0417		lesa: hm: ehm (1) kina
0418	**Mutter:**	
0419	kinder essen schokolade	
0420	is das aber ein <u>anblick</u>	ne <u>ga:de</u>
0421	gleich sieht die küche aus wie ein schweinestall [Timo will	
0422	Max beim Auspacken der Schokolade helfen]	
0423		na: nei:n ma:k (1) nein: nei:n
0424		ti:mo:
0425	**Timo:**	
0426	doch timo	
0427	**Mark:**	
0428	laß Dir doch helfen vom Timo	
0429	**Timo:**	
0430	komm ich helf Dir	
0431	**Mutter:**	
0432	timo hel:fen	
0433		[Max knüllt das Papier
0434		zusammen und wirft es auf
0435		den Boden]
0436	**Timo:**	
0437	wie macht das auto?	
0438		b-umm
0439	**Mark:**	
0440	wie macht das auto?	
0441		ham
0442	**Timo:**	
0443	komm mal her (0) wie macht der jörg? [*Nachbar und*	
0444	*Autofreak*]	
0445		bam
0446	wie richtig? brumm brumm	
0447		[laut:] mam mam	
0448	wie macht der hund?	
0449		mam
0450	**Mutter:**	
0451	Wie macht der Hund?	
0452		ham
0453	Wau! Wau!	
0454	**Mark:**	
0455	wie macht der hund?	
0456		[flüsternd:] wau wau
0457		wau	
0458	wie?	
0459		
0460	**Timo:**	
0461	laut	
0462		[laut:] wau: wau:	
0463	wie macht die katze?	
0464		[laut:] mi:au:::	
0465	wie macht das schaf?	
0466		[laut:] mäh:	

153

0467 wie macht die kuh? (2) wie macht die kuh?	
0468	ga ich (gar nicht)
0469 **Mutter:**	
0470 maxi wie macht die kuh? (2) wie macht die kuh?	
0471	m:: muh
0472 [Nina kommt herein und wird von der Mutter in den Arm	
0473 genommen] wer ist das max?	
0474	ma:k
0475 und dahinter?	
0476	(...(3)...)
0477 wer is das hier guck mal das hier wer is das?	
0478	ni-a
0479 [Nina verzieht angeekelt das Gesicht, weil Max Schokoladen-	
0480 verschmiert ist]	
0481 **Mark:**	
0482 nina? ist die lieb die nina?	
0483 **Mutter:**	
0484 nein (0) die nina is böse ne?	
0485	[schreit:] ni-a bö:se |
0486 [Nina gibt ihm einen leichten Klaps an den Hinterkopf]	
0487	[schreit:] has Du wieda
0488	au:at? | [*sagt Max immer bei*
0489	*solcher Gelegenheit*]
0490 macht die nina immer aua	
0491	hm:
0492 [Nina kneift aus Spaß die Mutter] au:a au:a au::a (1) was hat	
0493 die nina gemacht? (2) hat die nina geaua:t? (1) sag mal nina	
0494 aua:t	
0495	hasu:?
0496 aua:	
0497	ha gomm [nimmt die Mutter
0498	in den Arm]
0499 mhm dan:ke sag mal wieda gu:t (8) sag mal mama wieda gu::t	
0500	
0501	gut?
0502 wieda gu:t (1) sag mal wieda gut	
0503	[macht Geräusche der
0504	Zufriedenheit]
0505 **Mark:**	
0506 guck mal max was ist das?	
0507	buch
0508 ein buch?	
0509 **Mutter:**	
0510 der hat den mund bis oben hin voll	
0511 **Mark:**	
0512 was ist das max?	
0513	KInant
0514 [Timo will sich auf den Stuhl setzen, auf dem sonst die	
0515 Mutter sitzt]	
0516	[laut und aggressiv:] nee:
0517	mama:s (0) WEG
0518 **Timo:**	
0519 mein stuhl	
0520	n mama:: (nein mamas)
0521 nein meiner	
0522	n mamaha:: |
0523 **Mutter:**	

0524 das ist mein stuhl	
0525	mama uhl (mamas stuhl)
0526 **Timo:**	
0527 timos stuhl ist es jetzt	
0528	[sehr laut und energisch:] nei
0529	AMA |
0530 **Mutter:**	
0531 timo geh runter	[laut:] aua: |
0532 [Timo lacht weil Max ihn boxt]	
0533	[laut:] gongon a: a:: a: |
0534 tiMO jetzt gehst Du da runter (0) och komm geh runter da: |	
0535	[Max haut Timo weiter]
0536 [energisch:] Du bist jetzt lieb (1) na: [Nina gibt Max wieder	
0537 einen Klaps]	
0538	au:a:: [geht in Weinen über]
0539 nina Du bist gemein [zu Max sanfter:] komm: [streichelt	
0540 Max] komm: | [Die Hauskatze Tommy kommt herein]	
0541 **Mutter:**	
0542 guck mal wer ist das denn da?	
0543	dommy
0544 **Mark:**	
0545 tommy? tommy die katze? (3) was ißt Du denn da max?	
0546	su-ka
0547 was hast Du gesagt?	
0548 **Mutter:**	
0549 was ist das max? [flüsternd:] zucker |	
0550	[flüsternd:] su-ka |
0551 was ist das? laut	
0552	[schreit:] tu:ka: | [Max kratzt
0553	Mark]
0554 **Mark:**	
0555 au:a::	
0556	[wendet sich der Katze zu]
0557	tom:my [streichelt ihn recht
0558	unbeholfen und grob]
0559 **Mutter:**	
0560 paß auf Du machst aua den tom	
0561 **Mark:**	
0562 wer ist das max?	
0563 **Mutter:**	
0564 maxi wer ist das? wer ist das?	tom:my
0565 ist der tommy lieb?	
0566	do:m [Max läuft in der
0567	Küche umher und greift sich
0568	ein Messer aus der Küchen-
0569	schublade] (...)
0570 **Mark:**	
0571 oh: messer ist SCHARF	
0572 **Mutter:**	
0573 [nimmt Max das Messer weg]	
0574	[nimmt sich eine Zitrone aus
0575	einem Früchtekorb]
0576 **Mutter:**	
0577 das ist ne zitro:ne sag mal zitro:ne (1) sag mal zitro:ne	
0578	da:ne
0579 **Mark:**	
0580 so maxei (0) makei geht jetzt nach hause	

9.5 Transkripte 1996: Aufnahme vom 04. Mai; Alter von Max: 2;3

0581 **Mutter:**	
0582 sag mal tschö: ma:ki	
0583	ö: ma:ki
0584 **Mark:**	
0585 tschö:	
0586 **Mutter:**	
0587 wohin geht der ma:ki?	
0588	geh: hau:se:
0589 **Mark:**	
0590 wo ist der reinei denn?	
0591	au hau:se: (auch zu hause)
0592 der reinei is im urlaub	
0593 **Mutter:**	
0594 jetzt ist der reinei in urlaub (0) sag mal ur:laub	
0595	u-a:b
0596 **Mark:**	
0597 schmeckt die zitrone? (1) schmeckt die? ist doch sauer	
0598 **Mutter:**	
0599 [flüsternd:] sag mal sauer |	
0600	ja saua: [verzieht das Gesicht
0601	und tritt Tommy, nachdem er
0602	diesen erblickt hat]
0603	
0604 [laut:] nicht den (1) FREUND (1) das darfst Du nicht |	
0605 **Mark:**	
0606 nicht treten den tommy	
0607 **Mutter:**	
0608 schön ei:che machen (1) tommy is doch lie:b	
0609 tommy hat hunger (0) sag mal hunger (0) tommy <u>hunger</u>	hun:ga:
0610 sag mal hunga:	
0611	[Tommy streichelnd:] ja: (2)
0612	ja: (3) ja:: |
0613 der ist immer so scheinheilig (1) tut er immer so lieb und	
0614 dann	
0615 **Mark:**	
0616 wer der max?	
0617 **Mutter:**	
0618 hm: aber heute morgen hat er ihn ordentlich gekratzt	

9.6 Transkripte 1996: Aufnahme vom 23. August; Alter von Max: 2;6

=> 0001 <u>Situation: In der Küche nach dem Essen mit Mark und Mutter</u>

#	Mark / Mutter	Max:
0002		
0003	**Mark:**	
0004	hast Du schon gegessen max?	
0005		ja
0006	was gab es denn?	
0007		gessen
0008	**Mutter:**	
0009	was hast Du denn gegessen? (2) was war das?	
0010		hmt ku:mel
0011	**Mark:**	
0012	hm? krü:mel?	
0013		ja
0014	wo sind krümel?	
0015		i bau:ch
0016	[Mark und Mutter lachen]	
0017		i bau:ch
0018	die krümel sind im bauch?	
0019		ja::
0020	hasse krümel gegessen?	
0021		ja:
0022	aha (2) was war das denn ku:chen?	
0023		rara san-kas:ten
0024	**Mutter:**	
0025	[lachend:] lara ist im sandkasten |	
0026		andkas:ten
0027	**Mark:**	
0028	wie sandkasten? einen sandkasten hasse gegessen?	
0029		nein de ra:rei
0030	ach die lara ist im sandkasten? (2) die laRA oder die laREI?	
0031		gu:cken
0032	willst Du gucken?	
0033		ja
0034	was willst Du gucken?	
0035		era:rei
0036	de larei	
0037		[Max klettert vom Stuhl und
0038		stößt sich] aua (1) au:a
0039	**Mutter:**	
0040	hasse aua gemacht?	
0041		ja
0042	wo denn?	
0043		bu:t
0044	blut? (3) is doch gar kein blut	
0045		doch
0046	och (1) is doch gar nich wahr	
0047	**Mark:**	
0048	komm mal he:r setzt Dich ma:l	
0049		mm (1) i ka nich (1) grei:te
0050		kommte matsi
0051	**Mutter:**	
0052	gleiche kommte maxi [Mark und Mutter lachen:] (3) JETZT	
0053	kommen	
0054		mm
0055	der ma:ki will Dich doch aufnehmen	
0056		hm?

157

```
0057   ja komm (1) komm
0058                                                        andkas:ten
0059
0060
```
=> ```
0061   Situation: Auf der Terasse mit Mutter, Lara und Mark
0062
0063   gu:cken (1) hie o:ben
0064   Lara:
0065   guck mal da oben is ne schnecke [guckt an die Balkondecke]
0066   ah:
0067   Mark:
0068   wo ist ne schnecke?
0069   da o:ben
0070   da is ne schnecke?
0071   ja
0072   Mutter:
0073   max und wo ist die große spinne?
0074   da o:ben [zeigend:] da: |
0075   such mal die spinne
0076   Mark:
0077   wo ist der papa denn eigentlich?
0078   we (0) wa (0) weg
0079   wo denn ?
0080   in sef:t
0081   im geschäft?
0082   ja [Max rennt in den Flur
0083   Richtung Haustüre]
0084   Lara:
0085   maxi komm her
0086   geh grau:ßen (1) geh
0087   grau:ßen
0088   Mark:
0089   komm max
0090   neihein
0091   komm (1) [spaßig:] kommst Du jetzt wohl? sonst hol ich Dich
0092   hehe komm her komm |
0093   neihei:n
0094   [spaßig:] komm (2) kommst Du jetzt wohl? |
0095   nei:n
0096   [spaßig:] ich krieg Dich (1) ich krieg Dich auch so (2) ich
0097   krieg Dich | [fängt Max]
0098   [stößt sich]
0099   oh: was ist denn nun wieder passiert? wieder aua gemacht?
0100   ja:
0101   wo?
0102   drau:ße
0103   schlimm?
0104   ja
0105   [pustet] besser?
0106   na (nein)
0107   man sieht aber nichts kein blut (4) Was ist denn da drin? Was
0108   ist das?
0109   saft
0110   saft?
0111   ja:
0112   schmeckt der? (2) schmeckt der saft?
```

158
```

0113		fi:g draf ku:ma da:: fis dra:f
0114		ku:ma
0115	ein fisch?	
0116		ja:
0117	toll (2) wieviele fische?	
0118		ja
0119	viele ne?	
0120		ja: vie:le (3) ra:us
0121	[geht zur türe] willst Du raus?	
0122		ja (4) ra:us ma:ki
0123	ICH soll raus?	
0124		ja
0125	Du nicht?	
0126		endoch
0127	doch? komm gehm wer raus	
0128		[gehaucht:] ja	
0129	komm	
0130		[gehaucht:] ja	
0131	[gehen beide raus auf die Terrasse] sollen wir uns hinsetzen?	
0132		nei (nein)
0133	warum nicht? (7) setz Dich (2) setz Dich hin	
0134		gu:cken (0) DA gro-e pinne
0135		[zeigt auf eine große Spinne
0136		an der Wand]
0137	was? ne spinne ist da?	
0138		ja:
0139	wo denn? ich seh keine	
0140		da:
0141	wo?	
0142		da [zeigt gleichzeitig mit
0143		seinen Fingern darauf]
0144	**Lara:**	
0145	was sind das für blumen maxi? (3) sag mal?	
0146		[flüsternd:] o:sen	
0147	**Lara:**	
0148	sag mal lauter	
0149		[lauter:] ro::sen	
0150		
0151		
0152		[setzt sich der Mutter auf
0153		den Schoß und wird
0154		abgeküßt] o:a:n
0155	[Mutter küßt Max geräuschvoll aufs linke Ohr]	
0156		gran (1) oh gran bi:tte:
0157	**Mark:**	
0158	hm?	
0159	**Mutter:**	
0160	[erklärend:] ohr dran bitte	[sich Max zuwendend:] andere	
0161	ohr essen ham ham ham ham ham		
0162		r*n:ta (runter)
0163	run:ta? [Mutter läßt irgendeinen Gegenstand unter dem Pulli	
0164	verschwinden]	
0165		gibbe hea::
0166	gibbe hea:?	
0167		hm:
0168	es is im bauch drin hol ausm bauch raus	

159

9.6 Transkripte 1996: Aufnahme vom 23. August; Alter von Max: 2;6

```
0169                                                    nein
0170  in meinem bauch
0171                                                    unne we:nn? (wo denn?)
0172  da drin [zeigt auf ihren Bauch]
0173                                                    o: denn?
0174  [holt das Objekt hervor] da isses (1) DA wieder dran:machen
0175                                                    fes:
0176  [strenger Geruch breitet sich aus] bist  Du ein stinker?
0177                                                    nein
0178  Du sollst doch aufs klöchen gehen
0179
```

=> 0180 **Situation: Max geht zur Nachbarin Heide**

```
0181
0182  Heide:                                           Max:
0183                                                    [Max will einen Lutscher
0184                                                    haben] gibbe lutscher
0185  ich hab keinen lutscher für Dich
0186                                                    [Max geht zurück zur
0187                                                    Mama] heide ne lutscher
0188                                                    gebt
0189
```

=> 0190 **Situation: in Küche - Mutter soll Max einen Schokoriegel aufmachen**

```
0191
0192  Mutter:                                          Max:
0193                                                    aufmachen
0194  sag mal meine güte
0195                                                    nein
0196  bitte (1) dann mach ich das auch auf (0) sag erst mal meine
0197  güte
0198                                                    nein
0199  dann mach ich es nich auf (1) einmal meine güte
0200                                                    nein
0201  dann mach ichs auf
0202                                                    aufmachen
0203  erst meine güte
0204                                                    nein
0205  dann kann ichs nicht aufmachen
0206                                                    [quengelnd:] a:fmachen |
0207  sag mal erst meine güte
0208                                                    [wird zornig] nei:n
0209  och bitte
0210                                                    [zornig-weinend:]
0211                                                    aufmache:n |
0212  kann nicht
0213  Mark:
0214  das geht sonst nicht (2) ganz schnell einma:l
0215  Mutter:
0216  erst meine güte dann das is das is en zauberwort
0217                                                    nein
0218  [flüsternd:] sag mal meine güte | dann geht das sofort auf (1)
0219  schnell
0220                                                    nein
0221  Mark:
0222  warum denn nich?
0223  Mutter:
0224  warum sagse das denn nich?
```

9.6 Transkripte 1996: Aufnahme vom 23. August; Alter von Max: 2;6

0225		[Max nimmt auf dem Tisch
0226		liegendes Radiergummi an
0227		sich]
0228	**Mark:**	
0229	mein radiergummi	
0230		bitte
0231	für mich (1) mein radiergummi ist das	
0232	**Mutter:**	
0233	sag mal radiergummi	
0234		[leise, kaum verständlich:]
0235		nein (3) a:fmachen	
0236	**Mark**	
0237	kann man nicht aufmachen	
0238		kaich aufmachen (kann ich
0239		aufmachen?)
0240	geht nicht	
0241		ma:len
0242	**Mutter:**	
0243	auch nich ma:len	
0244	**Mark:**	
0245	zeig ich Dir gleich mal was man damit kann	
0246	**Mutter:**	
0247	sag mal radiergummi	
0248		[gehaucht:] nein	
0249	kannst Du	
0250		[gehaucht:] nein	
0251	doch (0) sag mal radiergummi	
0252		[gehaucht:] nein	
0253	kannst Du das nicht (1) radiergummi?	
0254		ha hick hick hack huck
0255	bäh (1) das stinkt	
0256		sti:kt?
0257	stinkt (3) sag mal radiergummi	
0258		nein
0259	sag mal gummi	
0260		na:a
0261	sag mal max is doof	
0262		nein [beschäftigt sich inten-
0263		siv mit dem Radiergummi]
0264	maxi::	
0265		ja?
0266	gib mal den radiergummi bitte	
0267		ma:len
0268	da kann man nicht mit ma:len	
0269	**Mark:**	
0270	komm mal (1) ich zeig dir mal was man damit macht (4) gib	
0271	mal den radiergummi (3) guck mal (2) jetzt mach ich hier en	
0272	gesicht hin (5) siehse?	
0273		[interessiert:] ja:	
0274	und jetzt will ich das nicht mehr haben dann mach ich so	
0275	[radiert:] (6)	
0276		[mit abfallender Intonation:]
0277		ja	
0278	**Mutter:**	
0279	[erstaunt:] wo ist das gesicht jetzt?		
0280	**Mark:**	

161

0281 weg (3) gut ne?
0282   ku:cken (1) ma:len
0283 nochmal?
0284   ja
0285 jetzt mal ich was hin
0286   ha (ein) auto
0287 und dann isses weg (4) toll ne?
0288 **Mutter:**
0289 der mark kann zaubern
0290   ha (ein) auto malen
0291 **Mark:**
0292 ein auto malen?
0293   ja
0294 [malt ein Auto]
0295   ja sö:n
0296 en auto (0) da sitzt noch einer drin (0) de maxei
0297   da ita das da (3) ita das da?
0298   (2) itasz? (1) sa ma:t
0299   [schluckt] ki? [zeigt aufs
0300   Mikrofon]
0301 <u>mikrofon</u> ist das   <u>da:?</u>
0302   ja
0303 da nehm ich mit auf (1) stimmen
0304   ja ta
0305 **Mutter:**
0306 sag mal mikrofo:n
0307   nein
0308 **Mark:**
0309 kannst Du das nicht sagen?
0310   nein
0311 guck jetzt kommts wieder weg [radiert Auto mit Max weg]
0312 toll ne? (2) oder nicht toll?
0313 **Mutter:**
0314 ist das schön?
0315   ja
0316 **Mark:**
0317 soll ich Dich mal wegradieren?
0318   ja
0319 bisse gleich weg
0320   haben da:f?
0321 nee darfse nich haben
0322 **Mutter:**
0323 sag ersma: mikrophon
0324   nein
0325 sag mal marki ist lieb
0326   nein
0327 ist der marki denn lieb?
0328   nei
0329 d/ doch lieb
0330 **Mark:**
0331 ich bin nich lieb?
0332 **Mutter:**
0333 doch lieb
0334   nei:::::
0335 **Mark:**
0336 Du bis en bösen ne?

0337		nein ma:ki böse: [kratzt die
0338		Mutter]
0339	**Mutter**	
0340	AU Du tust mir weh:	
0341	**Mark:**	
0342	en ganz frechen bist Du	
0343	**Mutter:**	
0344	ist der maxi bös?	
0345		nein
0346	stinkst Du schon wieder? [riecht an ihm] hast Du was in der	
0347	hose?	
0348		nein (3) h/ suhe an:sieh:n
0349	ham wer doch gerade ausgezogen	
0350		suhe antsiehen
0351	**Mark:**	
0352	schuhe anziehen?	
0353		de mama uhe an:sieh:n
0354	sag mal bitte	
0355		bi:tte
0356	[Mutter beginnt, Max die Schuhe anzuziehen]	
0357	kannst Du das nicht selber?	
0358	**Mutter:**	
0359	nich beißen (2) nich beißen	
0360	**Mark:**	
0361	kannse nich die schuhe anziehen max?	
0362		[verzerrt die Sprache
0363		albern:] ja:: nei:n	
0364	kannse doch selber	
0365		nein
0366	sicher (2) wirklich nich?	
0367		nein (2) tüa
0368	is schwer?	
0369		ja:
0370	Dir die schuhe anzuziehen? Du hast doch so kleine beinchen	
0371	nur	
0372		da isse (1) tom (1) kuck mal
0373	**Mutter:**	
0374	wer kommt denn da (1) das füßchen?	
0375		ja:: ku ma:ki
0376	was ist da?	
0377		füß:che kommt
0378	[Timo schreit in einem anderen Zimmer] wa das denn? (2)	
0379	wer war das? (3) wer hat da so geschrien?	
0380		ein mann
0381	nee das war der timo	
0382		ti:mo:
0383	ist der timo denn ein mann?	
0384		ja
0385	nein ein junge	
0386		ei ju:nge
0387	**Mark:**	
0388	und die nina?	
0389	**Mutter:**	
0390	[flüsternd:] ein mädchen (2) sag mal mädchen		
0391		[flüsternd:] nei:n kanich	
0392		[kriecht auf dem Boden rum

0393		und findet etwas] itasz?
0394	ein blatt	
0395	**Mark:**	
0396	ne erbse	
0397	**Mutter:**	
0398	nee das is doch von dem (1) das darfst Du nicht essen (1)	
0399	BAH schmeiß weg (1) WEG	
0400		weg
0401	**Mark:**	
0402	hasse schon gegessen max?	
0403		nei
0404	nein?	
0405		bäh bah
0406	bah?	
0407	**Mutter:**	
0408	möchtest Du nudeln essen?	
0409		nein

9.7 Transkripte 1996: Aufnahme vom 15. November; Alter von Max: 2;9

=> 0001 <u>Situation: In der Küche mit Titta und Mark</u>
    0002
    0003 **Mark:**   **Max:**
    0004 [hantiert mit dem Kassettenrekorder]
    0005 wo muß ich drücken?
    0006   hi:a
    0007 hier? nee dann hörte auf (0) ich laß den jetzt mal laufen
    0008   ja
    0009 ich nehm da was auf (0) komm gehn wer frühstücken
    0010 **Titta:**
    0011 hast Du gut geschlafen?
    0012   ja
    0013 hast Du geträumt?
    0014   mm
    0015 wovon denn?
    0016 **Mark:**
    0017 Du hast geträumt? wovon?
    0018   vo:gel
    0019 vom vogel?
    0020   ja:
    0021 **Titta:**
    0022 was hat der denn gemacht? (5) hm?
    0023   itte ma:ch toa su ja? (1) ea:s
    0024   gro:te (Brote?) m*chen ja?
    0025 **Mark:**
    0026 schuhe zumachen?
    0027   hm [Max will sich ein Brot
    0028   selber schmieren]
    0029 **Titta:**
    0030 kannst Du das denn?
    0031   mhm
    0032 komm die titta macht es (7) das is schwer (1) wart ma (1) geh
    0033 mal weg mitte finger so (4) ordentlich essen (1) na
    0034   titta (0) ni a:machen
    0035 schön essen
    0036   ha:
    0037 na (0) ordentlich essen [sanfter Tonfall:] komm |
    0038 **Mark:**
    0039 ich wollte heute drachen steigen lassen
    0040 **Titta:**
    0041 oh: mark hat einen drachen mit (1) willst Du mitgehen dann
    0042 auf wiese?
    0043   hm:
    0044 an den wald?
    0045   eja:
    0046 erzähl dem mark mal wie Du in die badewanne gefallen bist
    0047 **Mark:**
    0048 in die badewanne gefallen?
    0049   ja so [macht es vor]
    0050 wo denn?
    0051   so [macht es wieder vor]
    0052 so?
    0053   umme-kippt
    0054 umgekippt?
    0055   hm: so [zeigt es wieder mit

0056		geräuschvoller Untermal-
0057		lung]
0058	wie kommt das denn (5) hm? wie kommt das?	
0059	**Titta:**	
0060	bisse schnell gelau:fen?	
0061		nell au:fe (0) so [macht es
0062		erneut vor] so
0063	**Mark:**	
0064	[lachend:] so? | (0) so hat das ausgesehen?	
0065	**Titta:**	
0066	ist das? (1) hm?	
0067		ku:cken
0068	was ist das denn?	
0069		weiß nich
0070	KÄse ist das	
0071		ja:
0072	was ist das? (1) hm? (1) was ist da drin?	
0073		KÄ:SE
0074	**Titta:**	
0075	sag mal la:ra	
0076		a:ra
0077	La:ra (1) lara	
0078		[genervt:] ja:ha: |
0079	[lautiert:] L (1) sag mal L |	
0080		mm
0081	ja bitte (2) kannst es	
0082		käse essen [Max greift nach
0083		dem Käse und gerät mit
0084		dem Arm hinein]
0085	nee halt ah: (1) jetzt ist schluß (1) kumma hier (1) haste am	
0086	arm (3) nix (3) abputzen LOS (0) lappen (1) schnell (1) ich	
0087	hol en lappen warte hier	
0088	**Mark:**	
0089	drück mal auf die taste rechts (1) drück mal drauf	
0090		hm:
0091	da drauf	
0092		ja?
0093	drücken (0) ganz feste	
0094		[Max drückt darauf] habe
0095		auegessen
0096	hast aufGEgessen?	
0097		ja:
0098	**Titta:**	
0099	willst Du noch was?	
0100		kä:se
0101	augenblick	
0102		kä:se ja?
0103	käsebrot?	
0104		ja
0105	ißt Du das dann auch?	
0106		ja
0107	alle auf?	
0108		ja
0109	wo ist die mama denn?	
0110		oh ich weiß nich [*'ch' hier*
0111		*als Reibelaut*] schitten
0112		(Schlitten) fah:ren mama

0113 und der papa?	
0114	auch (0) weg
0115 alle weg?	
0116	[gequält:] ja: |
0117 **Mark:**	
0118 wohin?	
0119	feuawehr kau:fen
0120 **Titta:**	
0121 feuerwehr kaufen?	
0122	ja
0123 **Mark:**	
0124 wie ne feuerwehr kaufen? ein auto ja?	
0125	feuawehr (1) auto f/ (1)
0126	ma-ki feuawehr
0127 hm?	
0128	ha:ben
0129 ich will eine haben?	
0130	ma-ki
0131 der maxi?	
0132	ja (1) nua gu:cken ja? (1)
0133	nur ku:cken
0134 nur gucken?	
0135	ja
0136 was willse denn mit ner feuerwehr?	
0137 **Titta:**	
0138 spielen (1) ja?	
0139	nua spie:len [*'s' nicht als*
0140	*'sch' gesprochen*] (1) (will
0141	die) ni: puttmachen
0142 nein	
0143 **Mark:**	
0144 nich <u>kaputt</u>machen?	<u>so:</u>
0145	ni puttmach:en?
0146 **Titta:**	
0147 nein [wie so oft in ihrer Sprache mit Max sehr intensiv	
0148 intoniert]	
0149	au verseh do: (doch nur aus
0150	versehen)
0151 mhm	
0152	widda da ja: [*kräftig-*
0153	*schrille Intonation am*
0154	*Satzende aber nicht als*
0155	*Frage*] feuaweh we-zauba
0156	[*Laute sehr miteinander*
0157	*verschmolzen*]
0158 zaubert nur	
0159 **Mark:**	
0160 feuerwehr willse wegzaubern?	
0161	ja
0162 warum das denn? dann hast Du doch gar keine mehr	
0163 **Titta:**	
0164 kann er wieder herzaubern ja?	
0165	mhm (4) ä:se essen
0166 ja warte ich mach Dir en käse (0) wann kommt die mama denn	
0167 wieder?	

0168	ähm (1) wa:
0169 hm?	
0170	(...)
0171 wann kommt die mama wieder? (1) weisse nich?	
0172	[*Max versteht den Sachver-*
0173	*halt augenscheinlich nicht*]
0174 **Mark:**	
0175 hast Du schon mal einen drachen steigen lassen (2) maxei?	
0176	ja
0177 **Titta:**	
0178 mit dem timo ja? (1) nich mehr dran gehen	
0179 **Mark:**	
0180 sollen wir mal einen steigenlassen? [schaut aus dem Fenster]	
0181 guck mal kommt sogar wind (0) guck ein ganz kleines bißchen	
0182 **Titta:**	
0183 komm Dein kä:sebrot	
0184	ja:
0185 **Mark:**	
0186 komm essen	
0187	(2) eibah: ho:len
0188 nicht rausziehen	
0189	ne ei:bah:n
0190 ach so	
0191	ei:bahn [macht Fahr-
0192	geräusche]
0193 was ist das?	
0194	ei:bahn kuck ma ei:bah:n
0195	tolles
0196 eine eisenbahn ist das	
0197	tolles ja?
0198 ne eisenbahn	
0199 **Titta:**	
0200 sag mal EI:senbahn	
0201	nein [macht wieder
0202	Fahrgeräusche]
0203 komm wieder essen käsebrot eisenbahn	
0204 **Mark:**	
0205 hasse gut geschlafen?	
0206	ja
0207 wie lange denn? ich hab Dich gar nicht gehört heute morgen	
0208 **Titta:**	
0209 hat schon gesungen heut morgen ja? ganz laut gesungen	
0210 [*alleine im Zimmer nach dem Aufwachen*]	
0211 **Mark:**	
0212 was denn?	
0213 **Titta:**	
0214 <was hast Du gesungen?>	<sieht Titta an, wobei er
0215	verlegen mit der Hand auf
0216	den Boden trommelt>
0217 ähm katze liegt im schnee ne?	
0218	ja
0219 **Mark:**	
0220 echt? sing mal (0) kenn ich gar nicht	
0221 **Titta:**	
0222 [singend:] a: b:	mußt du abends mal hinter der tür stehen (1)	
0223 da singte immer laut mit	
0224 **Mark:**	

0225	traust Du Dich nicht zu singen?	
0226		mm
0227	**Titta:**	
0228	der kann gar nicht singen	
0229		kanni sin:gen
0230	**Mark:**	
0231	kannse nicht?	
0232		nein [klopft verlegen mit
0233		der Faust auf den Boden]
0234	**Titta:**	
0235	Du singst doch immer mit der mama mit ja?	
0236		hm:
0237	[singend:] a: b: c:: die katze liegt im schnee (0) als sie dann	
0238	nach (1) HAUse ka:m (1) hat sie (4) weiße stiefel an | nun sing	
0239	(0) Du kannst es doch	
0240		i kann nich [*wieder wird*
0241		*'ch' als Reibelaut ausge-*
0242		*sprochen*]
0243	**Mark:**	
0244	dann laß den dusty [die hauskatze] mal rein (1) den griff	
0245	runterdrücken [schwerer Türgriff, den Max nicht alleine	
0246	herunterdrücken kann]	
0247	**Titta:**	
0248	FESTE	
0249		[wütend:] nei::n |
0250	doch (1) versuch doch mal	
0251		[wütend:] nein nein mak-ei |
0252	nee?	
0253		[fast weinerlich:] ne::in |
0254	ich komm gleich augenblick	
0255		[Max guckt Titta an] Du
0256		komma
0257	**Mark:**	
0258	ICH komm (0) moment	
0259		[zu Titta] DU
0260	**Titta:**	
0261	mm	
0262		[Max klopft gegen die
0263		große Glastüre] auf:ma:en
0264		dadi [*für die Hauskatze*
0265		*Dusty*] rei:kommen (1) dadi
0266		rei:kommen [quengeliger:]
0267		dadi reikommen |
0268	**Mark:**	
0269	der will doch gar nicht rein	
0270		[trotzig:] doch |
0271	kuck mal (1) der guckt doch ganz gelangweilt (1) die katze	
0272	will nicht rein	
0273		[wütend und trotzig:] doch |
0274		[versucht vergeblich die
0275		schwere Türe zu bewegen] i
0276		kanni a:fmachen [sehr
0277		erregt] [*diesmal ist das 'ch'*
0278		*zu hören*] [Max wendet sich
0279		dem laufenden Kassettenre-
0280		corder zu] geht appud da rin

9.7 Transkripte 1996: Aufnahme vom 15. November; Alter von Max: 2;9

```
0281  bitte?
0282                                                    putta grin
0283  was ist?
0284                                                    [lauter aber differenzierter:]
0285                                                    putt da drin |
0286  hm?
0287                                                    [sehr laut fast ärgerlich:]
0288                                                    putt da drin |
0289  wo? versteh ich nich
0290                                                    pu: da rin
0291  is kaputt?
0292                                                    n:ja:
0293  die kassette? nein die geht nicht kaputt nicht drauf drücken (1)
0294  dann geht se kaputt (0) ist ein kassettenrecorder
0295                                                    ja?
0296  da ist die stimme vom maxei drauf (0) kann ich Dir gleich mal
0297  zeigen
0298                                                    ja?
0299  ja
0300                                                    [geht wieder zur Türe] he
0301                                                    (0) w*ll (will) de a:fmachen
0302  versuch doch nochmal
0303                                                    nei::n
0304  schaffst Du das nicht?
0305                                                    nei::n [entdeckt ein Loch in
0306                                                    seinen Socken] hia ock-en
0307  Titta:
0308  neue socken?
0309                                                    ja:
0310  Mark:
0311  hast Du ein loch im socken?
0312                                                    ja:
0313  wie kommt das denn da rein? hast Du das reingeschnitten?
0314                                                    ja:
0315  ja?
0316                                                    ja:
0317  womit?
0318                                                    ja:
0319  mit der schere?
0320                                                    ja
0321  [lachend:] stimmt doch nicht |
0322                                                    rein schere so [benutzt die
0323                                                    Finger als Schere]
0324  oh (1) so reingeschnitten?
0325  Mark:
0326  wie alt bist Du max?
0327  Titta:
0328  weißt Du wie alt du bist?
0329                                                    [zornig:] na::n: |
0330  [Titta zeigt auf Mark] wer ist das?
0331                                                    ma:oi
0332  [Titta lacht]
0333                                                    mak-ei
0334  Mark:
0335  der mark bin ich (1) sag mal mark
0336                                                    ha:e cho:n ['ch' für 'sch']
0337                                                    [hab ich doch schon - als
```

170

9.7 Transkripte 1996: Aufnahme vom 15. November; Alter von Max: 2;9

0338	*Interpretation des gehörten*
0339	*und des Tonfalls]*
0340 bitte?	
0341	ha:e cho:n [*'ch' für 'sch'*]
0342 hasse scho:n?	
0343	ja
0344 ja ohne EI sag mal mark (1) nich mark-EI (0) mark (0) sag	
0345 mal	
0346	[flüsternd:] ma:k |
0347 a: hab ich gehört toll aber mark-ei hört sich besser an	
0348	[Max liegt auf dem Boden
0349	und hält Titta fest]
0350 komm mal zu mir max-ei	
0351	nein
0352 **Titta:**	
0353 ja los	
0354	au mein arm
0355 **Mark:**	
0356 komm wir lassen den dusty mal rein	
0357	ja
0358 zusammen [machen die Türe auf und Dusty kommt herein]	
0359 guten morgen dusty (1) paß auf der haut denk dran	
0360	[Max streichelt ihn
0361	unwirsch aber hell lachend
0362	und unverständliches
0363	brabbelnd][*'ch' für 'sch'*]
0364 **Mark:**	
0365 jetzt sag mal was dann kann man das auf dem kassettenre-	
0366 korder hören (0) jetzt (1) sprech mal hier rein	
0367	mm
0368 doch tu mal [Mark sagt: „Paß mal auf Max-ei, ich bin hier	
0369 drihi:n und ..."<spielt es anschließend vor>] sprech mal was	<Max ist fasziniert von
0370	dem, was er hört>
0371	mm
0372 sag mal ich bin hier drin mama oder titta	
0373	[brüllend:] ama |
0374 nimm mal die hand aus dem mund sonst hört man es schlecht	
0375	mm
0376 sag mal titta ich bin hier (1) tun wir die titta mal reinlegen (1)	
0377 sag mal titta ich bin hier drin	
0378	[schreiend:] titta |
0379 ich bin hier drin (0) sag	
0380	her komm (1) hie:a grin
0381	[*Max wirkt sehr verlegen*]
0382 nochmal	
0383	nein
0384 nicht mehr? sag nochmal was	
0385	nein
0386 warum nicht? (1) machts kein spaß?	
0387	nein [*Antwort hier vermut-*
0388	*lich weniger aufgrund des*
0389	*Sinnverständnisses der*
0390	*Frage als vielmehr*
0391	*aufgrund der Intonation*
0392	*bzw. der „Warum-Frage"*
0393	*mit mehr oder weniger*

0394		*willkürlicher Antwort]*
0395	kein spaß?	
0396		mm
0397		
=> 0398	**Situation: Im Schlafzimmer von Max mit Titta**	
0399		
0400		
0401	**Titta:**	**Max:**
0402	guck mal ist schon dunkel scha:tz (2) ganz dunkel? (3) sollen	
0403	wir zumachen? [läßt Rollo runter] bist Du mim bus gefahren?	
0404		ja:
0405	war das schön?	
0406		ja a:
0407	mhm? ganz weit?	
0408		ja a:
0409	[lacht fett als sich Titta mit ihm und seinem Nunu beschäftigt]	
0410	gib der titta den nunu	
0411		ähm (...) raus ta:n
0412	[Tommy kommt in die Küche] Oh was will de:r denn hier?	
0413		[Max kreischt laut] to::::m
0414		(1) nana rau:s bitte
0415	ja moment	
0416		marem mutsig
0417	ach der macht doch nix schmutzig	
0418		do:ch
0419	ach was denn?	
0420		doch mach smutzig de
0421		tommy
0422	ach quatsch (0) hat doch saubere pfoten (0) tommy raus abbi	
0423	(0) husch	
0424		ga:to gan:zu:
0425	ja ganz zu ja ja ja [schlägt Türe zu]so jetzt müssen wir singen	
0426	ne? licht an was singen wir denn als erstes?	
0427		
0428		mah:s lich aus
0429	ja:	

9.8 Transkripte 1997: Aufnahme vom 18. Februar; Alter von Max: 3;0

=>	0001	<u>Situation: In der Küche mit Max (beim Essen), Titta und Mark</u>
	0002	
	0003	**Max:**
	0004	[zeigt auf das vor ihm
	0005	stehende Mikrofon]
	0006	**Mark:**
	0007	das soll ich Dir geben?
	0008	ja
	0009	da kann man reinsprechen (0) mikrofon
	0010	ja [leckt daran]
	0011	nicht dran lecken (1) was ist das?
	0012	[flüstert:] mito/	
	0013	mikrofo:n?
	0014	ja
	0015	sag mal mikrofo:n
	0016	afo:n
	0017	mikrofo:n
	0018	[Max sieht sich den
	0019	Kassettenrekorder an] hiä:
	0020	gu:cke:n?
	0021	hm?
	0022	ich gu:cke:n?
	0023	was willst Du gucken?
	0024	da (2) da die haben
	0025	ein kassettenrecorder ist das
	0026	gib ma:l
	0027	den kann ich Dir nicht geben (2) ist zu schwer (2) hier muß
	0028	man reinsprechen
	0029	hallo:
	0030	sag mal ich bin der max
	0031	binne ma::x
	0032	ich bin der max (2) sag mal
	0033	hallo:
	0034	wer bist Du?
	0035	bin:de ma::t
	0036	**Titta:**
	0037	LAUter
	0038	allo ah nich (1) keina grin
	0039	**Mark:**
	0040	mh?
	0041	keina drin
	0042	ist keiner drin?
	0043	nein
	0044	doch der max ist da gleich drin
	0045	hallo:
	0046	hast Du schon hunger?
	0047	ja [selbstvergessen:] hallo
	0048	hallo hallo:	
	0049	[Titta holt Max zum Essen]
	0050	**Titta:**
	0051	komm hier jetzt mal rein
	0052	nein
	0053	doch komm (1) hier sitzt Du jetzt mal erst
	0054	nein
	0055	Du mußt jetzt essen dann kannst Du sprechen mim mark hör
	0056	auf (3) so hier sitzt Du jetzt mal

0057	i will das hia
0058 und suppe	
0059	(mach?) ma: dra:f kucke:n
0060 draufgucken?	
0061	ja dra:f
0062 <es klingelt>	<hallo:>
0063	HA die eva
0064 **Titta:**	
0065 nee ach die eva	
0066	hallo:
0067 **Mark:**	
0068 sag nicht nur hallo sag mal was vernünftiges	
0069	hallo: hallo:
0070 so jetzt gibts suppe	
0071	hallo: hallo: hallo:
0072 nee jetzt ist kein hallo mehr ich hab ausgeschaltet	
0073	wia an
0074 nee jetz nich	
0075	bitte:
0076 nee Du sagst ja immer nur hallo (1) wenn Du nichts anderes	
0077 sagst dann lohnt sich das nicht	
0078	tschö ma:ax (1) nua an
0079 gleich nach dem essen mach ich nochmal an (4) jetzt essen	
0080 wir erst mal (2) ja?	
0081	gleich
0082 gleich nomma	
0083	ja
0084 **Titta:**	
0085 jetzt müssen wir aber mal gucken ob der max richtig essen	
0086 kann	
0087	[Max macht Faxen beim
0088	Essen:] (6)
0089 na (1) hier [füttert ihn mit einem Löffel] wenn Du nur sonnen	
0090 blödsinn machst ist der mark gleich weg	
0091	wo:?
0092 hier komm [gibt ihm einen weiteren Löffel] (7) hast Du	
0093 tüchtig gearbeitet?	
0094	ja
0095 erzählst Du das denn der mama?	
0096	(...(3)...)
0097 ers jetzt essen brav (1) wa/ was ist das denn?	
0098	ei:s (1) äh (1) tee
0099 chips?	
0100	[erkennend:] CHIPS	
0101 für was ist das denn?	
0102	ei chli:p
0103 was macht man denn damit?	
0104	ei fü tü:a:
0105 warum denn die tür?	
0106	fü TÜ:a:
0107 warum denn (1) wird das an die tür gemacht?	
0108	ja
0109 warum? (1) damit der maxi nicht raus kann?	
0110	nein
0111 warum denn?	
0113	(...(5)...)

0114 komm jetzt eß (1) sonst bringt Dir die mama nichts mit (3)
0115 was bringt die mama Dir mit?
0116   a (3) flu:szeug
0117 und der papa?
0118   a: mit
0119 sind die denn jetzt hingefahren?
0120   ins (3) äh u:laub (3)
0121   schi:fahren
0122 schifahren?
0123   ja:do
0124 aha (1) ganz schnell ne?
0125   [klopft heftig auf den Tisch]
0126 nicht so auf den tisch klopfen (4) geht das mikrofon kaputt
0127   ja:?
0128 hm: (2) wenn Du klopfst (1) ne? (3) schmeckt das?
0129   ja
0130 suppe ne? [pustet]
0131   heiß
0132 ja? [pustet]
0133   hia au:ch no-ma:l
0134 eine lin:se ist das
0135   gi (gib) ma:l
0136 gott hast Du hunger ja? (1) soviel gegessen und gearbeitet
0137 [streichelt Max anerkennend über den Kopf]
0138   ha ja
0139 (3) war der andreas gekommen?
0140   woe a-drea:s? (wo ist der
0141   Andreas?)
0142 zur nina gegangen
0143   [ungeduldig:] (wo) der
0144   a-drea:s ist? |
0145 bei der nina
0146   de a-drea:s
0147 der andreas
0148   ja (3) wo i e a-drea:s?
0149 zur nina runter gegangen (2) hasse nich gesehe:n?
0150   äh:m doch
0151 siehste
0152   denke wär die eva: [*Eva ist*
0153   *der Name der Haushälterin*]
0154 genau (0) war nicht die eva [*sehr betont - v.a. das erste Wort*]
0155   [albern:] dan:ke wär die eva::
0156 |
0157 was hat die eva denn morgen?
0158   [flüsternd:] bo:tstag | (3) wo i
0159   (ist?) blu:ma:?
0160 blume steht draußen (0) für wen ist die?
0161 für die?   eva
0162 was hat die denn?
0163   bo:tstag
0164 ja: hm: müssen wir noch gratulieren dann [Titta bekleckert
0165 sich unbemerkt mit Joghurt]
0166   kumma sabbert (gesabbert)
0167 <ach titta (3) wie son löwe ißt du> (2) kleinen löwe   <gluckst und macht einen
0168   Löwen nach>
0169 komm (2) war das denn?

175

0170		ha: (Haar?)
0171	oh: oh: möchtest Du denn noch was trinken?	
0172		mm (1) e:ja
0173	komm doch doch doch	
0174		doch
0175	aber ein bißchen brötchen noch komm	
0176		wo ma:k?
0177	hm?	
0178		mak wo: ma:k?
0179	im wohnzimmer [Mark kommt in die Küche]	
0180	**Mark:**	
0181	na schmeckts?	
0182	**Titta:**	
0183	so jetzt kannst Du nochmal sprechen	
0184		ma ma: an
0185	**Mark:**	
0186	is jetzt an	
0187		hallo: hallo:
0188	sag mal was anderes	
0189		hallo:
0190	nee nicht nur hallo (2) sag mal was anderes	
0191		was?
0192	irgendwas	
0193		ma:ki
0194	erzähl mal ne kleine geschichte	
0195		[betont albern:] ei chichte:? |
0196		
0197	**Titta:**	
0198	sin/ sing mal von der katze liegt im schnee	
0199		das?
0200	ja a: [flüsternd:] b: c: | sing mal laut	
0201		[flüsternd:] a: b: c: |
0202	**Titta und Mark:**	
0203	laut	
0204		[flüsternd:] a: b: c: |
0205	**Titta:**	
0206	[laut:] a: b: c: (0) so |	
0207		a: b: c: die ka li sne
0208	**Mark:**	
0209	[flüsternd:] lauter |	
0210		ha chon
0211	nee ein kleines bißchen lauter sonst hört man das nicht	
0212		hallo
0213	**Mark:**	
0214	a: b: c:	a: b: c: [*spricht statt 'tse' nur*
0215		*'se'*] die kat-e i sne
0216	als sie dann nach	
0217		ha-te kam
0218	hat sie	
0219		ka:ne stifel a:n
0220	laut	
0221		hallo
0222	a: b:	
0223		c: we ha mei-e stie:fe an
0224	a: b: c:	a: b: c:
0225	die katze liegt im	

0226		snee
0227	schnee LAUT a: b: c:	
0228		po-ne inne snee (0) a: b: c:
0229		die kads in de zi:a meine
0230		stiefel an (0) a: b: c: (0) die
0231		katse inne snee a meine
0232		stiefel a/
0233	jetz is genuch	
0234	**Mark:**	
0235	die katze liegt im schnee?	
0236		ja
0237	wo ist denn die nina max?	
0238		unten:: i/ im kella:
0239	und was macht die da?	
0240	**Titta:**	
0241	hat besuch	
0242		besuch
0243	geh mal gucken	
0244		[in sich selbst versunken:] ja
0245		imma angefangen |
0246		

=> 0247 **Situation: Max alleine in der Küche - Titta oben im Badezimmer**

0248		
0249		titta komma:l (3) titta: (1)
0250		titta komma::l titta komma::l
0251	was soll ich denn?	
0252		hand gi-bei: (Hand geben)
0253	komm Du mal	
0254		komm Du ma:::l
0255	[Titta kommt Treppe herunter]	
0256		[weinerlich/mitleiderha-
0257		schend:] titta kumma i habbe
0258		hi:a aua: (11) kumma
0259		chilaufe:n |
0260	bald kannst Du das auch ne? hm?	
0261		nein (...) an-chea:s
0262	ach so der andreas?	
0263		ja
0264	ach so: der kann das?	
0265		ja (1) i kann das no nich
0266	Du kannst das noch nich?	
0267		nein (1) kann w*nn i grö:ßer
0268		bin
0269	dann kannst Dus GANZ schnell ne?	
0270		ja (0) jetz nich
0271	jetzt noch nicht? mußt noch üben ja?	
0272		ja
0273	aber Du bist ja schon groß hast ja heut schon gearbeitet ja?	
0274		nja
0275	willse no was trinken?	
0276		[Max kneift Titta in den
0277		Daumen]
0278	aua ah mein daumen ah aah uhh	
0279	[Mark kommt hinzu]	
0280	**Mark:**	
0281	was machst Du frechen? laß die titta in ruhe	

177

0282 **Titta:**
0283 nee der war ganz lieb (1) hat mich liebgehalten ma:k kummal
0284 so: [schmust mit Max]
0285 **Mark:**
0286 ach so:
0287   hochtra:gen [will die Treppe
0288   hochgetragen werden zum
0289   Baden]
0290 **Titta:**
0291 der max geht jetzt baden (2) der stürzt sich kopfüber in die
0292 wanne mit dem kopf zuerst
0293 **Mark:**
0294 ja?
0295 **Titta:**
0296 und schwimmt ja (2) ich hab gesagt musse im teich auma
0297 machen
0298   ich auma mache:n
0299 **Mark:**
0300 im teich?
0301 **Titta:**
0302 <u>ja</u>   <u>ja</u>
0303 **Mark:**
0304 zu gefährlich
0305 **Titta:**
0306 nee kann doch bald schwimmen
0307 **Mark:**
0308 ja?
0309   ja
0310 kannst Du bald?
0311   ja ich kann bald mit flügel
0312 mit flügeln?
0313   ja [Max hat während des
0314   Gespräches den Schnuller im
0315   Mund und wird immer
0316   affiger] [Max entdeckt das
0317   Mikrofon geht hin]
0318   reinsprechen
0319 willst Du nochmal sprechen?
0320   nur ma äh draf-drücke:n
0321 draufdrücken?
0322   ja
0323 [drückt] so an
0324   ja (1) hallo
0325 ach nicht nur hallo sag doch was anderes (1) sag mal ich bin
0326 der max
0327   [unverständlich:] che ni baby
0328   da |
0329 bitte?
0330   hebibi (1) ma/ ma a(re)s
0331 was soll ich?
0332   ares
0333 was anderes?
0334   ja
0335 wie was anderes?
0336   no an? nu:a hia a:mache:n
0337   [deutet auf Lichtschalter]

0338	licht anmachen?
0339	ja
0340	dann sehen wir besser ne? guck das läuft (2) jetzt kannse
0341	sprechen
0342	hallo:
0343	ach was anderes zähl mal bis (1) kannse schon zählen?
0344	a: b: c:?
0345	zählen nee nich a: b: c: (0) zählen
0346	hallo:
0347	eins zwei drei (1) kannse das schon?
0348	hallo:
0349	eins
0350	eins
0351	<u>zwei</u> <u>zwei drei</u> vier sechs hallo
0352	[sehr erstaunt:] kannst Du schon zählen? |
0353	hallo:
0354	bo:ah
0355	hallo:
0356	zähl nochmal
0357	hallo:
0358	eins
0359	hallo:
0360	eins zwei drei
0361	hallo:
0362	ach hallo hallo hallo dann mach ich wieder aus (0) oder
0363	kannst Du noch was anderes sagen?
0364	hallo:
0365	nee außer hallo?
0366	was?
0367	sag mal was anderes
0368	weiß nich
0369	ach Du kannst doch so viel sagen schon
0370	äh is das hier? (1) das? [zeigt
0371	auf die Vor- und
0372	Rückspulknöpfe]
0373	da kann man vor- und zurückspulen
0374	ma rückspu:l
0375	nee kann ich jetz nich (0) ich nehm Dich doch auf
0376	hallo:
0377	ah: sag doch mal was anderes (8) sag doch mal ich bin der
0378	max
0379	i bin der maha:x
0380	wer bist Du?
0381	de ma:x (3) Du ma
0382	rei-sprechen
0383	ah ich bin der ma:k (3) und ich bin eh
0384	ei vie (viel) krank
0385	eins zwei drei vier fünf sechs sieben acht neun zehn (1) ich
0386	hab Dich nicht gesehn (0) jetzt bist Du dran
0387	ja (1) a: b: c hedda les snee
0388	und zählen? eins zwei drei
0389	eins zwei drei vier sechs
0390	sieben
0391	acht?
0392	he nein
0393	<u>zehn</u> <u>drei</u>

0394	drei?
0395	ja
0396	aha? sollen wir mal hören?
0397	ja
0398	[hören sich das bisher Gesprochene gemeinsam an]
0399	jetzt
0400	hallo:
0401	was anderes
0402	nein
0403	doch nich nur hallo
0404	hier aus
0405	hallo ist doch langweilig
0406	(...) eins zwei drei (1) Du bis
0407	ich?
0408	ja
0409	eins zwei: drei: ich hol mir gleich ein ei und wenns sein muß
0410	auch noch zwei (1) jetzt bist Du dran
0411	hallo: (1) hallo:
0412	ach nich hallo [wütend-humoristisch:] sag do ma was anderes
0413	erzähl mal ne geschichte	
0414	tik Du
0415	nee Du ers
0416	Du ers
0417	erst Du
0418	Du eher Du
0419	erst Du
0420	abba ers Du
0421	[lachend:] nahahein	
0422	[lachend:] ers Duhuhuu	
0423	ers Du los
0424	[lachend:] ers Du	
0425	nein erst Du
0426	[lachend:] erst Du:	
0427	erzähl ne geschichte
0428	[lachend:] erst Du:	
0429	es war einmal ein männlein das ging dann in den wald (1) und
0430	eh da wurd es dann auch alt jetzt bist Du dran
0431	[gibt verlegene Laute von
0432	sich]
0433	erzähl
0434	[ratlose Laute]
0435	ne kleine geschichte
0436	kei:ne gechich:te:? (eine
0437	kleine Geschichte?)
0438	hm:: erzähl
0439	glei/ gleich (1) na-her
0440	jetz sofort Du mußt ins bett gleich (2) wo ist der timo
0441	eigentlich?
0442	dahinten
0443	wo dahinten? im wald?
0444	nein
0445	wo
0446	da im wald
0447	wo ist der denn?
0448	kommt ni:mehr wi:da im
0449	wald

0450	kommt nicht mehr wieder?	
0451		nein
0452	möchtest Du das?	
0453		(...)
0454	soll der nicht mehr wiederkommen der timo?	
0455		nein
0456	warum nicht?	
0457		he
0458	soll der nicht mehr wiederkommen?	
0459		[Max zeigt auf Kassettenre-
0460		kordertasten] w/ (wieder)
0461		rückspu:len
0462	[flüstert:] nein |	
0463		doch
0464	[lauter aber betont lustig:] nein |	
0465		doch
0466	[mit veränderter Stimmlage kurz und knapp:] nein |	
0467		doch
0468	nein nein nein nein nein	
0469		[lachend-glucksend:]
0470		rückspulen |
0471	nein	
0472		ja:
0473	nich zurückspulen Du würstchen	
0474		rückspulen
0475	nein	
0476		do::ch
0477	nie mehr	
0478		doch
0479	nein (3) so ich geh jetzt in die wanne (1) wiedersehen	

9.9 Transkripte 1997: Aufnahme vom 26. Mai; Alter von Max: 3;3

=> 0001 **Situation: Im Zimmer von Mark - Max kommt alleine zu Besuch**
0002
0003 **Mark:**   **Max:**
0004   bischon bald dun:kel
0005 was ist? dunkel?
0006   ja wi schon guck
0007 jetzt schon? (2) was ist denn das? wolken?
0008   ja (1) da sind aber m*cken
0009 hm?
0010   scho spinnen h/ (hier) (1)
0011   m:ückennes drantu:n
0012 mückennetz?
0013   ja
0014 das ist ein mückennetz?
0015   ja (9) sochmal strichen ja:?
0016   (hast Du sie nochmal gestri-
0017   chen?) [*auf die vor einiger*
0018   *Zeit mehrmals gestrichenen*
0019   *Treppenstufen bezogen*]
0020 is gestrichen?
0021   binaufn (2) b*n aufie braune
0022   getreten auf die brau:ne
0023 auf die braune stufe?
0024   hm
0025 und warum? (1) ist das schlimm?
0026   mm
0027 is nich schlimm?
0028   mm (2) überlicht
0029 licht überall ne?
0030   (3) hasse die rein-etan?
0031 hm?
0032   ich habe ein schifferman:s
0033   [kramt ein Fishermans Friend
0034   aus der Tasche]
0035 was is das denn?
0036   zu hause
0037 zeig mal (0) zeig mal schnell was ist das?
0038   de schifferman:
0039 ein schifferman?
0040   für mich ha ich geklau:t (0)
0041   von su hau:se
0042 [lacht] was ist das denn?
0043 was macht man denn damit?
0044   ein schiffermen
0045   ESsen ha:: [tut so, als wenn
0046   er Mark essen wollte]
0047 ist das ein bonbon?
0048   ein schiffermen
0049 kein gongon?
0050   mm [steckts in den Mund] is
0051   aba scha:f
0052 is scharf?
0053   hm:
0054 [lacht] Du bis en süßen
0055   (7) mach ma an
0056 was?

182

0057	ma (mach) moti:f
0058 musik?	
0059	ja die da:
0060 was ist das denn?	
0061	musik
0062 das ist musik?	
0063	ja
0064 aha	
0065	mach ma an (3) (kannst Du)
0066	das anmachen?
0067 das ist ne musikBOX ne?	
0068	mach ma an
0069 anmachen? was willse denn hören?	
0070	mus:ik
0071 musik? (7) egal was für welche?	
0072	das da die musette die:
0073 das?	
0074	hm:
0075 is ne kassette ne? (1) ne musikkassette	
0076	mach ma an
0077 guck mal da da lauert einer (1) da an der tür wer is das? (1)	
0078 guck ma	
0079	hm: [läuft hin] der ti:mo:
0080 SO (1) der timo wird gleich erschossen (7) soll ich musik	
0081 machen?	
0082	hm:
0083 [Musik erklingt] isasz?	
0084 [ein Stockwerk tiefer hört man leise, wie die Lara den Timo	
0085 ruft]	
0086	die la:ra
0087 <nee das> (1) kommt da auch musik raus?	<Max hört an einer Box>
0088	mm [Max faßt an die
0089	Membran]
0090 oh nicht dranfassen (0) vorsicht darf man nicht	
0091	da kommt keine musik
0092 is kaputt?	
0093	ja
0094 [ungläubig:] aha?		
0095	is nich kaputt
0096 kumma was steht denn da alles auf dem regal? (1) is das denn	
0097 alles?	
0098	mach ma das da:
0099 was denn?	
0100	das da:
0101 was wills/ meinse denn?	
0102	das da: [Max zeigt auf eine
0103	alte Balgenkamera]
0104 das da? [Mark geht hin]	
0105	hm
0106 soll ich mal holen? ne alte kamera (2) ne filmkamera	
0107	mach ma an
0108 kann man nicht anmachen im moment	
0109	na woh:l
0110 kann man nicht	

183

```
0111  batterie ist leer                                          oder das da: [zeigt auf die
0112                                                              gemeinten Gegenstände] oder
0113                                                              das da:
0114  was ist das denn?
0115                                                              kamma mit lei:fen mach mal
0116  was kann man damit?
0117                                                              lei:fen nua greh:n
0118  drehen?
0119  ein alter projektor is das ne? (4) kann man auch nicht braucht   mach mal mach ma:l
0120  man strom für (1) das geht hier mit batterie die kamera und
0121  da braucht man strom für (0) ist aber kein strom drin
0122                                                              nein?
0123  nee (2) dann geht das auch nicht (0) da kann man filme mit
0124  gucken wie im fernsehen
0125                                                              ja:
0126  ja: (1) was ist das denn da?
0127                                                              m/ beit nich (weiß ich nicht)
0128  das da?
0129                                                              da Dein te-fo:n
0130  ein telefo:n ne? (1) willse mal hören?
0131                                                              mm
0132  kannse die mama mit anrufen (1) willse mal die mama
0133  anrufen?
0134                                                              nein
0135  kannse mit machen (2) willse nich?
0136                                                              is die mama do su hau:se
0137  ja die kannse da anrufen (0) willse mal?
0138                                                              nein
0139  kannst doch telefonieren oder? (3) willse mal die mama
0140  anrufen?
0141                                                              m:m
0142  was meinst Du was die staunt sollen wer mal?
0143                                                              m:m
0144  na dann nich
0145                                                              d/ i kan ku:ts die au:to?
0146  hm?
0147                                                              i kann kuts Dein au:to?
0148  was möchtest Du?
0149                                                              gans ku:ts Dein au:to ja:?
0150  kurz mein auto haben?
0151                                                              ja
0152  das modellauto?
0153                                                              ja
0154  ja das nicht (0) ich kann Dir aber ein anderes geben
0155                                                              was denn?
0156  soll ich gleich mal eins suchen für Dich?
0157                                                              jetz
0158  jetzt?
0159                                                              ja
0160  sofort?
0161                                                              ja
0162  [lacht]
0163                                                              sofort (1) soFORT
0164  sofort?
0165                                                              [stampft ungeduldig mit dem
0166                                                              Fuß auf den Boden:] geh
0167                                                              doch mal (2) Du ein auto
```

184

0168		su:chen | (3) so:ns nehm ich
0169		Dein au:to:
0170	sind doch alles meine autos	
0171		da (1) ein (1) suche ein für
0172		mich
0173	ja ich such jetzt gleich eins (1) gleich ja? (2) oder sofort?	
0174		soFORT
0175	gleich	
0176		je:tzt
0177	jetzt?	
0178		ja:
0179	m: (0) guck mal was ist das denn das grüne?	
0180		wo?
0181	das da?	
0182		wo?
0183	das das grüne da mit den blättern?	
0184		m (0) i weiß nich
0185	[erstaunt:] weisse nicht? |	
0186		[lachend:] nein |
0187	[lacht auch] weisse wohl	
0188		LACH nich
0189	wie lach nich (0) warum nich?	
0190		wei:ls Du [haut gegen die
0191		Türe] (...) bist
0192	NA nich gegen die tür hauen (2) die kann doch nichts dafür	
0193	(1) weißt Du nicht was das ist da?	
0194		nein: (1) ich grin Dich um
0195	das is doch grün oder nich? (1) welche farbe hat das denn?	
0196		k-eine ahne
0197	keine ahnung? das _glaub_ ich Dir nicht	ja: (6) ma mal das doch an
0198	nee is kein kabel dran (0) dann funktioniert das auch nicht (0)	
0199	was ist das denn da max? (0) kennse das nich?	
0200		wo?
0201	das was da runterhängt?	
0202		sach Du mal
0203	das hier	
0204		m: keine ah:nung
0205	keine ahnung?	
0206		ja
0207	Du _lügst mich an_	_geh jetz raus_
0208	o: nu warte noch (0) dann such ich auch ein auto für Dich	
0209		soso:
0210	was ist das denn da in dem regal?	
0211		wo?
0212	da wo Du vorstehst?	
0213		da?
0214	hm	
0215		[zuckt mit den Schultern und
0216		schaut zu Mark]
0217	und was sind das da? (1) OCH das kennst Du doch	
0218		[lacht]
0219	was ist das denn hier?	
0220		ei bu:ch
0221	ein bu:ch ja sicher und was ist das hier?	
0222		donal dack (Donald Duck)
0223	donald dack tatsächlich das kennst Du ne? (1) du bist ja	

9.9 Transkripte 1997: Aufnahme vom 26. Mai; Alter von Max: 3;3

0224   schon richtig schlau

9.10 Transkripte 1997: Aufnahme vom 13. August; Alter von Max: 3;6

		Mark:	Max:
=>	0001	Situation: Im Zimmer von Mark - Max kommt alleine zu Besuch	
	0002		
	0003	**Mark:**	**Max:**
	0004	weißt Du denn auch was das hier (0) ist oder das? ein	
	0005	computer	
	0006		bju:ta
	0007	ein computer ja den kennse? der computer ist ganz neu	
	0008		hm: mach ma an
	0009	anmachen?	
	0010		hm
	0011	[macht den Computer an] was kann man denn damit machen?	
	0012	(2) schreiben zum beispiel	
	0013		mach ma:l
	0014	[Computer macht eigenartiges Geräusch beim Hochfahren]	
	0015		da is ein roddireu grin
	0016	was is da drin?	
	0017		roddireu
	0018	ein groddigroll? was ist denn ein groddigroll?	
	0019		[flüstert:] h/ (0) da grin (0)
	0020		dunkel | gleich
	0021	wer ist denn der groddigroll?	
	0022		weißt Du der is da (drin) in
	0023		dunkel
	0024	ist der auch in der steckdose der groddigroll?	
	0025		ja:
	0026	aha	
	0027		der is unsichtba:
	0028	unsichtbar ist der?	
	0029		so ich ma:?
	0030	nee warte noch nich (2) so jetzt ham wer den computer	
	0031	angemacht (3) mal gucken was könver denn? wir können ja	
	0032	malen können wer (0) möchtest Du mal malen mit dem	
	0033	computer?	
	0034		ja
	0035	soll ich mal ein gesicht malen?	
	0036		ja
	0037	[malt] wer ist das?	
	0038		bin i:ch
	0039	bist Du?	
	0040		ja:
	0041	soll ich mal max drunter schreiben?	
	0042		ja
	0043	<schreibt> jetzt steht max darunter (2) möchtest Du das	<fast (1) paßt ne?>
	0044	haben?	
	0045		ja
	0046	[aktiviert den Drucker] guck mal was mach ich denn jetzt	
	0047	noch hier? [malt große Ohren]	
	0048		oh:ren
	0049	ohren ne? (1) genau (2) und was ist das hier? das guck? sind	
	0050	die au:gen	
	0051		aug
	0052	und jetzt kriegst Du noch nasenlöcher (2) so und jetzt kannst	
	0053	Du es gleich mitnehmen [Drucker beginnt zu drucken]	
	0054		was denn?
	0055	paß mal auf das bild (0) druck ich Dir jetzt aus	
	0056		das da?

187

0057 <hm: kumma das kommt jetz hier raus (1) paß ma auf>	<Max schaut interessiert auf
0058	den Drucker>
0059 das gleiche kommt da jetzt raus (1) der max (3) guck	
0060	das has Du eschreibt
0061 hm: das bist Du	
0062	[hält Bild falschrum]
0063 andersherum so (3) schön? (1) ist das das gleiche?	
0064	[erstaunt:] ja: |
0065 ist es ja? (1) das gehört Dir jetzt (5) möchtest Du auch mal	
0066 was malen?	
0067	[zögerlich:] hm: |
0068 möchtesse mal?	
0069	ja
0070 [zeigt ihm die Bedienung der Maus]	
0071	o:kay
0072 so: jawoh:l ja:: und bewegen (1) gu:t siehsse? (1) funktioniert	
0073	[auf den Drucker blickend:]
0074	je komm das da raus ne? |
0075 wenn Du möchtest (1) ui: was machst Du denn jetzt? oi::	
0076	(toll) mach ich ne?
0077 hm: toll (1) formen	
0078	toll mach ich das
0079 immer gedrückt halten (0) ja:: gu:t	
0080	das habe ich weg un jetzt raus
0081	ne?
0082 wenn Du möchtest	
0083	[Drückt wild auf der Mausta-
0084	statur rum]
0085 [Lara kommt neugierig herein] darf die lara sehen was Du da	
0086 machst?	
0087	ja
0088 erzähl mal de lara was Du machst	
0089	kummal
0090 **Lara:**	
0091 was machst Du denn da?	
0092	maxi schreibe ich
0093 **Mark:**	
0094 was machste?	
0095	jetz kom as raus ne?
0096 toll is ja ein richtiges kunstwerk (6) ist das schön (1) max?	
0097	ja (5) da::
0098 möchtse das haben?	
0099	jetz kom as a raus
0100 soll raus kommen? [aktiviert den Drucker]	
0101 <Timo kommt herein>	<ja: (6) jetz kom as a raus
0102	ne?> (2) timo
0103 hm:	
0104	mach ma gan kuz o:kay?
0105 <der Drucker beginnt zu drucken>	<oh>
0106 jetzt kommts	
0107 <Bild wird ausgedruckt>	<jetz kommt e:s (2) jetz
0108	kommt e:s (19) da>
0109 da: isset (0) paß auf is noch frisch (0) musse noch einen	
0110 augenblick trocknen lassen (3) och ist ja ein richtiges kunst-	
0111 werk (0) muß erst trocknen (6) schö:n hasse das gemacht	
0112	mach jetz noch eins

0113	warte ich speicher unter max	
0114		da kommt noch eins raus
0115		ne?
0116	so: willse noch eins machen?	
0117		ja:
0118	[bereitet den Computer wieder vor] so	
0119		ma i da/ (3) mach ich das
0120		ma:l
0121	gedrückt halten	
0122		[malt wilde Striche zum
0123		Muster] so
0124	jetz ne andere farbe [*wird richtiges Muster*]	
0125		gan schön ne?
0126	schön mal ne andere farbe?	
0127		ja
0128	was ist das denn hier fürne farbe?	
0129		äh
0130	kennst Du doch die farbe (1) kennst Du die farbe?	
0131		hier viele:
0132	was ist das fürne farbe? (1) kenne nich? ist doch genau das	
0133	gleiche wie das wasse anhas	
0134		das rote
0135	rot ne?	
0136		das?
0137	was ist das?	
0138		ein gel:bes
0139	gelb?	
0140		hm
0141	das ist grün	
0142		[gedankenverloren:] grün
0143		grün	wie eine ampel
0144	wie ne ampel?	
0145		ja
0146	und was ist das hier fürne farbe? (3) kenne nich? ist doch	
0147	auch in der ampel	
0148		auch ein ampel
0149	kennse die farbe nich?	
0150		ein grüne söne ampel
0151	was ist denn das fürne farbe?	
0152		eine gelbe (0) gelbe ampel
0153	gelb? (1) paß mal auf ich zeig Dir mal was anderes	
0154		p/ auf gleich kommen solls
0155		raus
0156	joa das ist aber nur schwarzweiß (1) das lassen wir drin	
0157	[nimmt den Ausdruck von Max] schön ist das geworden	
0158		habbe iche ma:lt
0159	hm: guck mal das ist ja fast wie ein gesicht hier	
0160		ja (1) soll ich mal? [will an
0161		die Maus mit der Mark
0162		gerade rumhantiert] ich mal
0163		kurz?
0164	augenblick ich zeig Dir mal was anderes	
0165		was machst was schreibst Du
0166		das?
0167	hm?	
0168		was schreibst Du das?

0169	weg isset	
0170		w/ schrei/ was schreibst Du?
0171	he was is das denn? [*ein Computer als Pictogramm*]	
0172		e bohüta:
0173	was ist das?	
0174		bojuta:
0175	ein computer ne?	
0176		ja
0177	toll das kann man alles damit zaubern (1) kann man auch	
0178	drucken wenn man will	
0179		da:f ich ma:l? (1) gleich ne?
0180		(1) gleich kommt das da raus
0181		(1) ne:?
0182	hm:	
0183		was machst Du das?
0184	[verwundert:] was ist das denn?		
0185		oh fuß?
0186	ein fuß?	
0187		ja
0188	sieht aus wie ein fußabdruck ne?	
0189		hm: was machst Du?
0190	was is das denn?	
0191		oh eine frAU
0192	ne frau ne? und was macht die frau?	
0193		die (1) äh noch ne frau
0194	oh was macht die denn?	
0195		die kommen immer nä:her
0196	wird immer größer ne? wie kommen immer mehr?	
0197		ja wird immer größer un
0198		mehr
0199	wird immer größer und mehr?	
0200		da i mal? [Max faßt auf den
0201		Monitor]
0202	ja hier kann man nicht viel machen (0) hier kann man sich nur	
0203	sachen ansehen (4) oh: was ist das denn?	
0204		oh: bo:ah ein haus
0205	ein haus? und was raucht da?	
0206		äh a/ ein dampf
0207	ein dampf? ist ne fabrik	
0208		ja [seufzt]
0209	und was is das hier?	
0210		ein (2) m: ein auto
0211	hm:ein gabelstabler	
0212		ja: da ich mal?
0213	ja hier kann man aber nich viel machen	
0214		ich da:f mal ganz ku:z ja?
0215	weißt Du was das ist?	
0216		ja
0217	weißt Du was das ist?	
0218		ja
0219	kennst Du so was?	
0220		hm
0221	was ist das?	
0222		keine ahnung (1) weiß i nich
0223	ein puzzle	

0224	puzzle [*Max wiederholt den*
0225	*P-Laut nach Puzzle isoliert:*]
0226	p	[Max spielt mit der Maus
0227	und versucht damit etwas am
0228	Monitor zu bewirken] (15)
0229	oh was jetzt?
0230 hm?	
0231	was is das da?
0232 [hustet] machse schön	
0233	was is das da?
0234 laß mal [*die maustaste*] los (2) oh nichts (1) schade	
0235	was is das? (2) is das da?
0236 ein rechteck aber da passiert nichts komm ich mach mal aus	
0237	ja
0238 da kann man nicht viel machen (5) guck mal kennst Du das?	
0239 was ist das denn?	
0240	was is das? (3) ein
0241 is ne digita:luhr (0) kennse das denn?	
0242	ja:
0243 guck	
0244	hm
0245 was ist das? [*man sieht eine Analoguhr mit zwei scherenför-*	
0246 *mig stehenden Zeigern*]	
0247	eine sche:re
0248 eine schere?	
0249	eja:
0250 guck mal genau hin kennst Du so was nicht?	
0251	doch
0252 das ist ne uhr	
0253	ne uhr
0254 ein uhr ham wer jetzt (1) ne analoguhr (3) gut ne?	
0255	ja (2) jetz kommt wieda raus
0256	ne?
0257 ja wenn wirs wollen aber wollen wir nich (1) diesmal nicht	
0258	wo ist das em scheibt ha:be?
0259 hm?	
0260	wo is das denn?
0261 guck mal hier	
0262	ich
0263 kann man auch schreiben damit	
0264	und das i eben scheibt habe?
0265	oh a/ wo isasz e:m scheibt
0266	habe? h/? (hier?)
0267 hm?	
0268	wo i eben schreibt habe:?
0269 was Du gemacht hast?	
0270	ja
0271 hier	
0272	a/ gib mal
0273 willses haben?	
0274	ja (1) is schon auf/
0275	abgetrocknet ja:?
0276 [*Mark hatte Lara beim Ausdruck zuvor erklärt daß er vor*	
0277 *dem Herausnehmen abtrocknen müsse*] is trocken jetz ja: (3)	
0278 kannse der mama schenken wenn Du möchtest	

0279	ja: (4) ich muß alle die mama
0280	schen:ken
0281 hm:	
0282	(2) glei kommt das da raus
0283 ja:	
0284	[drückt auf der Tastatur rum]
0285	da kommt der roddireu (0)
0286	ne?
0287 de groddigreu?	
0288	ja
0289 warum weils dunkel is?	
0290	ja
0291 nee meinst Du überall wo es dunkel ist ist der grod-digreu?	
0292	[flüsternd:] ja	
0293 warum?	
0294	warum is die na:ne krumm?
0295 was?	
0296	warum is die na:ne krumm?
0297 [lacht:] (2) warum is die na:ne krumm?	
0298	[haut wieder auf der Tastatur
0299	rum] glei kommts da raus
0300	ne?
0301 ah: paß mal auf jetzt (1) jetzt kommt ein spiel [Musik und	
0302 bunte Bilder sind zu sehen/hören Spiel: Blockout]	
0303	ha
0304 guck jetzt können wir die bewegen hier mit den pfeilen guck	
0305 mal	
0306	bitte rein (1) da rein
0307 tschup	
0308	das auch (1) das auch da
0309	rein
0310 auch?	
0311	ja (1) und das auch (1) das
0312	auch da rein (4) noch eins?
0313 blockout	
0314	zeig mal?
0315 mm guck hier mit den tasten kannse dat kannse die form	
0316 bewegen in die andere richtung und wieder zurück [zeigts]	
0317	hier?
0318 alle die [Tasten] kannse nehmen	
0319	[Max haut auf den Tasten
0320	rum und guckt gebannt auf
0321	den Bildschirm was sich tut]
0322	laub ich kann das nich
0323 ja is auch schwer (7) guck hiermit kann man die auch noch	
0324 bewegen (2) mit denen	
0325	oder (...)
0326 nee nur mit denen hier (1) und hiermit kannses fallenlassen	
0327 (1) tu noch mal siehste?	
0328	bal fe:rtig ne? [Kind weiß
0329	offensichtlich wann das Spiel
0330	beendet ist - allein vom
0331	vorherigen Ansehen]
0332 hm: (3) fertig	
0333	fertig
0334 hassen turm gebaut (1) gut (0) toll (2) so hörn wer mal auf	

0335	n/ kommt nit da raus nein?
0336 nee das kommt nich	
0337	da: kann ich die mama
0338	schenken [besieht sich sein
0339	ausgedrucktes Bild]
0340 ja kannse der mama schenken [Lara kommt herein und ist	
0341 ärgerlich, daß ich den Computer ausschalten will, da sie auch	
0342 noch malen wollte]	
0343	sieh ma::l

0344 **Lara:**
0345 und wo ist das bunte?

0346 **Mark:**
0347 es gibt kein buntes (0) ist doch ein schwarzweißdrucker (3)
0348 komm wir haben noch zeit genug

0349 **Lara:**
0350 aber heute machen wir das noch ja?

0351 **Mark:**
0352 ja müssen wir mal sehen (1) heute hat die titta geburtstag (3)
0353 SO vielen dank max (3) da kommt nix mehr
0354 [Jammerlaut von Lara]

9.11 Transkripte 1997: Aufnahme vom 29. November; Alter von Max: 3;9

0001 <u>Situation: In Marks Zimmer - Max und Lara kommen zu Besuch</u>

	Mark:	Max:
0002		
0003	**Mark:**	**Max:**
0004		wa:s?
0005	hm?	
0006		was hassu gesa:gt?
0007	ich hab nur was ausprobiert grade	
0008		das das da ja? (15) da/ i ku:z
0009		(1) kuaz mit Deim auto
0010		fah:n?
0011	[räumt gerade was ein] (10)	
0012		jetz da (darf) i ma kuz mit
0013		Dein auto: spie:len?
0014	mim auto?	
0015		ja mit Deim (2) ja::?
0016	ja aber vorsichtig	
0017		ja ich weiß
0018	mit dem hier?	
0019		ja
0020	mit dem willse spielen?	
0021		ja
0022	aum boden?	
0023		ja
0024	na hier (2) aber vorsichtig	
0025		ja (0) geht aber auch die
0026		lampe an?
0027	mhm die lampe?	
0028		ja
0029	nee die gehen nich an	
0030		issa keine blöne grin?
0031	[Mark wird von Lara abgelenkt]	
0032		ja:
0033	paß auf nich so feste sonst gehts kaputt	
0034		[gedankenverloren:] ja |
0035	fahr mal damit	
0036		ja fah: ich gleich (1) muß um
0037		die ecke fahren
0038	kann man auch lenken mit (3) aber ganz vorsichtig	
0039		ja: (3) gut [macht Fahrgeräu-
0040		sche] je mussen abba grinfah-
0041		ren (0) tsisis (0) su der
0042		la:ra
0043	zur lara fahrn?	
0044		ja
0045	(5) kumma was is das hier max?	
0046		des honi skra:ße
0047	hm?	
0048		des abba ne skra:ße
0049	ne straße?	
0050		ja
0051	un das da?	
0052		[gelassen-langsam:] Du
0053		dumme:
0054	[Lara unterbricht Max]	
0055		so ne blö/ la:ra |
0056	was is das?	

0057		das?
0058	hm:	
0059		ein (...) (0) das is eh ein
0060		blu:me
0061	was denn für eine?	
0062		ein sonneblu:me
0063	ne sonnenblume? schön (2) un kumma was is das hier (1)	
0064	max?	
0065		des (1) da: is ein szaun (2)
0066		und eine kleine stra/ (1) das
0067		is sonnenblu:me
0068	und das da?	
0069		das is szaun
0070	en zaun? guck dommal genau (0) is kein zaun [Lara will	
0071	abermals unterbrechen] (3) guck mal max was is das? (2) is	
0072	kein zaun	
0073		das weiß ich ni:ch
0074	nee? guck domma (1) kennse doch bestimmt	
0075		nee wei/ ich wirklich ni:ch
0076	ne:he? da kann man darauf sitzen (1) guck mal	
0077		was?
0078	da kann man darauf sitzen	
0079		ja:? des (...) aba wi:klich
0080		ni:ch
0081	ne bank (3) kennse keine bank?	
0082		do:ch
0083	doch ne?	
0084		ja [Max wendet sich wieder
0085		dem Auto zu] (5) des kann
0086		auch (1) hier aufgeh:en ja::?
0087	hm: is da en motor drin?	
0088		guck
0089	is das en motor da vorne?	
0090		kuck
0091	was is da drin?	
0092		en tie:r (2) is da grin (3) auch
0093		en motora
0094	ja?	
0095		siehsu ganz (...)
0096	und was is da vorne drin?	
0097		ga:nix
0098	vorne is nichts drin?	
0099		da is imma der mo:to:r
0100	in dem porsche? (8) samma max (3) laß mal sehen was vorne	
0101	drin is	
0102		he?
0103	zeig ma das auto (5) laß mal sehen (1) zeig mal was vorne	
0104	drin is (3) kumma hier is der motor hier hinten	
0105		ja
0106	und was is vorne drin? (2) wenn man die klappe aufmacht?	
0107	(1) hier? was ist da drin?	
0108		ein g-ummirei:fen
0109	en gummireifen? [lacht] ja genau ein reserverad ne? (1) falls	ja
0110	mal eins kaputt geht hier	
0111		wa:s?

195

```
0112  falls mal eins kaputt geht dann kann man das hier raus holen
0113  und da dran machen
0114                                                    ja
0115  ne?
0116                                                    gleich geht einsaputt dann
0117                                                    mussen wir da gran machen
0118                                                    okay:?
0119  hm: ja ja ich glaub daß kann man nich in echt das kann man
0120  hier nich machen (0) bei nem großen auto kann man das so
0121  machen
0122                                                    ja?
0123  ja: hier glaub ich nich
0124                                                    gib mal da (6) gut ne:?
0125  hm: (7) kannse auch englisch sprechen?
0126                                                    was?
0127  i love you?
0128                                                    ich liebe dich
0129  [lacht] was?
0130                                                    i love you ich liebe dich
0131  aha:
0132                                                    [streckt Mark die Zunge
0133                                                    raus]
0134  was machse?
0135                                                    mitn auto spiel doch
0136  paß abba schön auf ne?
0137                                                    ja
0138  nich so draufstützen
0139                                                    ma ich do nich (2) sons gehte
0140                                                    g-ummirei gaputt ja?
0141  hm: dann müss/ hammern platten dann müssen wern rad
0142  wechseln
0143                                                    ja: [Fahrgeräusche:] (10) die
0144                                                    lampe wiaklich nicht a:n?
0145  die lampe geht nicht an nee
0146                                                    nee?
0147  was is das denn hier max?
0148                                                    die frau
0149  ne frau? un das hier?
0150                                                    das (1) weiß ich nich
0151  ein heft
0152                                                    ja (2) da::s (1) mussich (2)
0153                                                    ma:l überlegen
0154  musse mal überlegen?
0155                                                    [selbstvergessen spielend:]
0156                                                    einkaufen gefah:n (1) das
0157                                                    auto is einkaufen gefah:n |
0158  auto is einkaufen gefah:n?
0159                                                    ja:
0160  Lara:
0161  hast Du schon mal mit dem timo play-station gespielt?
0162                                                    nein
0163  da war ich doch dabei oder? (1) da war doch so:n dinosaurier
0164  dar drin
0165                                                    oh ja:
0166  hat die zähne gezeigt so ne?
0167
```

196

0168		ja: [macht Beißgeräusch,
0169		wendet sich dann aber wieder
0170		dem Auto zu - er öffnet die
0171		Seitentüre] eine rau:s noch
0172		eine rau::s
0173	is die mama denn zu hause?	
0174	*	ja
0175	und der papa?	
0176		(aber) au:ch
0177	ja?	
0178		ja:
0179	wo war denn der <u>papa heute?</u>	<u>tü::t</u>
0180	wo war denn der papa heute?	
0181		weißich (0) der war (...)
0182	he?	
0183		geh ma weg (4) de gummirei-
0184		fen is ei bissen locka
0185		gewode:n
0186	**Mark:**	
0187	ja?	
0188		guck
0189	is locker?	
0190	**Lara:**	
0191	macht nichts	
0192	**Mark:**	
0193	wie is richtig locker?	
0194		ja:
0195	<u>echt?</u>	<u>biß:chen</u>
0196	zeig mal	
0197		so (0) da
0198	ah ja bißchen das macht nichts (5) guck mal im fernsehen was	
0199	ist das denn da?	
0200		bäh:
0201	was macht die?	
0202	**Lara:**	
0203	[flüsternd:] tanzen		
0204		tan:zen
0205	**Mark:**	
0206	un was macht der?	
0207		weiß ich nich
0208	[lacht] das soll tanzen sein?	
0209		ja
0210	joa	
0211		[Max macht
0212		Unfallgeräusche:] (4)
0213	paß auf nich so aufstützen auf das auto	
0214		boah to: mwau: (1) bw:t
0215	was machse denn morgen max?	
0216		was?
0217	was machse denn morgen?	
0218		mw/ (0) weiß ich ni:ch
0219	weisse nich? (0) gehse morgen fahrradfahren?	
0220		ja:
0221	ja?	
0222		das is auch locka:
0223	hm?	

0224	das is auch locka:
0225 joa is aber nich schlimm	
0226	nee w*rum?
0227 warum? jo fährt doch trotzdem	
0228	was?
0229 fährt doch trotzdem	
0230	it (0) kumma die tür kann
0231 hm:	auch aufgeh:n (0) da auch
0232 was machse denn morgen max?	
0233	fahradfah:rn
0234 ja? (0) un sons noch?	
0235	un dann:noch (0) recka fah:n
0236 trecker fahrn?	(...(4)...)
0237 **Lara:**	
0238 max was ist denn das hier? (0) das weiß ich aber nich	
0239	wo? (3) de ro-ireu:
0240 ja:? was ist denn der groddigreu?	
0241	das mußich ma: mal
0242	anschau:n (3) der komische
0243	ro-ireu
0244 **Mark:**	
0245 was ist denn der groddigreu max?	
0246	da is der
0247 wer is denn der groddigreu?	
0248	[Max schreit grimassen-
0249	schneidend:] (5)
0250 **Lara:**	
0251 ein monster? ist das ein monster?	
0252	des
0253 ja?	
0254	ei/ ein monster is das ja::
0255 ah: jetzt weiß ich das auch das ist ja eine mumie [aus dem	
0256 Ägyptenbuch] ne?	
0257	[bestätigend:] ja::	
0258 **Mark:**	
0259 ich denk der kommt aus der steckdose der groddigreu	
0260	ja (0) das is (1) der ro-ireu
0261	von der steckdo/ isze: die
0262	szä:hne:
0263 die zähne siehse?	
0264	hm::
0265 hat der zähne? (2) der groddigreu?	ja kannst Du abba Du kannst
0266	das abba nich seh:n ich kann
0267	das seh::n
0268 nur Du kannst das sehen?	
0269	ja:
0270 hat der zähne der groddigreu? [zeigt auf seine Zähne]	
0271	so (0) so kleine szä:hne
0272 so wie Du?	
0273	ja
0274 un dann hat der Dich gebissen?	
0275	[lachend:] nee	
0276 ich denk der hat Dich gebissen wie Du in die steckdose	
0277 gepackt hast?	
0278	hab ich ni:ch
0279 hasse nich?	

198

0280		nu wie ich so klei wa
0281		[hustet]
0282	nur wenn was?	
0283		[hustet mehrmals:] (3) dann
0284		w/ wi:ch so klein wa bin ich
0285		inne steckdose gangen hata
0286		ro-ireu mich beinah gefan-
0287		gen schne/ schnell wieda szur
0288		mama gelaufe:n
0289	oh hats weh getan?	
0290		nee hatta (1) aba mich nich
0291		gekrie:ch
0292	nee? hat es denn weh getan?	
0293		nee
0294	mhm	
0295		vom kriegen ha ich
0296	hm?	
0297		vom kriegen ha ich mir nich
0298		(0) wehgetan (0) bi ich zu
0299		wei de so glatt wa (0) bin ich
0300		hingefallen und dabeia sobra
0301		(so gemacht) (0) un dann bin
0302		ich weit gelaufen (0) hat er
0303		mich nich gekriegt (0) bi ich
0304		schell szur mama
0305		gelaufm
0306	aha	
0307		da geh ich nich mehr rein (0)
0308		weil ich davor angst ha:be
0309	wo gehse nich mehr rein?	
0310	darfse auch nich ne?	inne steckdo:se deshalb
0311		nee
0312	is gefährlich	
0313		ja
0314	hm:	
0315		abba das hab ich schomma
0316		gema:cht
0317	ja dann kam der groddigreu?	
0318		ja:
0319	ja und hat Dich gebissen?	
0320		nee
0321	[lacht] was hat der denn gemacht? (2) warum hasse denn	
0322	dann angst vorm grodigreu?	
0323		weil der (2) weil der bö:se
0324		i::s
0325	un warum is der böse?	
0326		weil der (0) menschen aufres-
0327		sen wollte
0328	menschen will der auffressen?	
0329		ja immer
0330	Dich auch?	
0331		[Max spielt wieder mit dem
0332		Auto und gibt Fahrgeräusche
0333		von sich:] (7)
0334	was machst Du da?	
0335		locka:

0336 wer is locker?	
0337	die lam:pe:
0338 **Lara:**	
0339 [schreiend:] blöd is das |	
0340 **Mark:**	
0341 wieso?	
0342 **Lara:**	
0343 BLÖD	
0344 **Mark:**	
0345 Du bis blöd	
0346 is kunst	die lara is blöd [Fahrgeräu-
0347	sche:] (3)
0348 wer ist blöd?	
0349 **Lara:**	
0350 kunst?	die lara
0351 <dann zeig ich Dir mal meine kunst (0) so werd mal nich	<Max macht Fahrgeräusche
0352 frech Du kleine>	zum Spiel mit seinem Auto>
0353	rei:fen is (0) glei fes:los
0354	(gleich fährt es los)
0355 so ich muß jetz gehen max	
0356	wo?
0357 muß noch weg	
0358	wo?
0359 zu nem freund	
0360	was?
0361 zu nem freund muß ich noch	
0362	(3) sprech nochma:l da rei:n
0363 wer ich?	
0364 sprech Du mal	d/ ja ihr nee
0365 doch (2) mach mal (1) dann hörse Dich hinterher selber	
0366	okay [laut:] hallo |
0367 sach mal irgendwas	
0368	ishei jetz wi:ch nich mehr
0369	(jetzt will ich nicht mehr)
0370 erzähl mal irgendwas von der lara	
0371	dann hört die mich?
0372 hm:	
0373	issi (ist sie / die) da grinnen?
0374 [schmunzelt] nee die hört Dich aber dann	
0375	graußen?
0376 nee das können wer der dann vorspielen	
0377	[laut:] hallo |
0378 erzähl doch mal was der lara	
0379	[laut:] lara hallo |
0380 nich so nah	
0381	jetz wi/ ich glaubch nich
0382	meh:r
0383 [spielt es ihm zur Demonstration vor] jetzt sprech	
0384	[laut:] hallo |
0385 nich so nah	
0386	[laut:] lara |
0387 erzähl mal was der lara	
0388 sag mal irgendwas	[laut:] lara? | ja ich erzäh:l
0389	gleich (2) ich mo:rgen
0390 erzähl mal was Du morgen machst der lara	

0391	ga: nix (0) (heute) mo:k
0392	sprech da rein
0393 hm?	
0394	heute mogen sprech ich da
0395	rei:n
0396 heut moRGEN?	
0397	ja
0398 da warst Du doch noch gar nicht hier (1) oder warst Du hier	
0399 heut morgen?	
0400	ich halt doch so lange: (2) ich
0401	w*ll ma jetz gucken
0402 soll wer ausmachen den fernseher? mach aus den fernseher	
0403	aber wo?
0404 an dem dicken knopf da unten	
0405	ganz?
0406 nee am fernseher dran	
0407	da:?
0408 [zeigt es] ja links (0) weisse wo links is?	da?
0409	da? [aber nicht als Antwort
0410	auf die Frage bezogen]
0411 nee auf der anderen seite	
0412	wo?
0413 da vorne	
0414	da?
0415 da: stop da:: da::: ganz feste drücken	
0416	[Max macht den Fernseher
0417	aus]
0418 ui: (1) gut	
0419	(2) ah: ich möchte rei-spre-
0420	chen [geht zum Mikrofon]
0421	mach no ma an ja?
0422 is an ja	
0423	[laut:] hallo	
0424 nich so nah dran sons bisse zu laut	
0425	eh: hallo (1) ha jetz ha ich
0426	genug gesprochen (0) es hört
0427	keina:
0428 hm?	
0429	es hört keina:
0430 das hört aber einer wenn man es einem vorspielt	
0431	muß aba das ganz anmachen
0432 hm: aber hab ich keine zeit mehr zu	
0433	gleich machst Du das?
0434 hm:	
0435	will glaub ich nich mehr
0436 [lacht:] (2) willse nich mehr?	
0437	nee
0438 so ich muß jetz gehen	
0439	tschö:
0440 hab keine zeit mehr (1) schade	
0441	d:afich heute noch mitn auto
0442	spie:len?
0443 joa stell mal lieber wieder ins regal	
0444	okay (1) tu ICH machen ja?
0445	mo:gen d/ (2) aba wie lie:gt
0446	denn an?

9.11 Transkripte 1997: Aufnahme vom 29. November; Alter von Max: 3;9

0447	hm?	
0448		wie geht die wiaklich an?
0449	nee die lampe kann man nich anmachen	
0450		warum ni:ch?
0451	joa is keine birne drin	
0452		warum?
0453	joa is halt nurn modellauto	
0454		ja?
0455	komm ich stells wieder hin	
0456		mussu morgen (0) eine bir:ne
0457		kaufen (0) und eine darein
0458		tun ja:?
0459	nee das geht nich	
0460		warum?
0461	weil auch keine batterie da drin is (1) da kann man keine	
0462	batterie reintun	
0463		aba Du muß ein kl/ harie:
0464		kaufen (0) und die darein
0465		tu:en
0466	das geht aber nich	

9.12 Transkripte 1998: Aufnahme vom 20. Februar; Alter von Max: 4;0

```
=>  0001  Situation: Mark's Zimmer - Max kommt zu Besuch
    0002
    0003  Mark:                                           Max:
    0004  hier zu MIR
    0005                                                  hier oben?
    0006  ja-a
    0007                                                  [tritt ins Zimmer] was willst
    0008                                                  Du denn?
    0009  ich wollt Dir mal was zeigen
    0010                                                  was denn?
    0011  en bilderbuch
    0012                                                  (0) wo issen Deine putte
    0013                                                  damf-aschine?
    0014  meine dampfmaschine?
    0015                                                  JA
    0016  willse die ma sehen?
    0017                                                  ja wo is die denn?
    0018  muß ich ma gucken [sucht] (6) wo hab ich die denn? ach hier
    0019  isse (3) warte ich hol se raus (4) geh ma ins zimmer
    0020                                                  (...(4)...) [sieht eine Stehker-
    0021                                                  ze] große kerze ne?
    0022  mhm [kommt mit dem Dampfmaschinenmodell]
    0023                                                  (Was is denn?) wo isasz glas
    0024                                                  kaputt?
    0025  [zeigt darauf] GUCK
    0026                                                  wo? (3) wo?
    0027  wenne hier siehs das fenster (3) hier is en sprung drin (2)
    0028  siehse?
    0029                                                  wo hier ? [zeigt darauf]
    0030  ja da paß auf dasse Dich nich schneides (4) DA is kaputt (0)
    0031  siehste?
    0032                                                  ja
    0033  ganz kaputt
    0034                                                  da grinnen?
    0035  mhm (3) un wenn man jetz hier wasser reintut un die heiß
    0036  macht dann geht se ganz kaputt
    0037                                                  ja?
    0038  ja (3) soll ich Dir omma en buch zeigen von mir?
    0039                                                  ja
    0040  setz Dich ma
    0041                                                  wa:n schön meine bilder ja?
    0042  ja warn schön Deine bilder die ich eben bei Dir gesehen hab
    0043                                                  ganz ganz schön
    0044  mal gucken ob ich auch son buch habe
    0045                                                  die warn mein Ende ne?
    0046  hm?
    0047                                                  warn mein ende ich bin mit
    0048                                                  mein fahrrad gekommen
    0049  mit Deinem fahrrad?
    0050                                                  ja
    0051  schön
    0052                                                  is denn da grinne?
    0053  ma gucken was ich alles hab für bücher
    0054                                                  will ich ma gucken
    0055  ja warte <ich komm>                            <hustet>
    0056                                                  alle bücha?
```

203

9.12 Transkripte 1998: Aufnahme vom 20. Februar; Alter von Max: 4;0

0057	ja: ganz viele	
0058		(zeigen) wir auch gleich alle
0059		büchea ja:?
0060	ja: wenne wills: muß nur <u>gleich we/</u>	<u>aber ganz</u> ganz ganz viele
0061		bücha
0062	ich muß nur gleich ma weg	
0063		JA?
0064	mhm	
0065		aba (wenn) Du wieda
0066		komms
0067	ja dann	
0068		ja
0069	guck mal was hier alles is [zeigt Max ein Buch über Saurier]	
0070		was isasz? (3) is es das da für
0071		käfer a?
0072	en käfer ne?	
0073		ja (3) schomma hab ich auch
0074		so ein käfer gesehn
0075	hasse schon mal gesehn?	
0076		ja so ein auch
0077	hm: wo <u>denn?</u>	<u>abba</u> den aba nich
0078	wo hasse den denn <u>gesehen?</u>	<u>den nich</u> un den au:ch nich
0079		den hab ich au aba nich
0080		gesehn
0081	un was is das hier? [zeigt Bild einer Libelle]	
0082		en schmetterling oder?
0083	nee (3) am teich da gibts die immer	
0084		was denn? (3) was isasz
0085		enn?
0086	ne libelle	
0087		ja
0088	kennze doch ne? (4) un was is das hier? [zeigt Bild von	
0089	kämpfenden Dinosauriern]	
0090		oh das weißich ja nich (1)
0091		roddireus?
0092	groddigreus?	
0093		ja
0094	nee	
0095		was denn? di*sauria?
0096	dinosaurier ne?	
0097		was machen die denn?
0098	hm?	
0099		machen die denn?
0100	die dinosaurier? die kämpfen	
0101		warum?
0102	joa das tun die (1) sin räuber	
0103		ja?
0104	mhm	
0105		die beißen sich
0106	mhm	
0107		kummal (1) der dachte es war
0108		(1) der ihn ne?
0109	mhm	
0110		aba jetz beißt der sich selbst
0111	ja das stimmt	
0112		is denn hier alles drin?
0113	Bilder (1) von dinosauriern die gibts alle nich <u>mehr</u>	<u>ua</u> [kreischt] SCHLANGE

204

0114   (1) ia bei buch (3) is da nich
0115 [eine Battarie rollt über den Tisch] kumma was is das denn?
0116   oa: as is a: parie
0117 mh?
0118   BATTARIE
0119 BATTARIE?
0120   ja
0121 is aber leer
0122   ja?
0123 mhm guck mal was hier noch drin is
0124   UAA
0125 <huu>   <kreischt>
0126 was is das?
0127   (3) i fall noch hia runta
0128 echt? ja dann tu das buch doch weg [räumts weg] so
0129   was hasten ga alles grin?
0130 da drin?
0131   ja:
0132 da is en bildschirm (1) en fernseher fürn computer
0133   muß ich ma anschauen
0134 anschauen?
0135   ja: (alles aus)
0136 sieht man nichts besonderes
0137   as hassen da fürn fluzeuch?
0138 en flugzeug?
0139   ja
0140 [nimmt ein grün-silbrig schillerndes Fischmodell, daß als
0141 Kugelschreiber fungiert] das?
0142   is isasz en akete?
0143 nee
0144   was denn? (2) fisch?
0145 en fisch als stift (1) kann man mit schreiben (3) <u>gut</u> ne?   <u>ja?</u> ja
0146 was hat der fürne farbe?
0147   weiß ich nich
0148 kennze die farben nich?
0149   nee
0150 grün
0151   oa
0152 kannze noch gar keine farbe sagen?
0153   nee
0154 was is das denn fürne farbe hier [zeigt auf Insekten in einem
0155 Tierbuch]
0156   weiß ich nich
0157 wirklich nich oder verkohlse mich?
0158   [amüsiert:] nee wirklich nich
0159 |
0160 nee? gelb
0161   gelb?
0162 un das hier der streifen?
0163   rot
0164 rot (1) rot kennze ne?
0165   ja
0166 toll (1) das is rot un das is grün
0167   ja: zeima was da alls grin is
0168 ja zeig ich Dir gleich
0169   (cool)

0170	guck mal was wer hier noch ham (4) was is das denn?	
0171		KÄFER
0172	joa ne fliege	
0173		ja:
0174	ne WESPE	
0175		ja: was is da noch grin?
0176	och kumma de is aber schön	
0177		oh ah (...(3)...) sich das
0178		noch?
0179	ja die batterie lädt sich noch auf	
0180	was is das denn? kumma en vogel (2) guck mal der hat alle	ba-erie
0181	farben die man kennt	
0182		ja
0183	kennze die farbe?	
0184		welsche denn?
0185	hier oben die? [zeigt darauf]	
0186		welsche die?
0187	das (3) am kopf	
0188		weiß ich nich
0189	BLAU	
0190		ach blau
0191	un hier is (1) was is das?	
0192		rot
0193	rot kennze (1) un das?	
0194	grü:n	ehm äh (5) em äh wei ich ni
0195	<lacht>	<a:ch grü:n>
0196	un hier?	
0197		(...) (3) ehm äh (1) äh (2)
0198		lila?
0199	nee gelb kein lila (1) hier is mehr lila [zeigt darauf:] so		
0200		(...)
0201	un das hier? das auge?	
0202		ehm äh weiich nich
0203	SCHWARZ	
0204	<lacht>	ach <schwa:z> (3) ich bin ein
0205		dummkopf
0206	oh kumma hier	
0207		oh schmetterling
0208	en schmetterling en schönen (4) oho un das?	
0209		papagei
0210	papagei ne?	
0211		ja (3) os ein mamapapagei
0212	en mamapapagei?	
0213		ja:
0214	wie en mamapapagei? oh weisse was das hier is?	
0215		was is das ein kabelle?
0216	nee is ganz groß in wirklichkeit kleiner (1) die gibts bei euch	
0217	im teich (2) schwimmen die	
0218		was denn?
0219	sind rückenschwimmer (1) die beißen auch	
0220		ja?
0221	mhm die schwimmen bei euch im teich rum (3) un das?	
0222		a/ aber die FANGE ich
0223	ja musse aufpassen die zwicken	aba ein (2) hab ich (3) einen
0224		wollt ich (3) äh da hab dem
0225		hab ich (1) aba ich wollt
0226		einen inne hand nehmen ja?

9.12 Transkripte 1998: Aufnahme vom 20. Februar; Alter von Max: 4;0

0227		schommal wie ich inne
0228		käscher (1) ähm das da rein
0229		tu wollte ja?
0230	mhm	
0231		da hat der mich VOLL
0232		geBISSEN
0233	echt?	
0234		ja:
0235	oh ja das war der das war bestimmt so einer hier die können	
0236	nämlich beißen [man sieht Ruderwanzen, die Max kennt]	
0237		ja: der hat mich gebissen
0238	mhm	
0239		so (1) ein dann sterbt (2) so
0240		ein
0241	och kumma hier kennze den?	
0242		welcher denn? was is das?
0243		hund?
0244	nee en fuchs	
0245		fuchs? de fuchs
0246	die sehn aber so ähnlich aus wie hunde	
0247		ja
0248	oi	
0249		(...(8)...)
0250	ja och kumma hier kennze den?	
0251		en fisch
0252	mhm die fressen menschen	
0253		fressen MENSCHEN?
0254	mhm piranhas	
0255		warum essen die mensche:n?
0256	ja weil die (1) die sind ganz böse sind die	
0257		ja?
0258	un das hier?	
0259		ehm pi-guin
0260	pinguin ne?	
0261		ja (2) zeig ma eh:lich gas da
0262		grin kanns do gleich weiter-
0263		guck zeige:n
0264	den computer?	
0265		ja:
0266	ja: den zeig ich Dir gleich laß do ma en paar bücher gucken	
0267	is doch interessanter	
0268		i bleib noch ganz lange da::
0269	nja?	
0270		ja
0271	ja ich muß gleich nur gehen	
0272		ja
0273	kumma hier	
0274		is denn das für ein mann?
0275	is ne frau	
0276		was is das fürne frau? hexe?
0277	ne hexe? nee warum soll das ne hexe sein?	
0278		(2) omm laß mich och er co-
0279		juter zeigen
0280	den computer?	
0281		ja:
0282	na ja gut [geht zum Computer]	

0283	muß man da grauf drücken?
0284 mhm [schaltet den Computer ein]	
0285	ja? (7) was is denn da alles
0286	(2) was die Lara macht
0287 mhm kennze weisse was die macht?	
0288	ja
0289 was denn?	
0290	oa weiß ich nich (3) macht
0291	die denn?
0292 die spielt da manchmal mit	
0293	ja muß ich gleich au mal
0294	machen (1) was ich mache
0295	(2) ne?
0296 mhm	
0297	mit dem mann ne?
0298 mhm	
0299	dann laß ich los dann fällt
0300	de:r
0301 (2) guck was ist das? [Hintergrundbild eines Tigers erscheint	
0302 auf dem Computermonitor]	
0303	tia
0304 tiger ne?	
0305	dann fällt Dir was u::::nd
0306	dann is der tot
0307 wem fällt was runter?	
0308	dem mann
0309 welchem mann?	
0310	la mich gleich spielen
0311 mal gucken was es hier alles gibt [bedient den Computer, der	
0312 dabei Geräusche von sich gibt]	
0313	wo has denn draufge- drückt?
0314	zeig mal
0315 nee da da darfse NIE draufdrücken	
0316	wo?
0317 wo ich draufgedrückt habe	
0318	wo denn?
0319 da kann der kaputtgehen der computer	
0320	wo: sag mal
0321 ja warte ich zeig Dir mal en paar sachen	
0322	un wenn ich da grauf drück?
0323 ja dann geht der computer kaputt (4) darfse nich machen	
0324	nur Du?
0325 mhm	
0326	dann drück ich die zwei
0327	knöpfe?
0328 nee darfs gar keinen drücken	
0329	aber muß das (Du) anmachen
0330	ja? (3) musses mit mir
0331	anmachen (1) mach ich
0332	das (wohl)
0333 guck mal was is das denn? [zeigt diverse Bildschirmschoner]	
0334	oah Schlange
0335 nee	
0336	fische?
0337 mhm [man hört ein Geräusch] oh (2) was war das?	
0338	weiß ich nich

0339	[flüsternd:] ein Geräusch |	
0340		ungeheuer?
0341	die schwimmen im wasser	
0342		isasz ein ungeheuer?
0343	nee das sind fische (1) die gibts im meer [Rochen werden auf	
0344	dem Bildschirm sichtbar]	
0345		isasz ein ungeheuer?
0346	nee	
0347		a fisch?
0348	mhm (3) rochen sind das	
0349	mhm	rochen? äh
0350	was is das denn hier? [zeigt Max einen anderen	
0351	Bildschirmschoner]	
0352		telefon
0353	telefon ne?[lacht]	
0354		a:ch
0355	guck mal wer kommt den da?	
0356		en hai?
0357	en hai kennze den?	
0358		eh ANGST
0359	angst? nee brauchse nich (1) mal gucken was es noch gibt	soll ich mal? soll ich mal? (2)
0360		soll ich mal w*s ma:? (soll
0361		ich mal was machen?)
0362	nee das kannst Du nicht	
0363		doch einmal (2) mach ich
0364		das
0365	guck mal was jetzt kommt	
0366		w-as h/ macht (was hast Du
0367		gemacht?) was kommt denn
0368		jetzt? (4) was is das?
0369	sind raupen	
0370		raupen
0371	krabbeln über den bildschrim	
0372		ja?
0373	mhm	
0374		und essen was
0375	mhm was essen die denn?	
0376		das fischaub
0377	mh?	
0378		[hält sich die Hand vor den
0379		Mund] bidschörm
0380	[stark übertriebene Inonation:] watt essen die? <	
0381	en Bildschirm? nee die essen die blätter [lacht:] (2)	Bild
0382		ja (3) komm ich versuch das
0383		mal
0384	nee das kannst Du nich	
0385	das kann doch noch nich mal die Lara	doch kann ich mal
0386		nee?
0387	nee	
0388		versuch ich mal (2) was
0389		isasz?
0390	kreide (1) is ne tafel	
0391		macht das?
0392	da malt einer	
0393		was denn? wer?
0394	mh? den siehse nich	

0395		wie heißt? wer denn?
0396	ja den siehse nich (4) kreide ne und was is das?	
0397		e kreis
0398	un das?	
0399		un weiß ich nich
0400	ein pfeil	
0401		ja (1) un das sind beide
0402		kreise
0403	mhm	
0404		nochmal
0405	un was is das?	
0406		ball
0407	en ball ne (1) ein richtiger ball?	
0408		ja
0409	jetzt gehts wieder von vorne los	
0410		och ma:ki
0411	[lachend:] was denn? langweilig ne?		
0412		ja
0413	guck mal ne linse	
0414		was ist da:s? Is das da grin?
0415	ja nur ne linse	
0416		ja
0417	mhm (6) sonst gibts nichts interessantes hier	
0418		och soll ich mal anma-en
0419		hier
0420	ja was willse denn da machen? da kannse nichts machen	
0421		doch da grauf drücken da
0422	och das da passiert nichts (3) wenn Du da draufdrückst	
0423		ja? sollich ma?
0424	ja dann passiert aber nix [ein Flipperspiel startet mit Musik]	
0425		jetz kommts (2) muß ma
0426		lassen kurz (8) laß mal
0427	kann man nichts mit machen	
0428		wa/ ich mach ma (warte ich
0429		mache es mal)
0430	VORSICHT	
0431		kumma ich mach ma
0432	passiert aber nichts wenne da drauf drückst	
0433		hier?
0434	<hm:> (5) siehse passiert nichts	<drückt auf einen Knopf>
0435		un wenn ich hier drauf
0436		drück?
0437	passiert nirgendwo was (1) kann nur ich draufdrücken	
0438		soll ICH mal
0439	ja da passiert nichts (1) nur wenn ich da drauf drück (8) das	
0440	is nur für meine Hand	
0441		ja?
0442	hm:	
0443		un das hier?
0444	nur wenn ich da drauf drück passiert <u>was</u>	<u>und</u> hier? [Max drückt auf
0445		einen Knopf und die Musik
0446		geht aus]
0447	HILFE nicht tun (2) so machen jetzt wieder aus	
0448		wo denn? wo denn zeig mal?
0449		hier
0450	nee	

9.12 Transkripte 1998: Aufnahme vom 20. Februar; Alter von Max: 4;0

0451		wo denn?
0452	hier (1) aber da darfst Du nie draufdrücken alleine	
0453		nee?
0454	nee	
0455		wieso?
0456	weil der kaputt geht sonst der computer (3) komm ich zeig	
0457	Dir noch ein paar bilderchen (2) oder willse keine Bilder	
0458	mehr sehen? mh?	
0459		bäh la mich ma in RUH
0460	in ruhe lassen soll ich Dich?	
0461		ja
0462	<lacht>	<bin ich mal ganz allein in
0463		ruhe>
0464	ja dann laß ich Dich jetzt in ruhe	
0465		kanns (mir) nur was sagen
0466	mh?	
0467		nur was sagen
0468	wer soll was sagen?	
0469		he: DU
0470	ich? was soll ich denn sagen?	
0471		ach (1) kann doch selber was
0472		sagen
0473	ja was denn	
0474		a:ch
0475	ich bin so müde	
0476		jo (2) dann komm ich jetz zu
0477		Dir
0478	zu mir?	
0479		ja:
0480	warum das denn?	
0481		zeig mir jetz endlich die
0482		bücher
0483	was?	
0484		zeig mal endlich die bü:cher
0485	ja was soll ich denn noch für eins zeigen?	
0486		das (1) das
0487	das?	
0488		ja
0489	dinosaurierbuch	
0490		ja (3) oa was macht der?
0491	der guckt böse ne?	
0492		ißt der en mensch?
0493	kumma was is das denn kennze das?	
0494		WAS? [kreischt] (3) was is
0495		das?
0496	ein schädel (1) das was hier im kopf is das ist das	
0497		ja?
0498	mhm so siehts unter Deinem Kopf aus	
0499		ja:?
0500	mhm	
0501		wieso?
0502	ja (1) un so auch [zeigt das Bild] hier sind die augen drin	
0503		ja
0504	mhm	
0505		[zeigend:] hier? |
0506	mhm	

0507		äh is blöde
0508	wieso blöde?	
0509		äh blöde roddireu
0510	guck mal der hat ein haus aus stroh	
0511		warumb?
0512	ja is ein afrikaner (2) kumma der wohnt in so nem haus hier	
0513	(3) [draußen ruft der Vater] oh wer is das? (3) wer war das?	
0514		draußen?
0515	wer war das? (2) wer hat da gerufen?	
0516		weiß ich nich
0517	war das der papa?	
0518		glaube schon
0519	[die Seite blätternd:] guck mal der wohnt in sonem haus hier	
0520	schön ne? |	
0521		ja
0522	möchtse da auch mal drin wohnen?	
0523		nee
0524	warum nich?	
0525		kei lust
0526	wie keine <u>lust?</u>	[auf das laufende Tonband-
0527		gerät zeigend:] <u>mach</u> lieber
0528		mal DAS |
0529	ja die batterie muß erst voll werden (1) geht so schnell nich	
0530		geht so schnell nich dann (...)
0531		auf Dein bein
0532	guck mal hier	
0533		is das denn?
0534	steine	
0535		steine
0536	ganz schwere dicke steine	
0537		un wenn ich die rag?
0538	mh?	
0539		un wenn ich d/ dicke steine
0540		hier krag?
0541	guck mal hier [hebt einen Stein]	
0542		soll ich das (1) soll ich das
0543		Stein hier tragen?
0544	ah bist Du zu klein zu kannze nich tragen	
0545		un wenn ich das trag?
0546	ah auch nich was is das denn da?	
0547		die sonne
0548	mhm	
0549		un wenn ich die alle steine
0550		kra:ge?
0551	kannze nich tragen	
0552		doch
0553	vorsicht nicht	
0554		das mal (1) das machst mal
0555	mh?	
0556		sag mal wer das IST
0557	en affe	
0558		(...)
0559	en ganz kleiner süßer affe	
0560		kleiner süßer affe
0561	kumma hier	
0562		ua

0563 was macht der mit dem?	
0564	wo?
0565 hier (2) hier der eine dinosaurier mit dem vogel?	
0566	der macht (...)
0567 der frißt den ne?	
0568	wer den?
0569 mhm	
0570	warum?
0571 ja der hat hunger	
0572	der vogel?
0573 mhm	
0574	warum?
0575 nee der der fisch hat hunger (2) weil der den vogel frißt	
0576	u/ un dann is der tot?
0577 wenn er den gefressen hat ja (3) so wie wir gestern den fisch	
0578 gegrillt haben	
0579	(...) ja?
0580 mhm	
0581	wa/ wa/ un wenn er ein käfa
0582	wa wa da wa der auch tot?
0583 gestern der fisch?	
0584	ja
0585 joa	
0586	un den der weißt Du ehm äh
0587	hat er ein bißchen (...) fisch
0588	gesehen?
0589 blut?	
0590	ja vo/ fisch
0591 hasse gesehen?	
0592	nee DU hass:o
0593 ich? nee hab ich nich gesehen	
0594	da le:bt der noch kühlfach?
0595 im kühlfach?	
0596	ja (...) der noch gelebt ja?
0597 ja aber nicht im kühlfach im wasser hat er noch gelebt	
0598	ja (1) un als er tot gesto:rben
0599	is
0600 mhm	
0601	hat ein vogel ehaupt
0602	gebissen
0603 ein vogel?	
0604	ja:: (2) un die flügel?
0605 nee ein mensch hat den ge/ tot gemacht	
0606	welcher mensch?
0607 ja der den zum essen verkauft hat	
0608	ja?
0609 mhm	
0610	warum?
0611 ja damit wir en essen können	
0612	ja?
0613 mhm	wieso?
0614 na weil wir hunger haben	
0615	ua is das für ein böser?
0616 en ganz großer böser tyrannosaurus rex	wenn ich mei finga rein tu?
0617 ja dann bisse weg mitsamt Deinen gesamten fingern	
0618	ja?

0619 mhm	
0620	warum?
0621 weil der son großes maul hat da paßt Du rein [zeigend:] Du	
0622 bist so groß dagegen		
0623	ja?
0624 mhm (3) aber die leben nich mehr heute (1) die gabs früher	
0625 mal da warst Du noch nich auf der welt	
0626	ja?
0627 mhm	
0628	was ham die gemacht?
0629 ja die ham gefressen	
0630	wa/?
0631 tiere	
0632	was ham die denn gefressen?
0633 ja andere tiere un pflanzen auch	
0634	ja?
0635 was is das fürne farbe?	
0636	(...) lila
0637 GELB [lacht:] (1)	
0638	GELB [lacht] jetz dreh (ich)
0639	Dich eimal um
0640 was willse? mich umdrehen? HILFE	aua
0641 <hilfe hilfe>	<lacht>
0642 ah das is ja das wär fast nee das da is mehr lila hier [zeigt auf	
0643 die Farbe]	
0644	lila?
0645 mhm	
0646	(...) weit um (2) imma
0647	weiter
0648 räumst Du die bücher mal wieder weg?	
0649	[wird albern und haut sich
0650	selbst] (2) kumma die gehn
0651	ganz alleine
0652 mhm (3) vorsicht nich dagegen hauen	
0653	wo?
0654 gegen den computer	
0655	warum?
0656 ja dann is der computer kaputt	
0657	un wenn ich dagegen hau?
0658 <u>ja</u> kann schon passieren	<u>dann</u> geht der kaputt?
0659	dann krennt dea?
0660 mh?	
0661	dann prennt der?
0662 ja tu nich	
0663	und? was dann?
0664 ja dann isse kaputt	
0665	da abba da is scho feuer drin
0666	(1) (das) sieht man
0667 wo ist schon feuer drin?	
0668	[auf Computerlautsprecher
0669	zeigend:] DA	
0670 in der box?	
0671	ja
0672 da is kein feuer drin	
0673	wohl
0674 das spiegelt nur	

214

9.12 Transkripte 1998: Aufnahme vom 20. Februar; Alter von Max: 4;0

0675	issa spiegel grin?
0676 joa das blendet von dem licht hier	
0677	wie:s etz zeig mal wie geht
0678	der an?
0679 der fernseher?	
0680	ja:
0681 ja den lassen wer jetz aus	
0682	eh oh un wenn ich die
0683	ampfmaschine kreffe?
0684 dann is die auch kaputt	
0685	da brennt die auch?
0686 mhm (1) die tu ich jetz wieder wegräumen	
0687	u:n gen den de/ den den
0688 [auf Bonbonglas zeigend:] kumma hier tu ich demnächst	
0689 bonbons rein |	
0690	ja?
0691 kannze Dir dann mal welche rausnehmen wenne möchtes	
0692	tusse da emnächst gongongs
0693	rein?
0694 mhm (1) gongongs?	
0695	ja
0696 oder BONBONS?	

215

9.13 Transkripte 1998: Aufnahme vom 02. Mai; Alter von Max: 4;3

=> 0001 <u>Situation: Im Zimmer von Mark - Max kommt zu Besuch</u>
0002
0003 **Mark :**   **Max:**
0004 so paß auf ich zeig Dir mal was (6) da is ne kassette (3) un da
0005 hab ich (2) vor ein paar jahren hab ich Dich da drauf
0006 aufgenommen (3) wie de noch nich sprechen konntes
0007   ja?
0008 ja: (4) musse mal hören [hantiert mit dem Kassettenrekorder]
0009 <man hört Max' Stimme aus dem Kassettenrekorder> max   <ist ganz interessiert>
0010 hörse? das bist Du [Stimmen vom Band sind hörbar] hörse?
0011 die mama der mark und der max
0012   was mach ich?
0013 Du redes (2) is zwei jahre her (8) <toll ne?>   <ist fasziniert>
0014 willse noch mehr hören? (3) warte ich dreh mal um da bisse
0015 gerade am schreien [dreht das Band um] hörse das bist Du
0016 <man hört Max sprechen>   <hört fasziniert zu>
0017 der timo is auch mit drauf
0018   ja:?
0019 mhm (8) toll ne?
0020   mhm
0021 soll ich Dir die simpsons noch zeigen aufm computer?
0022   ja
0023 ja?
0024   die simpsons
0025 die simpsons?
0026   m: (2) kannsu das?
0027 mhm (3) die hab ich hier drauf muß nur mal gucken wo genau
0028   wo denn?
0029 ja weiß ich noch nich muß ich mal gucken [sucht auf dem
0030 Videorekorder] schmeckt der lolli? (1) <u>den</u> Du da has?   <u>mhm</u>
0031   mhm
0032 zeig mal
0033   w ma pobiern? (willst Du
0034   mal probieren?)
0035 ach son runder nee den kenn ich (1) ich mach den lieber
0036   was?
0037 ich mach den lieber [zeigt einen eckigen Lolli]
0038   (3) der schmeckt nach
0039   schokolade
0040 nach schokolade?
0041   mhm
0042 echt?
0043   mhm
0044 lecker
0045   kumma die fra w (wie) die
0046   ne?
0047 mhm
0048   is die glei:che
0049 die gleiche frau?
0050   ja das is die gleiche von die
0051   gleiche da
0052 mhm (3) sind zwei bilder ne auf dem computer
0053   [lachend:] mhm |
0054 paß auf das De den lolli nich ausspuckst wenne redes (5) na
0055 wo sind denn die simpsons? (10) komisch warum seh ich se
0056 denn jetz nich?

9.13 Transkripte 1998: Aufnahme vom 02. Mai; Alter von Max: 4;3

```
0057                                                              was?
0058  ich find se nich
0059                                                              ich die au nich
0060  de simpons (1) wollt ich Dir jetz extra zeigen (3) tja komisch
0061  (5) mal sehen (8) keine simpsons das find ich jetz aber doof
0062                                                              find ich auch doof
0063  hm
0064                                                              mach noch ma mit den reden
0065  mim reden noch mal?
0066                                                              mhm
0067  na gut
0068                                                              das is ganz TOLL
0069  ganz TOLL?
0070                                                              mhm [fängt an, den Schreib-
0071                                                              tischstuhl von Mark zu
0072                                                              drehen]
0073  <HILFE nicht tun mir wird schwindelig ua: nich drehen den
0074  Stuhl (5) mir wird schwindelig nich mir wird schlecht>     <lachend>
0075  setz Du Dich mal da drauf (1) soll ich Dich mal drehen?
0076                                                              ja dreh mich mal
0077  [dreht Max in beiden Richtungen] schwindelig?
0078                                                              JA::
0079  is gut ne?
0080                                                              noch ma mitten re:den
0081  mit dem reden?
0082                                                              [lachend:] ja:: | soll ich Dich
0083                                                              mal?
0084  ne mir is schon schwindelig
0085                                                              gleich wieder ja?
0086  ja [schaltet das Tonbandgerät wieder ein und die Stimme von
0087  Max, seiner Mutter und Mark werden hörbar, wo Max den
0088  Versuch macht, „Bauchweh" zu sagen] sag jetz mal bauchweh
0089  (2) kannze jetz bauchweh sagen? hör mal damals konntest Du
0090  das noch nich sagen [mach hört weitere Versuche] babweh
0091  konnze nur sagen (1) sag jetz mal bauchweh kannze das jetz
0092  sagen?
0093                                                              vielleicht
0094  vielleicht? sach mal
0095                                                              baufweh
0096  bachweh?
0097                                                              mhm
0098  kannze richtig bauch sagen? sag mal bauch
0099                                                              bauch
0100  gut konnste damals noch nich (2) mal gucken was Du sonst
0101  noch nich konntest [man hört wieder das Band] schokolade
0102  konntest Du auch noch nicht sagen
0103                                                              nee?
0104  nee sach jetz mal schokolade
0105                                                              schokolade
0106  mhm damals konnste nur lade oder schok-lade sagen (2) mal
0107  gucken ob ichs finde [sucht die Stelle] siehsse da sachse
0108  schokolade wolltse schokolade haben [man hört wie Max mit
0109  Mark schimpft] hasse gehört da hasse mit mir geschimpft
0110                                                              was?
```

0111 da hast DU mit MIR geschimpft	
0112	wer?
0113 DU mit MIR weil ich Dich geärgert hab [zoniger Max hörbar]	
0114	was tust Du da?
0115 hasse gesagt?	
0116	was tu/ was tus nochmal da
0117	machst?
0118 was ich da mach?	
0119	mhm
0120 ich hab das aufgenommen damals mit dem kassettenrekorder	
0121 (2) was Du damals gesagt hast	
0122	mach NOCHMAL
0123 was Du da gesagt hast [macht den Rekorder wieder an] na	
0124 mark sachse da	
0125	was?
0126 na mark sachse da [nachahmend:] na mark | gut ne?	
0127	mach noch mal
0128 [läßt das Gerät weiterlaufen]	
0129	mach ma ganz schnell
0130 mhm (1) so das wars (4) soll ich Dich nochmal drehen?	
0131	nee soll ich D*ch nochma
0132	grehen?
0133 mich nochmal?	
0134	ja:
0135 oh je	
0136	okay?
0137 na gut	
0138	[dreht Mark]
0139 hast Du eigentlich einen Bruder?	
0140	was?
0141 hast Du einen Bruder?	
0142	na klar hab ich ein bruder
0143 wer den?	
0144	[Max dreht Mark ganz
0145	schnell]
0146 <uah mir wird schwindelig nicht so schnell HILFE oh nee ich	<lacht>
0147 kann nich mehr da wird einem schwindelig bei>	
0148	un jetz so rum
0149 <oh nein hilfe> mir wird ganz schwindelig <aufhören> nicht	<lacht>
0150 mehr jetzt (1) pause sonst fall ich um	
0151	jetz ich wieder ja?
0152 mhm (1) aber sag mal hast Du einen bruder?	
0153	klar hab ich ein bruder
0154	[einatmend:] der TIMO |
0155 der timo (1) und hat der timo auch einen bruder?	
0156	äh (1) der david
0157 der david? und sonst hat der timo keinen bruder?	
0158	nee
0159 bisse sicher?	
0160	na kla:r bin ich sich:er
0161 Du bist doch der bruder vom timo oder nich?	
0162	ja aber (2) der david is sein
0163	freund un (...)
0164 und wer ist der bruder vom timo?	
0165	(2) ich
0166 Du ne?	

0167	ja:
0168 und hasse denn auch ne schwester?	
0169	ja die lara doch
0170 und die lara (1) hat die noch ne schwester?	
0171	mm die hat doch eine
0172	freundin
0173 und die nina ist doch auch die schwester von der lara?	
0174	na klar
0175 mhm hast Du denn noch ne schwester?	
0176	na klar die LARA
0177 und wen noch?	
0178	hach sons keine mehr
0179 nicht die nina? ist doch auch Deine schwester?	
0180	ja
0181 ne?	
0182	jetz mach ma hoch [*den*
0183	*Stuhl*]
0184 sag erst noch ob die nina noch einen bruder hat	
0185	äh weiß ich nich
0186 [lachend:] na Dich |	
0187	[gelangweilt:] ja |
0188 und den timo [dreht Max auf dem höhergestellten Stuhl]	
0189	[gequält lachend:] nich so
0190	schnell |
0191 nich so schnell? Du hast mich doch auch so schnell gedreht	
0192 wie ich Dich <dreht weiter>	<lacht>
0193 [hält an] gut? ist Dir schwindelig?	
0194	klar is (mir jetzt) schwin-lig
0195	jetz (bist) Du wieda gan
0196 och nee ich kann nich mehr sonst muß ich gleich brechen	
0197	BITTE
0198 nee	
0199	noch EINMAL
0200 laß uns noch einen augenblick warten sonst wird mir	
0201 schwindelig sonst wird mir schlecht (2) ja? (1) ich hab gerad	
0202 noch gegessen	
0203	NOCHMAL
0204 ja einen augenblick pause dann nochmal	
0205	ja:
0206 guck mal was is das denn hier?	
0207	ein kreus
0208 ein kreuz aus steinen ne?	
0209	mhm
0210 kannze schon zählen?	
0211	mm
0212 kannze noch nich ne?	
0213	guck mal hier muß das weg
0214 oh	
0215	(gib mal) ei-mal für MICH
0216	(1) die sin für mich ne?
0217 mhm und die sind für MICH	
0218	eja
0219 laß mal sehen (1) gib mir die mal zurück (1) guck mal wenn	
0220 ich die hab und Du die wer hat den mehr steine? (2) wer hat	
0221 mehr und wer hat weniger steine?	
0222	ich

219

0223 hast Du mehr oder weniger als ich?	
0224	(...)
0225 mh?	
0226	(...) [spielt etwas verlegen
0227	mit den Steinen]
0228 mh? <sag mal wer hat denn jetzt mehr steine Du oder ich?>	<spielt verlegen mit den
0229 guck mal wenn ich Dir die jetzt auch noch gebe [gibt Max	Steinen>
0230 mehrere Steine] nee einen will ich noch dann hab ich zwei (1)	
0231 wer hat denn mehr steine?	
0232	ich
0233 Du? und ich hab weniger?	
0234	[lachend:] ja::	
0235 tatSÄCHLICH (2) so und jetzt tauschen wir	
0236	ja
0237 wer hat jetzt mehr steine? [gibt sich selbst mehr Steine]	
0238	de ma:k un ich hab nur swei:
0239 Du hast nur zwei? hast Du weniger?	
0240	ja
0241 mhm tatsächlich (2) was hasse denn gestern so gemacht ich	
0242 hab Dich gar nicht gesehen?	
0243	ges/ waffel ess (...) ja?
0244 gestern warse waffeln essen?	
0245	na kla:r
0246 wo denn?	
0247	[mit den Steinen spielend:]
0248	su hause	
0249 da gabs waffeln? (3) oh LECKER (1) mit kirschen und sahne?	
0250 (2) echt?	
0251	ja schomal
0252 nicht gestern?	
0253	mm wenn ich in teich wa:r
0254 wie Du im teich wars?	
0255	mhm
0256 was gabs denn gestern (3) zu essen bei euch?	
0257	weiß ich nich mehr
0258 weisse nich mehr?	
0259	mm
0260 und was gabs heute?	
0261	weiß ich au nich mehr
0262 weiße nich mehr wasse heut gegessen hast? (2) und was gibt	
0263 morgen?	
0264	bau jetz eine stra:ße
0265 eine straße aus den steinen?	
0266	mhm
0267 gabs heute keine nudeln zu essen?	
0268	E:BEN
0269 nudeln ne?	
0270	mhm eben
0271 mhm (2) Du hast keine gegessen?	
0272	na klar
0273 doch ne? guck mal hier ich hab einen faden an meinem lolli	
0274	was?
0275 ich hab en faden an meinem lolli bäh	
0276	was?
0277 en faden an dem lolli dran ih	
0278	und hier fährste [macht

220

9.13 Transkripte 1998: Aufnahme vom 02. Mai; Alter von Max: 4;3

0279		Fahrgeräusche] und das auto
0280		brennt jetz
0281	das auto brennt jetzt?	
0282		und Du bis jetz tot
0283	ich bin jetzt TOT?	
0284		un de stra/ [atmet ein] und
0285		die steine fellen noch auf ihn
0286	<och>	<läßt die Steine auf das Auto
0287		fallen>
0288	alle den tisch runter	
0289		[amüsiert:] jetz is der ma:k
0290		tot |
0291	mh?	
0292		bis to:t
0293	bin tot?	
0294		mhm
0295	aber ich rede doch noch (2) was is denn los wenn man tot ist	
0296	weisse?	Du bis jetz hier unten prennt
0297		das auto jetz
0298	echt? (1) was ist denn wenn man tot ist max?	
0299		mh was?
0300	was ist denn wenn man tot ist was heißt das denn?	
0301		(...)
0302	sach mal?	
0303		[sich auf dem Stuhl
0304		drehend:] WEISS ich ni:ch |
0305	<gleich hasse en drehwurm>	<dreht sich>
0306	is die tante grete [eine verstorbene Tante] denn tot?	
0307		na klar
0308	und wo is die jetzt?	
0309		vergraben und in himmel
0310	vergraben und im himmel? meinst Du die sieht Dich noch?	
0311		KLAR
0312	vom himmel aus?	
0313		klar
0314	mhm	
0315		[dreht sich weiter]
0316	[lachend:] Du dollen Du | (2) sag doch mal was Du gestern	
0317	gemacht hast	
0318		[dreht sich immer wilder]
0319	oh vorsicht nachher fällt der schrank um	
0320		(3) kumma [holt Luft]
0321		schommal bin ich aussen
0322		bett gegangen da ha ich
0323	versteh ich nich	wasser geholt ne (1) da hab
0324		ich ein himmel gesehen (1)
0325		STE::RNE
0326	wasser hasse geholt und da hasse sterne gesehen?	
0327		ja an himmel
0328	im himmel? schommal hasse wasser geholt und da hasse	
0329	sterne gesehen? (2) <paß auf dasse nich auf Deinen Lolli	<dreht sich weiter auf dem
0330	fällst nachher hasse den im hals stecken (3) wenn Du da drauf	Stuhl>
0331	fällst (2) dreh Dich nich so doll (1) nachher fälle um	
0332		[fällt der Lolli aus dem
0333		Mund]

0334	och nee	
0335		[lachend:] is runter:gefallen	
0336	guck mal ach jetz is zu spät	
0337		jetz (1) scheuder ich Dich
0338	ach noch nich mir is auch schlecht (1) augenblick <u>noch</u>	<u>BITTE</u>
0339	en augenblick noch	
0340		dann (2) kanns Du mich ma
0341		schleudern?
0342	Dich schleudern?	
0343		[lachend:] ja::	
0344	ja wenn de wills (1) hier liegen die steine überall rum	
0345		was?
0346	die steine liegen noch überall rum	
0347		ja?
0348	[dreht Max] musse gleich aufheben (1) oder machst Du das	
0349	nich?	
0350		gleich
0351	[macht Fahrgeräusche beim Schleudern und lachend:] gut?	
0352	sollen wir den stuhl noch höher stellen?	
0353		mhm
0354	noch höher?	
0355		mhm
0356	augenblick [stellt den Stuhl mit Max darauf noch höher]	
0357		[etwas verunsichert:] ah	
0358	musse Dich aber gut festhalten	
0359		warum?
0360	daß Du nicht runterfällst [fängt an zu drehen] wie auf der	
0361	kirmes ne? warst Du schon mal auf ner kirmes?	
0362		nee
0363	noch nie? da sind ganz viele karussells (1) warst Du denn	
0364	schon mal auf einem karussell?	
0365		nee
0366	auch noch nicht?	
0367	<u>doch</u>	<u>nee</u> doch schommal
0368	mit wem denn? (3) einen augenblick pause machen (1) mit	
0369	wem denn?	
0370		[leise und ausatmend:] weiß
0371		ich nich	
0372	mit der titta?	
0373		mm ich weiß ich nich
0374	weisse nich mehr (1) <u>war das denn nicht lustig?</u>	<u>[laut:] hör auf mir is so</u>
0375		<u>schlecht |</u>
0376	ja siehsse das hasse jetz davon	
0377		boah
0378	huch nich brechen	
0379		[lachend:] gleich aufm tisch
0380	<u>um himmels willen</u> nicht auf meinen teppich kötzeln	mu ich <u>kötse:ln</u> (1) wenn ich
0381		kötseln muß dann mu ich
0382		pre:chen	
0383	auf meinen teppich?	
0384		[lachend:] mu ich dann mu
0385		ich de laufen haben da
0386		draußen gekötselt	
0387	mhm musse ganz schnell raus laufen	
0388		[lachend:] dann ha ich schon
0389			[einatmend:] hier gekötzelt

0390		|
0391	hasse schon?	
0392		ja:
0393	wann denn?	
0394		un jetz dreh ich Dich?
0395	och im momment noch nich	
0396		doch
0397	weisse denn wo die titta und der reinei sind?	
0398		ja in u:laub
0399	ja weisse auch wie lange schon?	
0400		ja (3) weiß ich nich
0401	weisse nich? zwei wochen schon fast	
0402		[genervt:] ja bitte jetz komm
0403		hier grauf |
0404	och ich will nich	
0405		[lachend:] doch |
0406	nein	
0407		[lachend:] DOCH |
0408	och ich will nicht	
0409		[zerrt an Marks Händen]
0410	ah da wird mir doch schlecht	
0411		[lachend:] komm doch |
0412	oh nee da muß ich doch wieder kötzeln	
0413		[lachend:] mm |
0414	[läßt sich stöhnend auf dem Stuhl nieder]	
0415		[fängt wild an zu drehen]
0416	<nich so schNELL nich so schNELL hilfe mir wird schle:cht	<lacht>
0417	oh:oh:oh aufhören anhalten hilfe halt an halt a:n nee ich kann	
0418	nich mehr ich will nich mehr>	
0419		[hält an]
0420	oh mir is total schwindelig [steht auf]	
0421		(3) un jetz ich
0422	a:ch augenblick es dreht sich alles	
0423		[Max dreht den Stuhl alleine
0424		weiter] AU
0425	paß auf nachher tust Du Dir weh (1) hör mal das ist gefährlich	
0426	mit dem lolli im mund (2) stell Dir mal vor Du fällst da drauf	
0427	(2) heb die steine mal auf	
0428		ich krabble jetz aum teppich
0429		rum
0430	och (2) hasse gerad ferngeguckt? (1) was lief denn gerad im	
0431	fernsehen max?	
0432		was?
0433	was lief denn gerade im fernsehen?	
0434		weiß ich nich
0435	ja Du has doch geguckt? (2) oder nich? war da sailor moon	
0436	[eine Kinderserie, die Lara regelmäßig sieht]?	
0437		ja:
0438	das findet doch die lara so toll oder?	
0439		ja: boa aber ne ganz schöne
0440		musik
0441	schöne musik?	
0442		mhm
0443	willse Dir gleich noch ein lolli mitnehmen?	WAS?
0444	willse gleich noch ein lolli mitnehmen?	
0445		[die aufgelesenen Steine auf

223

0446	den Tisch legend:] nein |
0447 dankeschön (3) willse keinen mehr gleich?	
0448	[legt weitere Steine auf den
0449	Tisch]
0450 was ist das (1) glassteine?	
0451	was?
0452 sind glassteine ne?	
0453	ja:
0454 mhm	
0455	kann man wieder runter tun?
0456 ja dann setz Dich drauf	
0457	RUNter tun
0458 mhm setz Dich erst drauf sonst geht der nicht runter	
0459	[klettert auf den Stuhl und
0460	will dann wieder runter]
0461 nee bleib drauf (1) Du mußt drauf bleiben ohne gewicht geht	
0462 der nicht runter (1) geht langsam keine angst (1) mußt Dich	
0463 draufsetzen	
0464	geht der ganz langsam?
0465 mhm	
0466	hals DU fes?
0467 ja ja	
0468	(...) noch nich
0469 bereit?	
0470	ja
0471 geht gar nicht Du bist zu leicht (4) Du bist ein federgewicht	
0472 (1) ne feder	
0473	kannsen noch runter tun?
0474 nee noch weiter geht nicht (2) guck mal hier liegen ja überall	
0475 haare rum	
0476	was?
0477 hier liegen ja überall haare rum (2) warum spielse nich	
0478 draußen bei so einem wetter? (3) max	
0479	[dreht sich wieder]
0480 komm Dir wird es gleich übel Du dolle nudel (1) mh? ist Dir	
0481 nicht schon schlecht?	
0482	ja:
0483 soll ich mal ein photo von Dir machen? (2) komm setz Dich	
0484 mal auf den stuhl ich mach mal ein photo von Dir (4) paß auf	
0485 wir tun Dir mal ne zigarre in den mund (3) kennze ne zigarre?	
0486	mhm
0487 willse eine haben? statt en lolli tusse Dir jetz ne zigarre hälse	
0488 in de hand am besten	
0489	mit feuer?
0490 nee ohne feuer [lachend:] und dann mach ich ein photo von	
0491 Dir | (1) gib mal den lolli ich leg ihn mal so lang weg kiegste	
0492 gleich wieder [gibt ihm eine Schokoladenzigarre] halt mal so	
0493 guck mal die muß Du so halten	
0494	so
0495 halt mal so in der hand	
0496	[hält die Zigarre
0497	entsprechend]
0498 ja genau [lachend:] das sieht aus | (5) achtung [macht ein	
0499 photo] gut (1) kriegt die mama einen schreck wenn sie das	
0500 sieht	
0501	ja (2) soll ich Dich mal

0502	wieder schleudern?
0503 och nee ich kann nich mehr	
0504	BITTE
0505 nee	
0506	noch EINMAL
0507 nein (1) EINMAL noch?	
0508	ja
0509 aber dann nicht mehr (1) mir ist es schon richtig schlecht (3)	
0510 Du bissen dollen Du	
0511	komm wir schleudern Diche
0512	schon
0513 ach [setzt sich in den Stuhl] also los <ah::: nich schneller	<dreht wieder lachend den
0514 aufhören (1) aufhören (3) jetz nehm ich Dich mit (2) stopp	Stuhl>
0515 sto:op (2) komm ich kann nicht mehr mir dreht sich alles>	
0516	is Dir schle:cht?
0517 ja:	
0518	[lacht:] (2)
0519 freut Dich das?	
0520	[springt Mark auf den Schoß
0521	und gerät außer Rand und
0522	Band]
0523 komm jetz gucken wir uns mal ein buch an oder sowas damit	
0524 Du mal wieder zur ruhe kommst	
0525	genau (...) ha ne große idee
0526 ne große idee?	
0527	mhm
0528 was denn?	
0529	wir nehmen ei-fach ein buch
0530	(1) (das leg) ich wieder
0531	dahin un machen schon
0532	wieder ein pho:to
0533 ein buch und ich soll dann ein photo machen?	
0534	ja aber von tie:ren
0535 von tieren? (3) ja ich hab ein tierbuch [gibt es Max] paß auf	
0536 das Du das nicht knickst	
0537	mußch das so halten
0538 so? und ich soll dann ein photo machen	
0539	[vergnügt:] mhm (2)
0540	aumblick	[setzt sich mit
0541	Buch in Positur] so
0542 mhm ja gut (1) zeig mal auf irgendwas (4) tu mal auf ein tier	
0543 zeigen	
0544	was?
0545 tu mal auf irgend ein tier zeigen	
0546	[zeigt auf ein Tier]
0547 ja so [lachend:] ja is gut	[macht ein Photo]	
0548	[lacht]
0549 so jetzt ham wer genug photos gemacht	
0550	[Max fängt erneut an zu
0551	toben]
0552 och komm max erzähl mir doch mal ne gute nacht geschichte	
0553 ich will jetzt schlafen [stellt sich schlafend im Bett]	
0554	[tobt lachend weiter:] (4)
0555 komm erzähl ne geschichte dann schlaf ich ein	
0556	es war (2) ei:mal ein ganz
0557	böser geist

0558	ein böser geist? ich will <SCHLAfen> krieg ich ja alpträume	<lacht>
0559		(...) mal wenn der ma:k
0560		schlä::ft is der su ihm
0561		ekommen und hat de hals
0562		aufge:gessen
0563	wen aufgegessen?	
0564		DICH
0565	meinen hals?	
0566		ja
0567	wieso das denn?	
0568		un Dein bauch aufgeschnittn
0569	meinen bauch aufgeschnitten?	
0570		ja:
0571	hasse denn keine schönere geschichte?	
0572		[lacht:] (2) DANN hat er SO
0573		gemach [würgt Mark]
0574	[weinerlich:] wieso das denn ich will schla:fen |	
0575		un da hatte mich (2) Dein
0576		bauch raufe (1) Dein magen
0577	mein magen was?	
0578		Dein magen raus:gerissen
0579	ach Du schande (1) wo hasse denn	un Dein he:rs
0580	mein he:rz?	
0581		mhm
0582	wo hasse denn so geschichten her?	un Dein AUGEN
0583	ach wo sind denn	und Deine szähnen un der
0584		has (hat es) abgerissen
0585	meine zähnen?	
0586		un den ganzen hals
0587	wo hasse denn so geschichten	un dann vor die wanne
0588		ge:knickt
0589	was geknickt?	
0590		[lacht und klaut Marks
0591		Socken]
0592	Du bis vielleicht einen (1) in die wanne geknickt?	
0593		[lachend:] mhm |
0594	wie in die wanne geknickt?	
0595		un dann hat Deine brille (...)
0596		(2) kaputtgema:cht
0597	warum das denn?	
0598		un das [greift ungestüm nach
0599		Marks Brille]
0600	NICHT TUN wo hast Du denn so geschichten her max?	
0601		[lacht:] (1)
0602	hast Du die Dir ausgedacht?	
0603		[lachend:] ja:: |
0604	echt?	
0605		[lacht und tobt weiter:] (1)
0606	ach max das ist doch keine schöne gute nacht geschichte (1)	
0607	erzähl doch lieber mal irgendwas von tieren (1) erzähl mal	
0608	was von tieren	
0609		mm
0610	mh? ja? erzähle mal was von tieren?	
0611		mm (2) un dann hat er Dir
0612		die daumen rausgerissen
0613	(3) was sind denn mutanten max?	

0614	was?
0615 was sind denn mutanten?	
0616	ich ags nich
0617 weisse denn was das is?	
0618	nee
0619 siehsse doch immer im fernsehen oder nicht?	
0620	mm
0621 nicht?	
0622	guck mal
0623 was ist das denn? (3) was ist das? (2) mh? ein faden? [hustet]	
0624 ich bin jetz krank (3) ich bin krank jetzt	
0625	un dann hatta ma:k den
0626	GANZ aufgegesse:n
0627 ich hab den aufgegessen?	
0628	der roddireu hat Dich
0629	aufgegessen
0630 wer war das?	
0631	de roddireu hat Dich
0632	aufegessen
0633 de roddireu?	
0634	mhm
0635 ich denk der heißt groddigreu?	
0636	un (2) de roddireu hat ih:n
0637	auf:gegessen de ma:k
0638 un wer is denn der roddireu?	
0639	der is so weit
0640 so weit	und heute nacht kommt der
0641	un frißt Dich au:f
0642 heute nacht?	
0643	mhm
0644 ich dachte der wohnt in der steckdose?	
0645	ja aber morgen geht der raus
0646	un kommt zu Dir un frißt
0647	Dich au::f
0648 morgen geht der raus?	
0649	ja:
0650 da hab ich aber angst	
0651	da ruf ich ih:n
0652 Du rufst den groddigreu? wieso ist denn der in der steckdose?	
0653 hasse da schonmal gefühlt?	
0654	ich weiß das
0655 woher denn? (1) hast Du mal reingepackt ne? das ist ganz	
0656 gefährlich	
0657	wörklich?
0658 ja da kann man sterben von	
0659	ste:rben?
0660 tot gehen ja (1) was machst Du denn da einen knoten?	
0661	[macht lachend einen
0662	Knoten in Marks
0663	Schnürriemen]
0664 was ist das denn? Du kannst ja sogar einen knoten machen	
0665	[lacht:] (2)
0666 kannst Du denn schon die schuhe zubinden?	
0667	[lacht:] (2)
0668 kannze das schon?	
0669	ich hab Dich einge:sperrt

227

0670 sag mal kannze das max?	
0671	mhm
0672 was hassen jetz gemacht?	
0673	[lacht]
0674 hasse aus gemacht?	
0675	ja:
0676 die lampe?	
0677	und jetz geh ich runta:
0678 kannze denn schon die schuhe zubinden max? (1) wenn Du	
0679 son tollen knoten kanz kannste das schon? (2) kannze noch	
0680 nich?	
0681	und jetz kommt der nie mehr
0682	raus [lacht laut und geht zur
0683	Türe]
0684 wo gehsse hin?	
0685	n*ch hause:
0686 nach hause? und mich läßt Du jetzt hier angebunden?	
0687	mhm
0688 ja und wie soll ich mich befreien?	
0689	[amüsiert:] wenn de roddireu
0690	heute acht kommt | (3) aus
0691	dem wa:ld
0692 ich denk aus der steckdose	
0693	[macht die Türe hinter sich
0694	zu]
0695 bist Du aber böse (2) jetz muß ich weinen [weint laut:] (3)	
0696	[macht fauchende Geräusche
0697	vor der Türe:] (4)
0698 [ängstlich:] wer ist da? (2) wer ist da? der groddigreu? |	
0699	[macht die Türe auf, ist
0700	maskiert und brüllt
0701	erwartungsvoll]
0702 [ängstlich:] wer ist da? |	
0703	[lacht laut und stoßweise:]
0704	(3)
0705 wer sind sie? ein schweinegesicht?	
0706	[lachend:] ein
0707	schreinegesicht |
0708 hm sind sie der groddigreu?	
0709	[reißt sich lachend die
0710	Maske vom Gesicht] ICH
0711	bin es
0712 Du bisset Du hast mich vielleicht erschreckt	
0713	ich hab Di ver-äppe:lt
0714 hasse Dich versteckt? hasse Dich verSTELLT	
0715	[lacht:] (2)
0716 ich dachte Du wärest der groddigreu gewesen	
0717	[lchend:] ich hab mich doch
0718	verkleidet nänä |
0719 verkleidet	
0720	[geht wieder zur Türe und
0721	will sie zumachen]
0722 nich schon wieder	
0723	warum?
0724 ich hab angst (2) komm erzähl mir noch ne SCHÖNE	
0725 geschichte [ein überfliegendes Flugzeug wird hörbar]	

9.13 Transkripte 1998: Aufnahme vom 02. Mai; Alter von Max: 4;3

0726		hörst Du nicht?
0727	[flüsternd:] was ist das? |	
0728		das is der gei:st
0729	das is ein flugzeug	
0730		[geht in den Flur und ruft die
0731		Treppe herunter:] roddireu
0732		kommal freß den ma:k auf |
0733		[kommt zurück und macht
0734		die Türe zu] roddireu
0735		gerufen
0736	Du kenns den groddigreu doch gar nich (1) ich hab den aber	
0737	letztens gesehen	
0738		wie sahs denn aus?
0739	ganz groß war der (1) un der hatte keine augen	
0740		nee?
0741	nee	
0742		war der auch böse?
0743	hm er geht nur zu bösen kindern is der böse	
0744		aber ich hab (1) en ganz
0745		böser geist gerufen der hat
0746		au:gen und ein scharfen
0747		szähnen ein krokodi:l is das
0748	echt? (1) das wohnt bei euch im teich ne?	
0749		ei roddireurokodil
0750	ein roddireukrokodil	da kommt diese da hab ich
0751		die ganze welt gerufen un
0752		der kommt jetz ausse
0753		wupper rau:s
0754	was ist denn die wupper?	
0755	die wupper ist der teich?	der tei:ch (1) das wass:er
0756	ein fluß is das ne?	
0757		der fluß ja
0758	und da wohnt der groddigreu drin?	
0759		ja der krokodil un der frißt
0760		Dich jetz auf
0761	das glaub ich nicht der ertrinkt doch im wasser der groddigreu	
0762		(2) hasten kno-en (knoten)
0763		noch nich befreit?
0764	nee	
0765		ich tu noch mehr
0766	[gequält:] nei:n |	
0767		doch
0768	warum?	
0769		un Dir is es zu (2) da nie
0770		mehr rauskomme
0771	ich denk Du liebst mich	
0772		ich lieb Dich aber nich
0773		ME::HR
0774	oh also soll der groddigreu	weil der roddireu in mir i:s
0775	der is in Dir?	
0776		ja:
0777	dann muß ich Dich erWÜRGEN [greift sich Max]	
0778		[lachend:] Du kann mich aba
0779		nich um-ringen |
0778	warum nich?	
0779		weil ich stark bin

229

0780 Du bis stark?
0781   mhm
0782 wieso wer hat Dir denn gezeigt wie man einen knoten macht?
0783   der ti:mo
0784 der timo hat Dir das gezeigt?
0785   [knotet weiter] mhm
0786 toll
0787   un jetz kommse da nich
0788   mehr raus (1) für immer
0789 es sei denn
0790   un da heute nacht schläfsu
0791   ein der roddireu kommt
0792   auszer wupp:er
0793 eine möglichkeit hab ich hier raus zu kommen
0794   mh und ich laß die tür au:f
0795 weisse welche möglichkeit ich hab?
0796   der is ganz groß (1) der
0797   machte (1) bis innen himmel
0798   is der so groß
0799 vielleicht bin ICH ja der groddigreu
0800   [lachend:] nein |
0801 NEIN? [geht auf Max zu] SICHER?
0802   [lachend und etwas
0803   ängstlich:] hör auf BITTE |
0804 ich soll aufhören? [kitzelt Max]
0805   [stoßweise lachend:] ja:: |
0806 ich bin der GRODDIGREU
0807   [lachend:] ich lieb Dich
0808   doch |
0809 was? Du liebst mich doch?
0810   [laut schreiend:] JA:: |
0811 ha ha zu SPÄT
0812   [stoßweise lachend:] bitte
0813   nei::n |
0814 jetz eß ich Dich auf
0815   [lachend:] nei::n |
0816 ha ha ha Du hast den falschen angebunden
0817   was?
0818 Du hast den falschen angebunden
0819   warum denn?
0820 weil ich der groddigreu bin
0821   [lachend ängstlich:] ich
0822   befrei Dich wieder |
0823 na dann aber schnell
0824   [versucht Mark loszubinden]
0825 kriegst Dus nicht mehr los?
0826   vielei:cht
0827 [mit tiefer Stimme:] Dein pech |
0828   nei::n bitte ich krieg den ja
0829   schon
0830 na streng Dich an
0831   ich streng mich ja schon an
0832 lo:s
0833   d*s (das) dauert noch lange
0834 la:nge? ich hab keine zeit
0835   [lacht etwas gequält]

230

```
0836   na was is?
0837                                                          [bekommt die Schnürriemen
0838                                                          nicht los]
0839   nicht noch fester ziehen (3) los jetzt erzähl dem groddigreu ne
0840   schöne geschichte sonst muß ich Dich fressen
0841                                                          okay (2) es war ei:mal einen
0842                                                          fro:sch
0843   mhm hört sich gut an
0844                                                          und da kam ein großer
0845                                                          storch und hatten frosch
0846                                                          aufgepie:kt
0847   aufgepiekt?
0848                                                          mhm
0849   und was ist da jetzt schön dran?
0850                                                          und dann hat der den nich
0851                                                          aufgepie:kt
0852   hat er den doch nicht aufgepiekt?
0853                                                          mm
0854   was denn?
0855                                                          der war (2) der war von ihn
0856                                                          ein freu:nd gewesen
0857   mhm und was ham die gemacht?
0858                                                          ge:spie:lt
0859   die ham gespielt ja das ist aber mal ne schöne geschichte (2)
0860   und die sind heute auch noch freunde?
0861                                                          mhm
0862   und gestern warens auch freunde?
0863                                                          mhm (1) für immer
0864   für immer freunde?
0865                                                          ja
0866   also morgen auch noch?
0867                                                          mhm
0868   und übermorgen auch?
0869                                                          und jedes tages wird der
0870                                                          frosch immer größer [laut:]
0871                                                          immer grösse:r |
0872   wann is der größer geworden?
0873                                                          bis in himmel
0874   ne WANN?
0875                                                          ähm wann? (2) ma berle:gen
0876                                                          (überlegen)
0877   wann denn?
0878                                                          ma berle:gen [flüstert Unver-
0879                                                          ständliches vor sich hin:] (3)
0880                                                          VIER ta:ge
0881   vier tage is der größer geworden?
0882   oder IN vier tagen?                                    ja ich
0883                                                          ja
0884   was denn? vier tage LANG oder IN vier tagen ist der größer
0885   geworden?
0886                                                          das war schon ganz lange
0887   war schon ganz lange?
0888                                                          mhm klar
0889   mhm
0890                                                          weisse noch wie ange mein
0891                                                          vater lebt?
```

0892 mh?	
0893	wie lange (mein) vater lebt?
0894 wie lange der lebt?	
0895	ja:?
0896 weiß ich nicht	
0897	bis ich gro:ß bi:n
0898 und dann lebt der nicht mehr?	
0899	mm
0900 wieso das denn nicht?	
0901	leich (vielleicht) hab ich
0902	mich immer allei:ne
0903 dann bisse alleine?	
0904	bin ich nich alleine
0905 nee wer ist denn noch alles da?	
0906	klar
0907 wer denn mh? (2) wieso lebt der denn nicht mehr wenn Du	
0908 groß bist?	
0909	*ch fessl mich gleich alleine
0910 mh?	
0911	ich fessl mich gleich allei:ne
0912 Du fesselst Dich gleich alleine?	
0913	na kla:r
0914 lebt denn Dein vater nicht mehr wenn Du groß bist?	
0915	(dann) kämm ich mich im
0916	mer allei:ne
0917 dann kämmse Dich alleine?	
0918	e:ja und dusch mich allei:ne
0919 kämmt Dich denn jetzt Dein <u>papa?</u>	(...(3)...)
0920 kämmt Dich denn jetzt Dein papa?	
0921	taDA: [hat den knoten in
0922	Marks Schnürriemen
0923	geöffnet]
0924 hei danke (1) sag mal max?	
0925	[lachend:] was?	
0926 kämmt Dich denn jetzt Dein papa?	
0927	mm
0928 nicht?	
0929	ich mach mich auch immer
0930	schick
0931 [amüsiert:] Du machst Dich auch immer schick?		
0932	ja und die lara macht [atmet
0933	ein] mich schick und ich
0934	mach mich [atmet ein] für
0935	immer ganz ganz schick
0936 toll (1) warum das denn? willse gut aussehen?	
0937	hm:
0938 mhm (1) seh ich denn gut aus?	
0939	hm:
0940 [lacht] ja?	
0941	un jetz wär ich (1) (fessl)
0942	mich allei:ne
0943 mh?	
0944	i fessl mich allei:ne
0945 ja fessel Dich mal	
0946	uah
0947 was willst Du denn mal machen wenn Du groß bist?	
0948	[flüsternd:] wennch groß

9.13 Transkripte 1998: Aufnahme vom 02. Mai; Alter von Max: 4;3

0949		bin? | wirse schon sehn
0950	werd ich schon sehen?	
0951		ja
0952	bin ich denn dann noch da?	
0953		na klar bisse VIE:leicht noch
0954		da
0955	vielleicht?	
0956		aber vielleicht oder
0957		vielleicht bisse gesto:ben
0958	meinst Du? so alt bin ich aber noch nicht	
0959		[leiser:] so alt |
0960	wie alt bist Du denn?	
0961		[zeigts mit den Fingern]
0962	vier jahre?	
0963		[lachend:] ja:: |
0964	woher weißt Du das denn?	
0965		(...)
0966	weißt Du wie alt ich bin? <zeigts ebenfalls mit Fingern>	<(...) so viel?>
0967	neunundzwanzig jahre	
0968		und wenn Du noch ein baby
0969		wa:st
0970	mhm da gabs Dich noch nicht	
0971		[flüsternd:] (...) noch nicht |
0972	wo warst Du denn da als ich noch ein baby war?	
0973		kumma wie ich noch en baby
0974		war hab ich inne steckdose
0975		gefaßt ne?
0976	mhm	
0977		da hat es so wehtan da hab
0978		ich geschreit und gewei:nt
0979	und was war das? (2) was hat denn da so weh getan?	
0980		in der steckdose is de
0981		roddireu
0982	der roddireu? das war strom war das	
0983		ja glaub schrom
0984	das tut das kann kann einen to/ kann einen umbringen	
0985		was?
0986	strom kann man sterben von	
0987		ja?
0988	ja is gefährlich	
0989		hab ich schomal reingefaßt
0990	ja darfse nie tun	
0991		aber ich aber hat hab
0992		wehgetan
0993	ja weiß ich	
0994		un is au/ mei papa gekomm
0995	mhm hasse glück gehabt dasse nich gestorben bis	
0996		(4) jetz bin ich schon wieder
0997		alleine gefesselt
0998	toll wie Du das kannst (1) dann kannze bestimmt auch bald	
0999	schuhe zubinden (2) kannze denn auch schon schwimmen?	
1000		(mit) der lara
1001	echt? (2) ohne schwimmflügel?	
1002		[lachend:] mh: aber nich so
1003		weit |
1004	nich so weit? ja macht ja nichts	
1005		ich kann nich szu den

233

1006		steinen schwimmen
1007	nicht zu den steinen?	
1008		mm
1009	mhm	
1010		(1) jetz komm ich hier nich
1011		mehr raus oder?
1012	ich krieg kalte füße (2) ich muß mir die socken wieder	
1013	anziehen	
1014		[lacht:] (2)
1015	wo is denn ich hab ja nur noch einen? ach nee hier [hält ihm	
1016	Max vor]	
1017		[lacht laut:] (3)
1018	stinkesocken (1) nee die stinken nicht	
1019		tada:
1020	ups	
1021		[lacht laut:] (3)
1022	max hudini der entfesselungskünstler	
1023		[amüsiert sich]
1024	guck mal hier meine freundin [zeigt ihm ein Bild]	
1025		isasz Deine freundin?
1026	nee aber die sieht so ähnlich aus	
1027		ja?
1028	mhm (1) hast Du schon ne freundin?	
1029		klar
1030	klar? wer denn?	
1031		den ni:kolaus wer noch?
1032	den nikolaus?	
1033		die lisa
1034	die lisa? wer ist das denn? (1) find ich einen schönen namen	
1035	lisa	
1036		ja?
1037	mhm wer ist denn die lisa?	
1038		die lisa? [einatmend:] in
1039		kinderga:ten] |
1040	im kindergarten ist die? und das ist Deine freundin? schön	
1041		weil ich Dich so lie:be
1042	weil Du DIE so liebst? (2) mhm	
1043		ich lieb die so
1044	Du liebst sie so?	
1045		ich lieb die alle kindern
1046	Du liebst die alle kindern?	
1047		hm:
1048	wie alle kindern?	
1049		na weil ich die so LIEBE
1050	liebse die ganze welt?	
1051		ja (1) ich lieb große
1052		menschen und kleine
1053		menschen
1054	mhm und die lisa ganz besonders?	
1055		ja: und jetz bring ich Dich
1056		u:m
1057	ja wunderbar ich denk Du liebs alle?	
1058		aber Dich nich
1059	[traurig:] mich nich? |	
1060		un desha:b will ich D*ch jetz
1061		umbrin:/

1062	oh jetz bin ich aber traurig (2) wirklich nicht?	
1063		[lacht verlegen]
1064	[traurig:] mich liebst Du nicht? dann muß ich jetzt weinen	
1065		[macht Verrenkungen]
1066	Du dolle nuß Du (1) hasse de lisa denn schon mal geküßt?	
1067		mm
1068	warum nicht?	
1069		[springt Mark auf den Bauch
1070		und knuddelt ihn
1071		wild]
1072	hilfe	
1073		[lacht und gerät außer Rand
1074		und Band und fängt an zu
1075		schlagen]
1076	[ernster:] SCHLUSS jetzt	
1077		[lacht]
1078	[sehr ernst:] komm max hör auf jetzt komm AUFHÖREN	
1079		soll ich Dich nochmal
1080		schleudern?
1081	was? nein mir ist es jetzt schon schlecht	
1082		(noch) einma:l
1083	nee komm ich bring Dich jetzt nach hause	
1084		[versucht seinen Willen
1085		durchzusetzen] ja?
1086	ich bring Dich wieder zur hilde	
1087		bitte
1088	nein ich will nicht mehr	
1089		noch eima::l
1090	nein mir ist schon schlecht	
1091		noch einsmal
1092	nein auch kein einmal	
1093		[lachend-fordernd:] do::ch	
1094	nein	
1095		dann muß ich Dich wieder
1096		töten
1097	nein komm hör auf	

235

9.14 Transkripte 1998: Aufnahme vom 15. August; Alter von Max: 4;6

=> 0001 **Situation: Max und Mark sitzen in Mark's Zimmer vor dem Computer und betrachten**
0002 **sich Bildschirmschoner**
0003
0004 **Mark:**   **Max:**
0005 da kommt der Hai
0006   was macht de:r?
0007 und das hasse schon mal gesehen?
0008   ja mitten fischen scho:n
0009 wann denn?
0010   war doch schon lange her
0011 schon lange her?
0012   ja (2) weissu doch noch
0013 ja ich weiß das nich mehr so genau is schon ganz lange her ne?
0014   [lachend:] ja:: |
0015 guck mal hier der bildschirmschoner [erstaunter Ausruf]
0016   [betont flüsternd:] was ist
0017   denn das? |
0018 [zu sehen ist der bewegte Weltraum-Bildschirmschoner von
0019 Windows] sieht toll aus ne?
0020   ja
0021 hu: guck mal wenn Du so nah da vor gehst meinst Du Du
0022 fliegst richtig
0023   [lachend:] mh: |
0024 [tippt mit dem Kopf gegen den Monitor:] bumm | (2) mal
0025 gucken was wer hier noch haben
0026   was issen das für ein
0027   mensch?
0028 der sitzt da und liest ne? [gemeint ist ein Mann im Sessel]
0029   ja
0030 und was ist das da oben?
0031   ein telefo:n
0032 telefon
0033   was lie:gt denn da oben?
0034 klingelt das auch?
0035   na klar klingelt das
0036 hörsse was?
0037   ich hö:re nix
0038 [das Wählen einer Telefonscheibe wird hörbar]
0039   was war das?
0040 [das Telefon klingelt]
0041   ich hab was gehört
0042 jetzt klingelts ne?
0043   ja
0044 [eine redende Frauenstimme wird hörbar] was war das denn?
0045   [amüsiert:] sach | [atmet
0046   ein] weiß ich nich
0047 hat einer gesprochen ne?
0048   der
0049 is ne frau (2) lustig ne?
0050   ja
0051 [sucht weiter]
0052   was steht da?
0053 schrift (1) ist englisch
0054   ja? un was steht da?
0055 where do you want to go today? (1) wohin wollen sie heute
0056 gehen?

236

0057		ja?
0058	mhm [flüsternd:] oh hier ein groddigreu im geisterhaus	
0059		[flüsternd:] ein geisterhaus|
0060	[Orgelmusik wird hörbar] guck mal da oben kommt der mond	
0061	[eine knarrende Türe ist zu hören]	
0062		[ist gebannt]
0063	guck ne fledermaus [wieder in normaler Lautstärke:] kennze ne	
0064	fledermaus?	
0065		ja (1) die habich schomma
0066		geseh:n in fe:rnse:hn
0067	ja? hasse noch keine echte gesehen? (1) die fliegen auch hier	
0068	rum	
0069		ja:?
0070	wenns dunkel wird	
0071		ja?
0072	[ein Zimmer in dem Geisterhaus flackert kurz auf - zu sehen ist	
0073	ein gebeugter Mann vor einer Kerze] [Mark stößt einen Entset-	
0074	zensschrei aus]	
0075		[stößt ebenfalls einen
0076		Entsetzensschrei aus]
0077	[flüsternd:] oh		
0078		[flüsternd:] war das?	
0079	[flüsternd:] un da der mo:nd	(3) toll ne?	
0080		[leise:] ja: (3) wann k*mmt
0081		der ra:us?	
0082	meinse der kommt raus?	
0083		ja der soll doch rauskomm
0084		(4) der soll ma hier (1) hier
0085		ste:hen [zeigt eine Stelle auf
0086		dem Bildschirm]
0087	ich glaub der kommt nich raus	
0088		nee?
0089	tja lustig ne?	
0090		ja
0091	kennze das?	
0092		das kennich nich [Bild wird
0093		sichtbar] kenn ich nich (1)
0094		sag Du: mal kenns Du: das?
0095	m:	
0096		wie heißt das?
0097	marquee	
0098		mar:QUEE:?
0099	hm:	
0100		das kannich auch
0101	ja?	
0102		ja
0103	Du kennst einen ma:ki ne?	
0104		ja
0105	ach nee mystify heißt das	
0106		JA:?
0107	hm: (1) mystify	
0108		kenn ich nich
0109	oh RAUpen	
0110		RAUpen (...)
0111	toll ne?	
0112		sind die giftich?

0113 ja weiß ich nich (1) glaub nich	
0114	un (wenn) man das hier so
0115	pick raus-sieht?
0116 [amüsiert:] kann man nicht rauszieh:n |	
0117	waru:m?
0118 is wie beim ferseher kannze nich rauszieh:n (1) och die	
0119 simpsons sind auch da	
0120	ja?
0121 hm:	
0122	(...)
0123 brumm was ist das denn?	
0124	ein flu:seug
0125 ein flugzeug	
0126	hallo
0127 [lacht] und da wolken	
0128	un (wo) sinni simpson?
0129 die sind hie/ die kommen jetzt	
0130	DA
0131 mhm (1) sind aber nur bilderchen	
0132	ja?
0133 mhm	
0134	w*s is denn das hier?
0135 das ist die lisa (1) und der bart (1) ne?	
0136	uner is das? (und wer ist
0137	das?)
0138 maggie (1) mim schnuller (1) mim nunu [Max' Phantasiewort	
0139 für Schnuller]	
0140	ja (1) un wer sin das die
0141	allen?
0142 hm?	
0143	sag mal?
0144 die simpsons alle	
0145	ja
0146 die marge der homer	
0147	uah was macht der denn de
0148	bart?
0149 der bart der steht aufm kopf ne?	
0150	[lachend:] ja: |
0151 und wer is das da?	
0152	nee (1) der bart
0153 nee der millhouse ne?	
0154	ja
0155 [lacht]	
0156	hat der verklei:det?
0157 mhm	
0158	wörklich?
0159 ja:	
0160	der aut weg [macht Fahr-
0161	und Unfallgeräusche]
0162 guck <u>mal wer ist das denn</u> da?	<u>was sind da welche</u>
0163	was findsu da so l/ lustich?
0164 weiß ich nich	
0165	das (0) warum is die hier
0166	o:ben?
0167 weiß ich nich (1) ein doppeldecker<u>flügel</u>	<u>un wer</u> der warum is der
0168	hier und warum is der hier?

0169	keine ahnung	
0170		oah: *ch fall glei rückwärts
0171		ru/
0172	[lacht] superbart (1) ne?	
0173		ja (2) und das?
0174	das ist der homer mit ner (1) was ist das ne angel?	
0175		ja (1) na klar da wollter
0176		grad su seim (2) der geht
0177		gleich hier drauf (1) ah
0178	so das wars	
0179		wa:s das?
0180	mhm [sucht weiter] was kommt denn jetzt?	
0181		ein kreu
0182	hasse das schon mal gesehen?	
0183		ja:
0184	ist mit kreide gemalt ne?	
0185		mhm (1) das hamwer do
0186		auch schommal gese:hen
0187	ham wer schon mal gesehen?	
0188		ja
0189	echt?	
0190		ja
0191	wann denn?	
0192		(das) schon auch lange he::r
0193	auch lange he:r?	
0194		ja::
0195	gestern?	
0196		m das war scho ganz lange
0197		her was ich eben gesagt hab
0198	vorgestern?	
0199		m (2) das scho ganz lange
0200		her
0201	noch länger?	
0202		ja noch länger
0203	[Geräusch eines tippenden Balles wird hörbar] was ist das	
0204	denn?	
0205		oh
0206	was war das?	
0207		ei ball
0208	ein ball (1) aus kreide ein gemalter ball	
0209		eja
0210	ein weltall	
0211		oh
0212	jetzt sitzen wir in einem raumschiff [macht Fluggeräusche und	
0213	wackelt dabei an Max' Stuhl]	
0214		nich so wacke:ln
0215	nich? warum nich?	
0216		da fall ich hier noch raus
0217	[lacht und sucht weiter] titanic	
0218		[erstaunter Seufzer] was
0219		denn das?
0220	[flüsternd:] was ist das denn? (2) is das? |	
0221		was is das denn für ein
0222		tatanic? (1) jetz w*ll i
0223		umbringen [lacht]
0224	nee das ist ein riesiges schiff (1) das da	

239

0225	ja (1) is ja cool
0226 cool?	
0227	ja [gähnt]
0228 guck wer steht auf dem schiff drauf?	
0229	der mann?
0230 mhm (7) brauchst Du eigentlich noch windeln? nee ne?	
0231	mm
0232 gehst Du schon alleine auf die toilette?	
0233	na klar
0234 na klar?	
0235	ah das gehei:so a brech a
0236	su-samme
0237 guck noch son ball als linse	
0238	hm:
0239 sieht cool aus ne?	
0240	mhm
0241 so mehr ham wer glaub ich nich	
0242	nee?
0243 rohre haben wir noch	
0244	was?
0245 [das richtige Telefon läutet]	

9.15 Transkripte 1998: Aufnahme vom 07. November; Alter von Max: 4;9

=> 0001 <u>Situation: Max bei Mark im Zimmer - Max will auf dem Computer schreiben, was ihn</u>
0002 <u>sehr fasziniert (hat er zuvor bereits einmal gemacht)</u>
0003

Mark:	**Max:**
0004	
0005 was möchtest Du denn machen?	
0006	äh schreiben
0007 schreiben? was denn?	
0008	äh wirsse schon sehn
0009 werd ich schon sehn?	
0010	ja
0011 [schaltet den Monitor ein - auf dem Computer läuft gerade ein	
0012 Telefonnummernsuchprogramm] (5) guck mal da sucht er	
0013 gerade noch	
0014	was sucht der?
0015 eine telefonnummer (3) so jetzt muß ich mal sehen das ich	
0016 nichts falsch mache (10) was willse kannze denn überhaupt	
0017 schon schreiben?	
0018	ja
0019 ja?	
0020	(...(3)...)
0021 so jetzt kannst Du schreiben	
0022	[tippt auf der Tastatur]
0023 siehse funktioniert	
0024	oh boah (1) szurück (wo)
0025	(1) gehts hier surück?
0026 nee da oben [zeigt ihm die Taste]	
0027	hier?
0028 mhm	
0029	hoho is der klein
0030 mhm	
0031	hoho
0032 kannze denn schon buchstaben?	
0033	was?
0034 weißt Du denn schon was das für buchstaben sind?	
0035	nee
0036 kennze nich? kennze denn schon za:hlen?	
0037	nee
0038 eins guck mal das ist eine eins [zeigt die entsprechende Taste]	
0039	ja?
0040 und daneben ist die zwei und drei vier	
0041	hier ist die vier?
0042 hm: genau da	
0043	[drückt die Taste und sieht
0044	die große Zahl auf dem
0045	Bildschirm] ho:
0046 gut ne?	
0047	ja
0048 kannze einen brief mit schreiben an die mamma	
0049	ja?
0050 mhm	
0051	un welchen amen sollich?
0052 welchen namen?	
0053	ja?
0054 max (1) schreib max	
0055	wo mussich d-rücken
0056 hier hier ist ein em [zeigt ihm die Taste] m ma x	

241

0057		gut
0058	ä ü	
0059		hier is ü [zeigt auf 'p']
0060	das ist ein p	
0061		und das?
0062	q	
0063		und das?
0064	t	
0065		und das?
0066	ein g	
0067		und das?
0068	ein f	
0069		und das?
0070	ein d	
0071		und das
0072	d (2) ft hasse jetzt geschrieben	
0073		und das?
0074	s (1) ein s	
0075		und das?
0076	ein s (1) [lautiert:] s |	
0077		wie? hab ich jetzt?
0078	sä plus	
0079		da is kreu:s
0080	ein kreuz ne?	
0081		[haut wild auf der Tastatur
0082		rum]
0083	<lernst Du in der schule das schreiben (2) kommse in zwei	<ist emsig mit der Tastatur
0084	jahren kommse in die schule ne? in ein oder zwei jahren dann	beschäftigt>
0085	lernst Du schreiben>	
0086	kannze briefe schreiben	
0087		oh (11) hoho
0088	guck mal hier was ich hier gefunden habe im mülleimer	
0089		oh boa
0090	lampen	
0091		ja
0092	wo ist die mama denn (0) zu hause?	
0093		ja noch (5) die vier?
0094	da kann man abstand mit machen [drückt drauf] siehst Du?	
0095		[ist gebannt]
0096	wann warst Du denn beim arzt sag mal?	
0097		was?
0098	wann warst Du denn beim onk/ wann warst Du denn beim	
0099	doktor?	
0100		[ist zu beschäftigt mit dem
0101		Eintippen von Buchstaben]
0102	sag mal?	
0103		[eher abwesend:] gut |
0104		[wendet sich vom
0105		Bildschirm ab] der hat ne
0106		[holt Luft] und der sagt ehm
0107		ich muß eine m-zin nehmen
0108	<u>was</u> mußt Du nehmen?	ne <u>und</u> mediz/ ei huste-saft
0109	<u>husten</u>saft? penizilin?	ne <u>und</u> eja und
0110	ah ja	
0111		[sehr undeutlich und schnell
0112		[artikuliert:] so das so

242

0113		so klebt das es eine (...) gibt
0114		ne? un dann noch asetropfen
0115		(1) morgen soll ich in die
0116		ase tun |
0117	was mußt Du (1) in die nase tun?	
0118		ja
0119	einen tropfen? (2) einen tropfen in die nase?	
0120		en paar (1) ein paar muß ich
0121	sag mal	
0122		(3) was ist das?
0123	zeig mal (1) ein er ein [lautiert:] r |	
0124		hoho
0125	huch jetzt hast Du den falschen knopf gedrückt	
0126		oh oh
0127	da muß man aufpassen daß man nichts verstellt	
0128		uah (...) muß man hier jetz
0129		drauf drücken
0130	nein da drück da nicht drauf besser	
0131		warum?
0132	ja dann kommse woanders hin dann kannst Du nicht mehr	
0133	schreiben	
0134		nie mehr?
0135	doch aber es kann sein daß er dann hinterher aufhört zu	
0136	suchen das wäre blöde weil der soll nämlich noch lange	
0137	suchen	
0138		warum?
0139	nach der telefonnummer	
0140		ja?
0141	mhm (2) wo ist die nina denn und der timo (1) sind die zu	
0142	hause?	
0143		eja
0144	was machen die denn?	
0145		äh (1) weisich au nich
0146	weisse nich?	
0147		nee
0148	hat der timo sein auto schon fahren lassen? sein	
0149	ferngesteuertes?	
0150		ja: ichhab auch a/ eins
0151	ja is schön Deins (0) hab ich gesehen (0) fährt das noch?	
0152		ja: das kann nich me
0153		rückwä:ts fah:n
0154	kann nich mehr rückwärts fah:n?	
0155		ja schon kaputt
0156	schon kaputt? hasse doch erst zu weihnachten gekriegt?	
0157		ja [haut auf der Tastatur
0158		rum] hoho
0159	[lacht] was schreibst Du denn da? (2) bist Du denn damit	
0160	durch wasser gefahren mit Deinem auto?	
0161		das hab ich ei-mal so anne
0162		hand gelassen ne? un dann
0163		hab ich so in das wasser
0164		gehalten un dann losgefah:n
0165	oh ja das darf man auch nicht	
0166		de rei wa ganz schmut-sig
0167	wer war schmutzig?	
0168		die reife

```
0169  die reifen?
0170  ja da kann aber auch wasser reinlaufen und dann geht das        ja
0171  kaputt da is ja strom drin (1) ne?
0172  [Titta kommt ins Zimmer]
0173  Titta:
0174  der darf Dich nicht stören Ma:k
0175  Mark:
0176  doch (0) im moment schon
0177  Titta:
0178  hm?
0179  Mark:
0180  im augenblick schon
0181  Titta:
0182  ja?
0183  Mark:
0184  guck mal der kann schon schreiben
0185  Titta:
0186  kanne schon?
0187  Mark:
0188  mhm (2) zeig mal der Titta wie Du schreiben kannst
0189                                                                   [tippt stolz auf die Tasten]
0190                                                                   hoho schnell ne? hi piep
0191  Titta:                                                           piep
0192  is ja (1) [lachend:] toll ne? |
0193                                                                   [auf die Tastatur hauend:]
0194                                                                   pieps pieps (...) | wau wau
0195  darf de dat schon?
0196                                                                   [blickt Titta stolz an] hm:
0197  [zeigt eine Geste der Anerkennung]
0198                                                                   tja da (schreiben)
0199  Mark:
0200  joa da darfse
0201                                                                   (...) [bearbeitet weiter die
0202                                                                   Tastatur]
0203  Titta:
0204  toll
0205                                                                   hehe was steht da alles?
0206  Mark:
0207  <liest den Buchstabensalat der Reihe nach vor> das steht da      <Max und Titta lachen>
0208  (1) gut?
0209                                                                   [tippt weiter] was steht da
0210                                                                   jetz?
0211  hm?
0212                                                                   was steht da jetz?
0213  jetzt?
0214                                                                   ja
0215  ekedegudzu (0) paß auf ich zeig Dir mal was
0216                                                                   hm?
0217  noch ein nikolaus willse mal sehen?
0218                                                                   ja (2) aba dann lasse mei
0219                                                                   nikolaus st/ da:lassen ja?
0220  ja: kann ich machen
0221                                                                   wei ich schreiben ja?
0222  hm: (1) dann schreiben?
0223                                                                   ja
0224  mh
```

Nr.	Max	Interlokutor
0225		da
0226	oh ich glaub ich find das gar nicht jetzt	
0227		was?
0228	ich find das jetzt glaub ich gar nicht	
0229		warum?
0230	ja weil das programm weil der gerade am suchen ist dann kann	
0231	ich das gar nicht aufmachen (2) ach das geht im moment nich	
0232		(...) scheiben
0233	schade wollt ich Dir gerne mal zeigen (3) nee geht im moment	
0234	nich	
0235		ja?
0236	willse wieder schreiben?	
0237		ja
0238	ja so jetzt kannze wieder schreiben	
0239		ah soll ich wie-a von vorne
0240		a-fangen?
0241	mhm	
0242		warum?
0243	ja is weg hab ich gelöscht (1) ist aber nicht schlimm (1) soll	
0244	ich mal die buchstaben größer machen?	
0245		ja:
0246	so	
0247		huch oh
0248	gut?	
0249		[lachend und auf den
0250		Drucker weisend:] soll das
0251		so gr/ so groß raus?	
0252	ja	
0253		hoho
0254	ein t i u p eine 6 dann sind zahlen 5 3 2 wie alt bis Du jetzt?	
0255		[mit den Fingern zeigend:]
0256		so	
0257	[zeigts ebenfalls:] so? vier jahre?		
0258	ein finger weg?	nee so drei finger weg ei/(1)
0259		[an den Fingern abzählend:]
0260		eins zwei drei VIER	
0261	vier finger? vier jahre?	[auf die Buchstaben am
0262		Bildschirm zeigend:] da
0263		sind dann eins zwei drei vier
0264		fünf sechs (1) VIER	
0265	nee das ist mehr als vier guck	
0266		wieviel?
0267	das sind eins zwei drei vier fünf sechs sieben acht neun zehn	
0268	elf zwölf dreizehn vierzehn FÜNFzehn buchstaben (3) guck	
0269	mal das ist ne vier guck mal (2) das ist ne vier [darauf	
0270	zeigend:] VIER (1) vier jahre		
0271		jetz muß man hier drinnen?
0272	mhm bis jetzt ist es vierundvierzig	
0273	<viertausendvierhundertvierundvierzig>	<haut auf der Tastatur rum>
0274	soll ich Dir mal was schreiben? (2) paß mal auf ich schreib	
0275	jetzt mal was (4) MAX IST LIEB hab ich jetzt geschrieben	
0276		un max is böse
0277	max is böse?	
0278		ja
0279	da drunter MAX	
0280		ist

0281	IST	
0282	BÖ:SE	böse und
0283	[lacht] guck das heißt max hier ne? [zeigt es auf dem	
0284	Bildschirm] paß mal auf jetzt [schreibt etwas] was heißt das	
0285	hier?	
0286		och jetzt ha ich bal zu:viel
0287		gemach
0288	was heißt das hier?	viel
0289		weiß nich
0290	max	
0291		ah
0292	paß mal auf jetzt zeig ich Dir noch was [schreibt etwas] und	
0293	was heißt das hier?	
0294		weiß nich max
0295	max genau gut (1) gut erkannt (1) guck mal wenn Du jetzt das	
0296	hier drückst	
0297		ja
0298	das m a und x kannst Du selber max schreiben <nee hier hier	<versucht, die richtigen
0299	ist das m a und x> mach mal m dann hier a x dann hier und	Buchstaben zu tippen>
0300	hier	
0301		hups
0302	och jetz kannze selber Deinen namen schreiben	
0303		[freut sich] hoho
0304	mach nochmal da drunter (1) versuch noch einmal	
0305		hier? [will den falschen
0306		Buchstaben drücken]
0307	nee guck mal guck Dir die buchstaben an und dann siehse den	
0308	hier der sieht genauso aus m (1) einmal drücken	
0309		[konzentriert flüsernd:] ja
0310		gut	[drückt]
0311	genau [buchstabiert:] MA ja X	gut hasse selber max	
0312	geschrieben	
0313		nochmal
0314	toll nochmal [buchstabiert:] M A X	toll jetzt hasse daneben	
0315	geschrieben (1) wenne drunter wills musse hier drücken	
0316	[drückt] jetz kannze nochmal drunter schreiben m ach so joa	
0317		ich mach en bichen anders
0318	was anderes toll kannze Deinen eigenen namen schon	
0319	schreiben	
0320		[haut wieder auf den Tasten
0321		rum]
0322	echt toll Du lernst ja wirklich schnell	
0323		[beschäftigt sich weiter mit
0324		der Tastatur]
0325	ich glaub wir müssen den wieder ausmachen	
0326		warum?
0327	sonst kann der nicht weitersuchen (2) das dauert zu lange	
0328		[haut auf der Tastatur rum]
0329	komm doch nachher noch mal zum schreiben	
0330		te
0331	ne? wenn der zu ende gesucht hat	
0332		ja [einatmend:] un wie krie
0333		wer d*s blatt da raus?	
0334	das blatt?	
0335		ja
0336	willse das drucken?	

0337		ja
0338	willse das haben?	
0339		guck mal hier (1) hm:
0340	müssen wer hier den drucker anmachen [schaltet den Drucker	
0341	ein] (6) die seite hier willse haben? (1) das hier? [zeigt auf den	
0342	Bildschirm]	
0343		ja die allen
0344	die ganze seite?	
0345		ja
0346	so das kommt da jetzt raus (1) kannzes mitnehmen kannst Du	
0347	der mama zeigen was Du geschrieben hast ne?	
0348		was steht da?
0349	max max [lautiert den Buchstabensalat] [der Drucker beginnt	
0350	zu drucken] kannze die mama ja mal vorlesen lassen	
0351		[starrt gebannt auf den
0352		Drucker]
0353	guck da kommt raus was Du geschrieben hast	
0354		ha
0355	gut ne? (1) kannze allen zeigen daß Du schon selber max	
0356	schreiben kannst (3) fertig	
0357		hehe
0358	hehehe andersrum (2) so hier steht max ganz oben	
0359		[buchstabiert:] ma xi |
0360	nee nur MAX [liest langsam und betont vor:] M A X |	
0361		[buchstabiert:] M A X |
0362	ein i ist hier [zeigt darauf] hättest Du noch dahinter tun	
0363	können (1) ja jetzt bisse da unten (1) schreib nochmal max (1)	
0364	schreib nochmal max hierhin	
0365		[freut sich]
0366	nochmal max schreiben (1) schreib nochmal m	
0367		jetz hier
0368	ja m ohne zu zeigen	
0369		ja
0370	toll	
0371		u:nd
0372	das	
0373		DAS
0374	und jetzt noch ein i [zeigt darauf] das ist ein i	
0375		[tippt darauf]
0376	ja jetzt steht da maxi	
0377		[freut sich]
0378	toll	
0379		und hier?
0380	das ist ein d	
0381		[drückt darauf]
0382	maxid	
0383		maxid
0384	mhm aber so heißt Du ja nicht (1) mach wieder weg das d	
0385		okay (1) das is abba doch
0386		ega:l
0387	egal? aber toll max kannze jetzt schon schreiben (3) kannze	
0388	jetz auch mit einem stift schreiben guck mal versuch mal hier	
0389	auf das blatt max zu schreiben	
0390		[lacht]
0391	das kannze jetzt auch	
0392		ja vie:lleicht

9.15 Transkripte 1998: Aufnahme vom 07. November; Alter von Max: 4;9

0393 versuch mal <u>max</u>	<u>das</u> is aumblick (2) das
0394 genau (2) guckst Du von der tastatur ab toll machst Du das (1)	
0395 mhm und jetzt a::	
0396	[sehr konzentriert und
0397	motorisch etwas
0398	unbeholfen] is hie:r
0399 ma:: musse dahinter schreiben (1) sonst <u>kann</u> man <u>das</u> nicht	so <u>hoch?</u>
0400 lesen (1) ja genau immer daneben schreiben	
0401	oder runta?
0402 einmal hoch (1) so:	
0403	runta?
0404 jetz runter (1) toll und ein strich dazwischen (1) guck SO (3)	
0405 ja genau und jetzt noch en x ein X	
0406	kreuz
0407 ein kreuz	
0408	ja
0409 nee nicht davor auch dahinter	
0410	[malt das Kreuz]
0411 toll da steht jetzt max jetzt kannze max schreiben (1) TOLL	
0412	[freut sich]
0413 musse der mama mal zeigen	
0414	ja aumblick un (drucken)
0415	[geht zum Drucker]
0416 ja mach aus (1) nee jetzt hasse ausgeschaltet aber wir haben ja	
0417 ausgedruckt	
0418	hier? und hier?
0419 nee tu nich mehr drücken has ja einmal hier ausgedrückt	
0420	aber ich kann noch eins
0421	raus?
0422 nee warum Du hast doch eins	
0423	aber
0424 das verbraucht soviel tinte dann werd ich arm	
0425	ich muß das äh hier noch
0426	haben das das die an
0427 das hasse doch schon	
0428	wo der das ganze blatt voll
0429 nee komm machen wir nachher nochmal	
0430	okay (1) schrei ich noch
0431	weiter
0432 guck das verbraucht soviel tinte hier (1) dann ist der drucker	
0433 nachher leer (2) nachher schreibst Du nochmal was dann	
0434 druck ich das aus (1) so komm ich mach mal aus (1) sonst	
0435 verbracht der soviel strom äh soviel energie [macht den	
0436 Bildschirm aus] wiedersehen	
0437	kommt das nachher aus?
0438 ja wenn Du nachher nochmal schreibst (1) jetzt muß er wieder	
0439 suchen (2) so jetzt machen wer aus (1) TOLL kannze schon	
0440 Deinen eigenen namen schreiben	
0441	[besieht sich das ausge-
0442	druckte Blatt und lächelt
0443	zufrieden] ja:	
0444 echt toll	
0445	siehsu das süße blättchen?
0446 mhm kannze mitnehmen (2) paß auf da ist tinte drauf (1) nicht	
0447 küssen	
0448	warum?

0449 ja ist giftig	
0450	giftig?
0451 wenn Du hier dran leckst oder so (1) das ist tinte (2) kriegst	
0452 Du bauchschmerzen	
0453	bauch:schmerzen
0454 ja soll <u>man ja auch nicht dran lecken</u> soll man sich ja auch	<u>is das tin:te?</u>
0455 angucken	
0456	[sieht stolz auf das Blatt:]
0457	das hab ich geschrie:ben
0458 ja:	
0459	[„liest" es vor:] ma (2) ich
0460	ha/ aba auch maxe
0461	schreiben?
0462 was?	
0463	maxel?
0464 kannze auch schreiben wenn de willst	
0465	äh wie geht das denn dann?
0466 machen wir nachher mal wenn er zu ende gesucht hat	
0467	un wenn das dann für immer
0468	bleibt?
0469 mhm	
0470	was dann?
0471 hm?	
0472	un wenn das dann für immer
0473 was meinst Du?	
0474	un wenn das dann für immer
0475	blinkt?
0476 nö paß auf das Du da nicht draufdrückst	
0477	was dann?
0478 ja dann geht er kaputt	
0479	ja?
0480 mhm das blinkt nicht für immer (1) ein oder zwei stunden	
0481 braucht der noch (2) aber echt schön jetzt kannst Du schon	
0482 Deinen namen schreiben	
0483 <u>un guck</u>	[laut:] <u>ich hab</u> es gewu:ßt	
0484 das ist ein BUCH und da kann da steht alles drin was Du so	
0485 lesen kannst (1) und wenn Du lesen kannst das lernst Du in	
0486 der schule	
0487	w*s (was) steht da?
0488 dann kannze auch bücher lesen (1) och hier stehen sachen die	
0489 verstehst Du noch nicht (1) [liest vor:] kinder gleichen alters	
0490 unterscheiden sich aber nicht nur in der quantität der wörter		
0491 (1) das ist für erwachsene ein buch	
0492	aha
0493 aber Du kannst dann kinderbücher lesen (2) ne? (3) ein	
0494 autobuch kannze Dir dann angucken wo was über autos	
0495 drinsteht oder ein bilderbuch wo text <u>dabeisteht</u>	<u>o:der</u> könn wir ein SE:DE
0496	a-machen?
0497 hm?	
0498	[zum CD-Regal blickend:]
0499	eine SE:DE	
0500 oder hier ein buch <u>guck mal</u>	<u>oder</u> ein se:de anmachn?
0501 hm?	
0502	eine se:de?
0503 eine CD?	
0504	hasse mir au versprochen

0505	ne CD?	
0506		ja hasse mi schomma auch
0507		versprochen (2) weisses ga
0508		nich meh:r?
0509	hab ich Dir versprochen?	
0510		ja schomma
0511	schom_mal_?	_das_ weissu ganich
0512	wie? was fürne CD?	
0513		oh was Du ha:st
0514	weiß ich nicht was Du meinst	
0515		[genervt:] oh (1) soll ich Dir
0516		ZEIgen? |
0517	ja	
0518		[geht zum Regal mit den
0519		Audio-CD's]
0520	ach so zum hören	
0521		ja
0522	ne CD hören das stimmt das kann ich aber auch im moment	
0523	nicht	
0524		warum?
0525	ja weil der solange der computer an ist geht das nicht	
0526		ja? [nimmt eine aus dem
0527		Regal, worauf sie aus der
0528		Hülle fällt]
0529	huch paß auf (1) die gehen schnell kaputt (1) vorsicht (1)	
0530	warte laß mich	
0531		w/ wie geht die de raus?
0532	ja ist rausgefallen (1) eigentlich sind die fest	
0533		ja?
0534	wieso hält die denn nicht? (1) komisch (2) irgendwas	
0535	kaputtgegangen hier (3) na ja macht nix	
0536		warum?
0537	ja die halterung ist nicht mehr in ordnung	
0538		[entdeckt das Mikrophon,
0539		von dem Mark sagte, daß es
0540		kaputtgegangen sei - das
0541		Band lief jedoch] wi is (das)
0542		denn hier k*puttgegangen?
0543	aber laß es stehen	
0544		will ich (1) will ich (1)
0545		mussich was dran gu-cken
0546		(2) AHA
0547	is kaputt da ne?	
0548		eh wa (das) schomma ga
0549		grinnen?
0550	hm?	
0551		wa das wa das raus
0552	nee das ist kleber da hab ich das festgeklebt mit	
0553		ja?
0554	[zeigt auf eine Musikkassette:] guck mal max was ist das hier	
0555	kennst Du das? |	
0556		[legt das Mikrophon zur
0557		Seite] was is das?
0558	guck mal	
0559		[nimmt das Mikrophon
0560		wieder in die Hand] sollich

0561		was singen?
0562	joa das hört man ja eh nicht (1) is ja kaputt	
0563		[pustet in das Mikrophon]
0564		un was sollich denn singen?
0565	och nee nich singen (1) sag mal ein gedicht auf	
0566		oh: was?
0567	kannze ein gedicht?	
0568		was is ein ge:dicht?
0569	was das ist?	
0570		ja?
0571	sowas wo man was lernt	
0572		ja?
0573	irgendetwas auswendig lernt	
0574		hab ich scho was gelernt?
0575	weiß ich nich	
0576		ich hab (doch) schon was
0577		gele:rnt [hantiert mit dem
0578		Mikrophon herum]
0579	legs lieber aufs bett sonst fällts noch runter	
0580		[legts auf das Bett]
0581	was hasse denn gelernt?	
0582		au (2) das schei:ben (2)
0583		(doch) gele:rnt
0584	kannze denn schon zählen?	
0585		nee
0586	guck mal wieviel ist das? [hebt vier Finger]	
0587		ei::ns zwei: drei vier
0588	vier finger ne? und das? [hebt fünf Finger]	
0589		ei:ns zwei: grei: vie:r FÜNF
0590	fünf finger ne? und das? [hebt drei Finger]	
0591		eh ei: GREI
0592	drei toll kannst es schon ohne die einzelnen zu zählen mit	
0593	eigenen fingern (1) und das? [hebt einen Finger]	
0594		eins
0595	eins [hebt einen weiteren Finger]	
0596		swei
0597	[hebt einen weiteren]	
0598		drei
0599	[hebt einen weiteren]	
0600		vier
0601	[hebt einen weiteren]	
0602		fünf
0603	GUT toll und das? [hebt sechs Finger]	[lacht stolz]
0604		wei ich ni eins zwei grei vier
0605		fünf sechs sie:ben ACHT
0606	nee (1) fünf und einen (1) SECHS	
0607		[lacht:] (2)
0608	das sind acht [hebt acht Finger]	
0609		ei:ns zwei: grei: vier fünf
0610		sechs sieben ACHT
0611	genau und wieviel sinds jetzt? [hebt sieben Finger]	
0612		äh so ich zähle?
0613	hm	
0614		un we/ un wenn ich doch
0615		was falsch mache?
0616	macht nix	
0617		[schaut auf seine Finger:]

0618	ei:ns zwei grei vier fünf
0619	sechs SIEBEN |
0620 SIEBEN toll (1) <u>kannst ja</u> schon richtig zählen (2) bis wieviel	<u>heija</u>
0621 kannze denn zählen bis zehn?	
0622	[hebt acht Finger]
0623 bis acht?	
0624	wieviel?
0625 bis acht? toll guck mal das sind neun	
0626	ei:ns zwei: drei: vier (2) fünf
0627	sechs sind neu:n
0628 das sind zehn	
0629	o::ch
0630 [lachend:] der zählt aber gar nicht mehr richtig | [zeigt	
0631 wackelnd den kleinen Finger]	
0632	und kannsu auch zählen?
0633	was is das soviel? [hebt
0634	ganz schnell viele Finger]
0635 ja so schnell kann ich ja nich zählen	
0636	[macht es langsamer]
0637 das sind dreißig (1) mach nochmal nee Du mußt immer gleich-	
0638 zeitig sonst kann ich nicht <u>zählen</u>	<u>hab</u> ich ganz vie:l (1) [alber-
0639	ner und offensichtlich eine
0640	andere Stimme nachah-
0641	mend:] hui: au: ha ich einer
0642	geboxt wer war das? has Du
0643	mich gehaue:n:?
0644 ich hab Dich nich gehauen	
0645	(...(5)...)
0646 ach Du dollen guck mal was ist das hier?	
0647 <u>ach jetzt werd</u> doch nich albern (2) albernen geselle Du	(...(4)...) <u>ehaue:n?</u>
0648	(...(3)...)
0649 was?	
0650	(...(3)...) Du mich gehau:en?
0651 sag mal ist der timo eigentlich Dein bruder?	
0652	eijaps aba jetz nich mehr
0653 wie jetz <u>nich mehr?</u>	<u>de spuck</u> mich an
0654 der spuckt Dich an?	
0655	ja
0656 hast <u>Du denn?</u>	<u>ersti/</u> der st/ erstickt mich
0657 ehrlich? so böse?	
0658	ja:
0659 hat der hast Du denn eigentlich noch einen bruder?	
0660	nee (1) doch von
0661	kinnerga:ten der heißt
0662	bastia:n
0663 der ist Dein bruder?	
0664	ja [geht aus dem Zimmer]
0665 warte mal eben	
0666	tschö:
0667 warte doch mal	
0668	[leise unten aus dem Flur
0669	rufend:] was? |
0670 hat der timo denn noch en bruder?	
0671	[leise unten aus dem Flur
0672	rufend:] nee der david is
0673	(sein freund) |

252

0674   der david?

=> 0001 <u>Situation: Max wird von Titta und Mutter zu Bett gebracht - ein Bilderbuch wird</u>
0002 <u>betrachtet und Max soll Mark eine Geschichte erzählen</u>
0003

0004	**Titta:**	**Max:**
0005		is das mikrophon?
0006	hatter noch nich	
0007	angeschlossen	
0008		wo is das?
0009	das hat er noch mit das	
0010	bringt er gleich mit (1) was	
0011	sollen wer denn lesen?	
0012	wilhelm busch?	
0013		ja
0014	[nimmt das Buch] oder Du	
0015	liest mir mal eine vor (1)	
0016	vielleicht mal erst	
0017		(3) max u:nd mo::ritz (2) die böse bu:ben (1) guck ma:l (3)
0018		guck mal die wi-mühle klei gemacht
0019	[kaum hörbar:] ach so |	
0020		(das) da grin is eine klei:ne windmü:hle
0021	boa	
0022		ga grinnen (1) ja ganz klei demacht die klein
0023	[erstaunt:] ja? o:ch |	
0024		bitte kumma hier is die (...) noch un (...) scho eg (schon weg?)
0025	bitte?	
0026		kumma die sin so: dick
0027	die sind so dick ham die so	
0028	viel gefressen?	
0029		ja guck doch ma:l
0030	was fressen die denn?	
0031		de max unne mo:ritz
0032	[flüsternd:] ach |	
0033		die sind an leben siehstu?
0034	mh:	
0035		siehstu die wa:n a leben
0036	[flüsternd:] (...) |	
0037		siehstu?
0038	ah	
0039		(...) ach jetzt to:t (2) tot (1) bö:se bu:ben
0040	erster streich (2) les Du mal	
0041	(0) mal sehn ob Du das noch	
0042	kannst	
0043		*ch eisses nich (ich weiß es nicht)
0044	überleg mal	
0045		(hab ich) kei:ne ah:nung
0046	erzähl mal was da passiert	
0047	ist	
0048		[flüsternd und zeigend:] hier (...) sie (am) bau:m |
0049	mit den Hühnern alles ne?	
0050		ja: (1) gucken wir uns an mal ne?
0051	mhm	
0052		kumma die lieg
0053	[flüsternd:] o:ch |	
0054		kumma alle schwanz raus
0055	[flüsternd:] o:ch |	
0056		(...(5)...)

9.16 Transkripte 1999: Aufnahme vom 22. Februar; Alter von Max: 5;0

```
0957  kumma was passiert da?
0058                              jas kumma hat (...)
0059  der geht da drüber?
0060                              kie ich nich (2) hier is (4) ei gro:ßes u:fall (7) aumblick mal
0061                              (3) kumal wie as rei
0062  ja::                       siehstu?
0063                             kummal
0064  was passiert denn da?      hier
0065                             kummal hier
0066  explodiert?
0067                             guck mal hier
0068  schau mal der is ganz
0069  schwarz un tot             guck mal hier
0070  is umgefallen ne?
0071                             und hier [stöhnt] böse bube:n [atmet erschrocken ein] guck
0072                             mal
0073  hasse das auch schon mal
0074  gemacht? (1) streiche?
0075                             nee (5) kumma hier
0076  schlitzen den sack au:f    (...) such schieben de rei und hier schütten die das rein
0077                             (...(3)...) [nießt]
0078  pittschpu: (1) oh:
0079                             [flüsternd:] ah das reicht |
0080  ja (1) wars Du in der sauna?
0081                             ja
0082  auch im kalten wasser
0083  wieder? [flüsternd:] wie
0084  denn? |
0085                             [flüsternd:] auch untergetaucht |
0086  [flüsternd:] ah mensch bisse
0087  aber müd jetz ja? |
0088                             [flüsternd:] was? |
0089  was hasse denn heute noch
0090  alles gemacht?
0091                             keine ah-nung
0092  och (1) überle:g mal im
0093  <kin/> im kindergarten     <seufzt>
0094                             kinerga:ten (2) was ham wer da noch gemacht? [laut:] da wa
0095                             ich auf einer ru:tsche (2) noch (1) un äh: noch (4) und noch
0096                             [wieder undeutlicher:] ich hatte ein ball un haben de rutsche
0097                             runtergelassen (1) un ich hab en wettrenn mim ball gemacht |
0098  und wer hat gewonnen?
0099                             der ball und ich (1) (aber) zu:ers der ball da:nach ich
0100  ach so mit dem mike?
0101                             was?
0102  mit dem mike (1) hast Du
0103  wettrennen gemacht?        über ball ru/ runtergega u:: un: (...) und grauße a de halle
0104                             ake:te we-genomme
0105  bitte?
0106                             eh ein grau/ grauße ne? da ha ich was mitgenommen (1) wa
0107                             vonne kinnerga:ten
0108  ja? (1) was denn?
0109                             lake:te
0110  ne rake:te?
0111                             da bin ich (1) weisse was i damit machen muß?
0112  mm
0113                             we/ irwas kaputt is dann kann de strom ausfallen un dann ka
```

0114		ich das da reitun un dann (1) geht das wieda: [bekommt die
0115		Nase geputzt]
0116	wer hat das denn gesacht?	
0117	mach mal feste	[schnäuft wiederholt in das Taschentuch] (...) auch ge:dacht
0118		[schnäuft noch mal fester in das ihm vorgehaltene
0119		Taschentuch]
0120	[flüsternd:] so: mensch die	
0121	nase oh nommal da is ja	
0122	noch mehr drin um gottes	
0123	willen	[hält ihm das	
0124	Taschentuch abermals vor]	
0125		[schnäuft wieder feste in das vorgehaltene Taschentuch]
0126	und bald fährst Du in den	
0127	skiurlaub?	
0128		hm
0129	und wo fährst Du da überall	
0130	runter?	
0131		hm:: ich wa scho/ so da wa ich hier bin runtagefahn gebremst
0132		hi-gefallen (2) un nochma bi ich runtagefahn (2) ich hab ich
0133		bin da:hin gefallen nach da:hin gerade fallen und wie ich
0134		hingefallen wa da bin ich wieda alleine wieder aufgestanden
0135	ja?	
0136		ja aber (...) hab ich allei:ne wieda aufge/ aba wenn ich das
0137		nich meh kann dann hilft mir einer
0138	der skilehrer?	
0139		oh: ja
0140	[flüsternd:] da:s wird <aber	<macht lauthals Faxen>
0141	schön>		
0142	so jetzt kommt der Mark	
0143	noch ne? tut Dich nochn	
0144	bißchen	sofo:t
0145	ja bis müde ne?	
0146		(4) wo waszu so (1) s/ so lange (1) su hau:se?
0147	ja ich muß doch dem reinei	
0148	was zu essen machen	
0149		[laut:] aba ga nich so lan:ge	
0150	bro:te	
0151		auch das noch (1) un noch?
0152	und wu:rst	
0153		und noch?
0154	gu:rke	
0155		was noch?
0156	war alles	
0157		und noch? (1) sag
0158	dann war nichts mehr	
0159		wehe Du machs das noch eimal (1) dann zerquetsch ich Dich
0160		wie eine ku:gel (1) un dann dann hörich Dir nie: mehr su:
0161	hm?	
0162		dann ha:ßich Dich (1) (wenn) das noch eimal so: lange machs
0163	[mimt Traurigkeit]	
0164		ha un wennu will dann les ich Dir kei:ne geschichte mehr vo:r
0165	hm ich machs licht aus	aber ich mach das doch
0166	[mit sanftem Tonfall:] hm	
0167	doch nacht mein schatz	
0168		wehe Du machs das noch eimal so
0169	nacht mein schatz		

0170	ich wollt noch eine geschichte vorlesen
0171 der mark	
0172	Dir
0173 hast Du doch schon (1) max	
0174 und moritze gelesen	
0175	och bitte mikro:phon laß hie:r
0176 ja der mark kommt jetzt (2)	
0177 ich holn her [laut rufend:]	
0178 MARki [flüsternd:] ich hol	
0179 ihn mal ja? warte	[verläßt	
0180 das Zimmer]	
0181	[Max jetzt alleine im Zimmer flüsternd:] ma:ki ma:k	
0182 [im Flur laut rufend:]	
0183 MA:KI		[lauter:] ma:ha:k	[flüsternd:] ma:ki ma:ki ma-ki ma:ki ma::ki
0184		
0185 darf ich dabeisein?	
0186 **Mark:**	
0187 joa [Mark und Titta betreten	
0188 das Zimmer] na	
0189 **Titta:**	
0190 er will noch ne geschichte	
0191 erzählen	
0192	wo isasz mikro:phon?
0193 **Mark:**	
0194 Hab ich versteckt	
0195 **Titta:**	
0196 [erstaunt:] o::ch		
0197	hier?
0198 **Mark:**	
0199 mhm (1) soll ichs anmachen	
0200 jetzt?	
0201	wo is das?
0202 hier oben [*zwischen*	
0203 *Büchern auf einem Bücher-*	
0204 *regal*] [Titta macht eine	
0205 Geste des Erstaunens] hasse	
0206 nich gesehen? nee? soll ichs	
0207 hierhin bringen zum bett?	
0208	was?
0209 soll ichs Dir bringen?	
0210	ja
0211 [holt das Mikrophon aus	
0212 dem Regal]	
0213	[Max steht auf] un hier (1) is der Stecker
0214 nee brauchen wir keinen	
0215 Stecker für	
0216	ich muß hier ste:hen blei:ben (1) oah: auch noch
0217 **Titta:**	
0218 dann bringst Du aber den	
0219 maxi ins bett ja?	
0220 **Mark:**	
0221 Du kannst wieder ins bett	
0222 gehen ich komm zu Dir	
0223	nee ich ha/ ich muß hier blei:ben
0224 muß hier bleiben? wieso?	
0225	(...)

257

```
0226   soll ich anmachen?
0227                                       ja
0228   machen wir mal die türe zu
0229   damit die lara schlafen kann
0230                                       i er stecka grin?
0231   ja
0232                                       zeig
0233   da in der steckdose (1)
0234   siehsse? (3) so ich hab
0235   angemacht (1) läuft? (3) so
0236   dann erzähl mal ne                 u:nd los:
0237   geschichte erzähl noch mal
0238   die geschichte vom papa
0239   letztens die Du erzählt hast
0240                                       [sehr undeutlich:] aueblick jetz muß de titta mu ja no komm |
0241   titta noch kommen?
0242                                       [laut:] titta: |
0243   Titta:
0244   ja?
0245                                       die geschiche fängt an
0246   ja
0247                                       das is eine ganz andere geschichte
0248   Mark:
0249   ne andere? (1) erzähl mal
0250   irgendwas was Du aber auch
0251   erlebt hast selber (2) ne?
0252   eine geschichte die Du
0253   selber erlebt hast
0254                                       isasz ein neues? [auf das Mikrophon bezogen]
0255   nee ist das alte
0256                                       das wo de mal geklebt has?
0257   ja ist kaputtgegangen mal
0258                                       aber geht das noch?
0259   mhm das geht gut
0260                                       ja?
0261   ja:
0262                                       komm titta die geschichte fängt an
0263   musse aber still halten sonst
0264   (1) musse ruhig halten
0265   wenne erzähls ne?
0266                                       ja (1) [lauter und sehr klar und deutlich:] es wa ei:mal die titta
0267                                       (0) die wa in ein wunderschön schiff (0) wo ganz viel gold
0268                                       hatte (0) und (0) auf ei:mal (1) kam ein zauberer (0) und hat
0269   in was?                             die titta in ein meerjung (3) meer verwandelt und da wa die in
0270                                       ein tei:ch (0) un da (0) hat die ein könich getroffen die hat ga:
0271                                       kei:n kind (0) un dann (0) wa er auf ei:ma (...) geworden un da
0272                                       könich heißt MAX (1) und (0) da hat er gebu:rtstag gekriegt
0273                                       un da (0) has hab ha/ hat die meerejungfrau ihn was
0274   [leise:] o:ch |                     gegeben un das wa ei:ne (2) leucht:muschel (2) un:da hab
0275                                       ich so gestau:nt (1) daß ich (1) so: glücklich wa (0) das ich no
0276                                       nie hatte (1) und (0) auf ei:mal kam ei:ne GRO:ße KRA:ke (2)
0277                                       und ha:ti: titta ge:nommen (1) und dann: wollte: die krake de
0278                                       titta aufessen un da kam der könich und hat mit de greifer
0279                                       geSCHOSSEN un da is der schnell abgehau:t (1) u:nd (0) die
0280                                       haben sich bei:de glei:chzeitig gerettet
0281   Titta:
```

9.16 Transkripte 1999: Aufnahme vom 22. Februar; Alter von Max: 5;0

0282	to:lle geschichte	u:nd U:ND (1) loch (1) an EI:nes TA:ges: [laut:] KO:MMT │
0283		ei:ne gro:ße kra:ke (0) un de krie no ganz viel GE/ (...) nich
0284		abgehauen (1) und auf ei:mal (1) hat (0) gie ti:ta
0285		geNOMMEN und hat ihn aufgegessen (0) un auf ei:mal wa
0286		war die wieda in das schiff (1) un war wieder verwandelt (0)
0287		und kam nach hause u kat ga:nz vie:l (0) ham wir so: vie:l
0288		gold (1) und die titta auch (1) de war so: glücklich und ende
0289	BRAvo schö:ne geschi:chte	
0290	hat Dir der max erzäh:lt	
0291	**Mark:**	
0292	schön	
0293	**Titta:**	
0294	aber ehrlich das is ja ein	
0295	richtiger geschichtenerzäh-	
0296	ler	
0297		[atmet aus, Mark und Titta stolz anblickend]
0298	so jetzt muß der geschich-	
0299	tenerzähler aber schla:fen	
0300	**Mark:**	
0301	woher kennze denn ne	
0302	meerjungfrau max?	
0303		vom fernseh:n
0304	ja? was ist das denn ne	
0305	meerjungfrau?	
0306		ei:ne meerjungfrau? (1) die hat hinten so flossen
0307	flossen ne?	
0308		ja
0309	ach kennze bestimmt von	
0310	(1) von	
0311		was?
0312	von ariel [*einem Film*] ne?	
0313		ja:
0314	ach so (0) ja war aber ne	
0315	tolle geschichte	
0316		ja
0317	wie kommst Du denn auf so	
0318	geschichten?	
0319		ah ha ich mir ei:fach überlegt
0320	hasse einfach überle:gt?	
0321		ja:
0322	hasse nich irgendwo gelesen	
0323	oder (0) bilder von gesehen?	
0324		äh: was?
0325	hasse das nich irgendwo mal	
0326	gesehen? (1) hasse Dir die	
0327	ganz alleine überlegt die	
0328	geschichte?	
0329		ja:
0330	boah is ja toll	ich ha/ ich ha/ ich hab die meerjungfrau in fernseh:n geseh:n
0331		da w/ ha ich mir das ei:fach überlegt
0332	toll (0) aber da spielt die	
0333	titta doch nicht mit im	
0334	fernsehen ne?	
0335		was?
0336	die titta spielt doch im	
0337	fernsehen nich mit?	

259

0338		ne trosdem
0339	hasse <u>Dir einfach überlegt?</u>	<u>ei-fach erfunden</u>
0340	einfach erfunden?	
0341		ja
0342	toll (1) na gut dann geh ich	
0343	jetzt auch	
0344		(1) ja toll un Du hattes auch gold
0345	ich? kam doch gar nicht vor	
0346	in der geschichte	
0347		was?
0348	ich kam doch gar nicht vor	
0349	in der geschichte	
0350		doch Du was (warst) su hause
0351	ich WAS zu hause?	
0352		ja:
0353	unterm meer oder hier bei	
0354	mir zu hause?	
0355		ja: (1) un der reinei auch (0) aber der reinei ja?
0356	hm	
0357		der war verbrannt von feuer
0358	ja? wieso das denn?	
0359		der war tot
0360	echt?	
0361		ja war der nur asche
0362	wieso das denn?	
0363		kumma das feuer war ausgegangen (0) un da war hater
0364		geguckt un da war der verbrannt
0365	im meer? kann man doch	
0366	gar nicht brennen	
0367		oh bis Du blö:d ha::/ am brennplatz Du doofie
0368	auf nem brennplatz?	
0369		ja:
0370	wieso ist der denn verbrannt	
0371	der arme reinei?	
0372		weile weil der gedacht hat (0) das der aus wa a:s de dahin
0373		gegangen wa unde (0) eine flamme kommen un da wa de tot
0374		weil der jörg das angeszündet hat
0375	der jörg hat das angezündet?	
0376		ja (0) da wa der ei-fach verbrannt
0377	ach auf der wie:se meinse	
0378	(0) auf dem brennplatz?	
0379		ja
0380	ach so	
0381	<u>is aber</u> ne böse geschichte	war der (0) rei-ei so verbrannt <u>su asche</u>
0382		was?
0383	is aber ne traurige	
0384	geschichte	
0385		un dann kam der sauberer un (0) hat ihn wieda hergeszaubert
0386	wer hat den gezaubert?	
0387		ein zauberer hat ihn wieder hergeszaubert
0388	und dann war er wieder	
0389	gesund und lebte wieder?	
0390		ja:
0391	[lacht:] (2) warum flackert	
0392	das licht denn hier so?	
0393		oh die bei eine birne is sch/ kaputt

0394	echt? na ja un jetz schläfse?	
0395		ja:
0396	na gu:t gute nacht	
0397		(...) szö:ne geschichte?
0398	mhm war schön (1) gute	
0399	nacht	
0400		nacht
0401	schlaf gut	
0402		(2) [flüsternd:] a: (2) ma:k?	
0403	ja?	
0404		kei:ner schlä:ft bei mir
0405	keiner schläft bei Dir?	
0406		nee (1) bei der mama schläft der papa
0407	mhm	
0408		un bei mir schläft kei:ner
0409	och Du bist doch schon groß	bei der nina nich beim timo nich
0410		
0411	bist doch schon groß	
0412		ich hasse das
0413	Du haßt das?	
0414		k/ k/ kla::r
0415	aber Du bist doch schon	
0416	groß bei Dir braucht doch	
0417	keiner schlafen (0) hast	
0418	doch keine angst oder?	
0419		na klar
0420	has angst?	
0421		klar ha ich angst
0422	wovor denn?	
0423		vo:r groddigreus
0424	vor groddigreus?	
0425		ja
0426	da hasse immer noch angst	
0427	vor?	
0428		na klar (0) für immer
0429	ja?	
0430		ja:
0431	[die Mutter tritt ein]	
0432	**Mutter:**	
0433	seid ihr fertig?	
0434	**Mark:**	
0435	ja: hat eine schöne	
0436	geschichte erzählt	
0437	**Mutter:**	
0438	ja:? nacht mein schatz	
0439		g-nacht (3) mama könn wer no was su trinken bringen?
0440	oh nee	
0441		oh ich h*b dua:st (2) un ich bin auch so mü:de
0442	ja eben (0) soll ich Dir noch	
0443	was bringen?	
0444		ja

10. Literaturverzeichnis

AITCHISON, Jean. Der Mensch - das sprechende Wesen: eine Einführung in die Psycholinguistik. Thüringer Beiträge zur Linguistik. 146. Übs. Elke Limberger. Tübingen: Narr, 1982.

AITCHISON, Jean. Wörter im Kopf: eine Einführung in das mentale Lexikon. Konzepte der Sprach- und Literaturwissenschaft. 26. Übs. Martina Wiese. Tübingen: Niemeyer, 1997.

ANDERS, Karl. Von Worten zur Syntax: Spracherwerb im Dialog. Materialien aus der Bildungsforschung. 21. Berlin: Max-Planck-Institut für Bildungsforschung, 1982.

APEL, Karl-Otto. Transformation der Philosophie: Das Apriori der Kommunikationsgemeinschaft. 2. Frankfurt: Suhrkamp, 1976.

ARGYLE, Michael. Soziale Interaktion. Hg. Carl F. Graumann. 3. Aufl. Köln: Kiepenheuer und Witsch, 1975.

BANDURA, A. Lernen am Modell: Ansätze zu einer sozial-kognitiven Lerntheorie. Stuttgart: Klett, 1976.

BISPING, Rudolf. Der Schrei des Neugeborenen: Struktur und Wirkung. Lehr- und Forschungstexte Psychologie. 22. Hg. D. Albert [u.a.]. Berlin [u.a.]: Springer, 1986.

BLOOM, Lois. Language development: Form and function in emerging grammars. Cambridge [u.a.]: M.I.T. Press, 1970.

BOETTCHER, Wolfgang [u.a.]. Sprache: Das Buch, das alles über Sprache sagt. Braunschweig: Westermann, 1983. 147-156.

BOUEKE, Dietrich. Untersuchungen zur Dialogfähigkeit von Kindern. Tübinger Beiträge zur Linguistik. 198. Hg. Gunter Narr. Tübingen: Narr, 1983.

BRAINE, Martin D. S. The ontogeny of English phrase structure: the first phase. Language. 39. 1963. 1-14.

BROWN, Roger. A first language: The early stages. London: George Allen & Unwin, 1973.

BRUNER, Jerome. Wie das Kind sprechen lernt. Übs. Urs Aeschbacher. 1987; 2. Nachdr. Bern [u.a.]: Huber, 1997.

BRUNER, Jerome. „Von der Kommunikation zur Sprache." Kindliche Kommunikation: theoretische Perspektiven, empirische Analysen, methodologische Grundlagen Hg. Karin Martens. 1. Aufl. Frankfurt a. M.: Suhrkamp, 1979. 110-132.

BÜHLER, Hans, und Günther Mühle, Hg. Sprachentwicklungspsychologie. Pragmalinguistik. 4. Weinheim: Beltz, 1974.

BUSSMANN, Hadumont. Lexikon der Sprachwissenschaft. 2., völlig neu bearbeitete Aufl. Stuttgart: Kröner, 1990.

CHOMSKY, Noam. Reflexionen über Sprache. 3. Aufl. Übs. Georg Meggle [u.a.]. Frankfurt am Main: Suhrkamp, 1993.

CHOMSKY, Noam. „Rezension von Skinners 'Verbal Behavior'". Sprachentwicklungspsychologie. Pragmalinguistik. 4. Hg. Hans Bühler [u.a.]. Weinheim [u.a.]: Beltz, 1974.

CHOMSKY, Noam. Strukturen der Syntax. Den Haag [u.a.]: Mouton, 1973.

CLAHSEN, Harald. „Der Erwerb von Kasusmarkierungen in der deutschen Kindersprache." Linguistische Berichte. 89. Opladen [u.a.]: Westdeutscher Verlag, 1984. 1-31.

CLAHSEN, Harald. „Die Untersuchung des Spracherwerbs in der generativen Grammatik: Eine Bemerkung zum Verhältnis von Sprachtheorie und Psycholinguistik." Der Deutschunterricht. 42. Hg. Gerhard Augst. Velber: Friedrich, 1990. 8-18.

CLAHSEN, Harald. Spracherwerb in der Kindheit: eine Untersuchung zur Entwicklung der Syntax bei Kleinkindern. Tübingen: Narr, 1982.

COSERIU, Eugenio. Sprachkompetenz: Grundzüge d. Theorie d. Sprechens. Hg. Heinrich Weber. Tübingen: Francke, 1988.

CRYSTAL, David. Die Cambridge Enzyklopädie der Sprache. Übs. Stefan Röhrig [u.a.]. Frankfurt [u.a.]: Campus, 1995. 227-247.

DUDEN: Grammatik der deutschen Gegenwartssprache. 6., neu bearb. Aufl. Hg. Dudenredaktion. 4. Mannheim [u.a.]: Dudenverlag, 1998.

DÜRR, Michael, und Peter Schlobinski. Einführung in die deskriptive Linguistik. WV studium. 163. Opladen: Westdeutscher Verlag, 1990. 245-255.

EHLICH, Konrad. „Kindliche Sprachentwicklung, ihre Daten und ihre Konzeptuali-sierungen." Kindliche Sprachentwicklung: Konzepte und Empirie. Hg. Konrad Ehlich. Opladen: Westdeutscher Verlag, 1996. 1-16.

EIBL-EIBESFELDT, Irenäus. „Elementare Interaktionsstrategien". Dialoge: Beiträge zur Interaktions- u. Diskursanalyse. Hg. Wilfried Heinrichs [u.a.]. Hildesheim: Gerstenberg, 1979. 9-38.

EISENBERG, Peter. Grundriß der deutschen Grammatik. Stuttgart: Metzler, 1986.

ENGEL, Ulrich. Deutsche Grammatik. 3., korrigierte Aufl. Heidelberg: Groos, 1996.

FILLMORE, Charles J. „The case for case." Universals in linguistic theorie. Hg. E. Bach [u.a.]. New York: Holt, Rinehart & Winston, 1968.

GIPPER, Helmut, Hg. Kinder unterwegs zur Sprache: zum Prozeß der Spracherlernung in den ersten 3 Lebensjahren. 1. Aufl. Düsseldorf: Schwann, 1985

GLINZ, Hans. Die innere Form des Deutschen. Bern [u.a.]: München, 1961.

GRIMM, Hannelore. Psychologie der Sprachentwicklung. 2.: Entwicklung der Semantik und der sprachlichen Kommunikation. 1. Aufl. Stuttgart [u.a.]: Kohlhammer, 1977.

GRIMM, Hannelore. „Sprachentwicklung - allgemeintheoretisch und differentiell betrachtet". Entwicklungspsychologie: Ein Lehrbuch. Hg. Rolf Oerter [u.a.]. 3., völlig überarb. u. erw. Aufl. München [u.a.]: Beltz, 1995. 705-757.

GRIMM, Hannelore. „Über den Einfluß der Umweltsprache auf die kindliche Sprachentwicklung". Spracherwerb und Mediengebrauch. Hg. Klaus Neumann [u.a.]. Script Oralia. 27. Tübingen: Narr, 1990. 99-112.

HEIDOLPH, Karl E., W. Flämig und W. Motsch, Hg. Grundzüge einer deutschen Grammatik. Berlin: Akademie, 1984.

HELBIG & BUSCHA. Deutsche Grammatik. Leipzig: Verlag Enzyklopädie, 1987.

HELLSPONG, L. Regulation of dialogue: A theoretical model of conversation with an empirical application. Stockholm: Stockholm University, 1988.

HOCKETT, Charles F. „The Problem of Universals in Language". Universals of Language. Hg. Joseph H. Greenberg. Cambridge MA.: M.I.T. Press, 1966. 1-29.

IMHASLY, Bernhard, Bernhard Marfurt und Paul Portmann. Konzepte der Linguistik: Eine Einführung. Studienbücher zur Linguistik und Literaturwissenschaft. 9. Hg. Hans Glinz [u.a.]. 3. Aufl. Wiesbaden: Aula, 1986.

KEENAN, Elinor O. „Gesprächskompetenz bei Kindern." Kindliche Kommunikation: theoretische Perspektiven, empirische Analysen, methodologische Grundlagen Hg. Karin Martens. 1. Aufl. Frankfurt a. M.: Suhrkamp, 1979. 168-201.

KEGEL, Gerd. Sprache und Sprechen des Kindes. 3., neuberab. u. erw. Aufl. Opladen: Westdeutscher Verlag, 1987.

LENNEBERG, Eric H. Biologische Grundlagen der Sprache. Übs. Friedhelm Herborth. Frankfurt a. M.: Suhrkamp, 1986.

LEVINSON, Stephen C. Pragmatik, Konzepte der Sprach- und Literaturwissenschaft. 39. Übs. Ursula Fries. Tübingen: Niemeyer, 1990.

LINKE, Angelika, Markus Nussbaumer und Paul R. Portmann. Studienbuch Linguistik. Germanistische Linguistik. 121. Tübingen: Niemeyer, 1991.

MARTENS, Karin. „Zur Herausbildung kommunikativer Handlungsmuster zwischen Kind und Bezugsperson: Unterstützung herstellen." Kindliche Kommunikation: theoretische Perspektiven, empirische Analysen, methodologische Grundlagen Hg. Karin Martens. 1. Aufl. Frankfurt a. M.: Suhrkamp, 1979. 76-109.

NEWPORT, Elissa L., Henry Gleitman and Lila R. Gleitman. „Mother, I'd rather do it myself: some effects and non-effects of maternal speech style". Talking to children: Language input and acquisition. Hg. Catherine Snow [u.a.]. Cambridge: Cambridge Univ. Press, 1977. 109-150.

OSKAAR, Els. „'Spracherwerb - Sprachkontakt - Sprachkonflikt' im Lichte individuumzentrierter Forschung." Spracherwerb - Sprachkontakt - Sprachkonflikt. Hg. Els Oskaar. Berlin [u.a.]: de Gruyter, 1984. 243-266.

OSKAAR, Els. Spracherwerb im Vorschulalter: Einführung in die Pädolinguistik. 2. erw. Aufl. Sprache und Literatur. 124. Stuttgart: Kohlhammer, 1987.

PAPOUSEK, Hanus, und Mechthild Papousek. „Zur Frühentwicklung der Kommunikation." Vokale Kommunikation: nonverbale Aspekte d. Sprachverhaltens. Hg. Klaus R. Scherer. Weinheim [u.a.]: Beltz, 1982. 78-84.

PAPOUSEK, Mechthild. Vom ersten Schrei zum ersten Wort: Anfänge der Sprachentwicklung in der vorsprachlichen Kommunikation. 1. Aufl. Bern [u.a.]: Huber, 1994.

266

PIAGET, Jean. Sprechen und Sprache des Kindes. Sprache und Lernen. 5. 5. Aufl. Düsseldorf: Schwann, 1982.

RAMGE, Hans. „Der Erwerb dialogischer Handlungsfähigkeiten aus der Sicht der Linguistik". Untersuchungen zur Dialogfähigkeit von Kindern. Hg. Dietrich Boueke [u.a.]. Tübinger Beiträge zur Linguistik. 198. Hg. Gunter Narr. Tübingen: Narr, 1983. 29-44.

RAMGE, Hans. Spracherwerb: Grundzüge der Sprachentwicklung des Kindes. Germanistische Arbeitshefte. 14. 3. Aufl. Tübingen: Niemeyer, 1993.

REIMANN, Bernd. Die frühe Kindersprache: Grundlagen und Erscheinungsformen in der kommunikativen Interaktion. Neuwied [u.a.]: Luchterhand, 1996.

REIMANN, Bernd. Im Dialog von Anfang an: die Entwicklung der Kommunikations- und Sprachfähigkeit in den ersten drei Lebensjahren. Neuwied [u.a.]: Luchterhand, 1993.

ROUSSEAU, Jean J. Emil oder über die Erziehung. 10. Aufl. Paderborn: Schönigh, 1991. 48-52.

SCHLESINGER, Izchak M. „Production of utterances and language acquisition." The ontogenesis of grammar. Hg. Dan J. Slobin. New York: Academic Press, 1971. 63-101.

SCHLOBINSKI, Peter. Empirische Sprachwissenschaft. WV studium. 174. Opladen: Westdeutscher Verlag, 1996. 9-50.

SCHNEIDER, Bruno. Sprachliche Lernprozesse: lernpsychologische u. linguistische Analyse d. Erst- u. Zweitspracherwerbs. Tübingen: Narr, 1978. 111-191.

SCHÖLER, Hermann, und Katrin Lindner. „Zum Lernen morphologischer Strukturen" Der Deutschunterricht. 42. Hg. Gerhard Augst. Velber: Friedrich, 1990. 60-79.

SCHWARZ, Monika. Einführung in die kognitive Linguistik. 2., überarb. Aufl. Tübingen [u.a.]: Francke, 1996.

SCHWITALLA, Johannes. „Dialogsteuerung: Vorschläge zur Untersuchung". Projekt Dialogstrukturen: Ein Arbeitsbericht. Hg. Franz Josef Berens [u.a.]. München: Hueber, 1976. 73-104.

SKINNER, Burrhus F. Verbal Behavior. New York: Meredith, 1957.

SLOBIN, Dan J. „Universalien der grammatischen Entwicklung bei Kindern". <u>Sprachentwicklungspsychologie.</u> Pragmalinguistik. 4. Hg. Hans Bühler [u.a.]. Weinheim [u.a.]: Beltz, 1974. 137-151.

SLOBIN, Dan J. „Cognitive perequisites of the development of grammar." <u>Studies of child language development.</u> New York: Holt, Rinehart & Winston, 1973.

SNOW, Catherine E., Hg. <u>Talking to children: Language input and acquisition.</u> Cambridge: University Press, 1977.

SZAGUN, Gisela. <u>Sprachentwicklung beim Kind.</u> 6., vollst. überarb. Aufl. Weinheim: Beltz, 1996.

TRACY, Rosemarie. „Spracherwerb trotz Input." <u>Spracherwerb und Grammatik: Linguistische Berichte zum Erwerb von Syntax und Morphologie.</u> Hg. Monika Rothweiler. Opladen: Westdeutscher Verlag, 1990.

WAGNER, Klaus R. „Die Bedeutung des Korpus für die Theorie des Spracherwerbs". <u>Kindliche Sprachentwicklung: Konzepte und Empirie.</u> Hg. Konrad Ehlich. Opladen: Westdeutscher Verlag, 1996. 135-158.

WAGNER, Klaus R. <u>Die Sprechsprache des Kindes 1: Theorie und Analyse.</u> Sprache und Lernen: Internationale Studien zur pädagogischen Anthropologie. 37. 1. Aufl. Hg. Werner Loch [u.a.]. Düsseldorf: Schwann, 1974.

WATZLAWICK, Paul, Janet H. Beavin und Don D. Jackson. <u>Menschliche Kommunikation: Formen, Störungen, Paradoxien.</u> 9., unveränd. Aufl. Bern [u.a.] Huber, 1996.

WEISSENBORN, Jürgen. „Subjektlose Sätze in der frühen Kindersprache: Ein theoretisches und empirisches Problem der aktuellen Spracherwerbsforschung." <u>Der Deutschunterricht.</u> 42. Hg. Gerhard Augst. Velber: Friedrich, 1990. 35-48.

WODE, Henning. <u>Psycholinguistik: Eine Einführung in die Lehr- und Lernbarkeit von Sprachen; Theorien, Methoden; Ergebnisse.</u> 1. Aufl. Ismaning: Hueber, 1993.

ZIMMER, Dieter E. <u>So kommt der Mensch zur Sprache.</u> 4. Aufl. München: Heyne, 1997.